高等职业教育"十四五"规划教材

U0965235

高职学生社交礼仪

第 3 版

丁立群　黄克强　张春浩　主编

中国农业大学出版社
·北京·

内 容 简 介

本书注重针对性、实用性，按照大学阶段人生的三大内容——生活、求职与事业的内在关系，设计了9个学习情境。此外，本书为新形态教材，以数字化的形式增添了21条礼仪演示视频资源。本书从人际关系的角度介绍学生怎样能快速地融入社会，从企业的角度讲述什么样的学生是企业所欢迎的，对学生的学习、求职、工作具有积极的指导意义。

图书在版编目(CIP)数据

高职学生社交礼仪/丁立群，黄克强，张春浩主编. --3 版. --北京：中国农业大学出版社，2022.5

ISBN 978-7-5655-2770-8

Ⅰ.①高… Ⅱ.①丁…②黄…③张… Ⅲ.①社交礼仪-高等职业教育-教材 Ⅳ.①C912

中国版本图书馆 CIP 数据核字(2022)第 071338 号

书　　名　高职学生社交礼仪　第3版

作　　者　丁立群　黄克强　张春浩　主编

策划编辑　郭建鑫　　**责任编辑**　陈颖颖

封面设计　郑　川

出版发行　中国农业大学出版社

社　　址　北京市海淀区圆明园西路2号　　**邮政编码**　100193

电　　话　发行部 010-62733489，1190　　编辑部 010-62732617，2618

出版部 010-62733440　　读者服务部 010-62732336

网　　址　http://www.caupress.cn　　**E-mail**　cbsszs@cau.edu.cn

经　　销　新华书店

印　　刷　北京时代华都印刷有限公司

版　　次　2022年6月第3版　　2022年6月第1次印刷

规　　格　185 mm×260 mm　　16开本　　14.5印张　　360千字

定　　价　46.00元

第3版编审人员

主　　编　丁立群　辽宁农业职业技术学院
　　　　　黄克强　辽宁农业职业技术学院
　　　　　张春浩　辽宁农业职业技术学院

副 主 编　刘　彬　沈阳义成农牧科技有限公司
　　　　　林丹丹　辽宁农业职业技术学院
　　　　　赵　悦　辽宁农业职业技术学院
　　　　　吴孟灿　辽宁农业职业技术学院
　　　　　王　旭　辽宁农业职业技术学院
　　　　　韩云峰　辽宁农业职业技术学院
　　　　　韩德伟　辽宁农业职业技术学院

参编人员　杜晓军　辽宁农业职业技术学院
　　　　　陈　超　辽宁省交通高等专科学校
　　　　　周　铎　大连艺术学院
　　　　　唐　静　辽宁农业职业技术学院
　　　　　田晓玲　辽宁农业职业技术学院
　　　　　苑广志　辽宁农业职业技术学院
　　　　　李　季　辽宁农业职业技术学院
　　　　　于倩颖　辽宁农业职业技术学院
　　　　　马一丹　石家庄现代农业学校
　　　　　梁　浩　石家庄现代农业学校

主　　审　齐桂敏　辽宁农业职业技术学院

第2版编审人员

主　　编	丁立群	辽宁农业职业技术学院
副 主 编	关玉洁	辽宁科技学院
	金云霞	郑州牧业工程高等专科学校
	苑广志	辽宁农业职业技术学院
	白忠义	辽宁农业职业技术学院
参编人员	矫天育	辽宁农业职业技术学院
	黄克强	辽宁农业职业技术学院
	谢洪刚	辽宁农业职业技术学院
	关　震	辽宁农业职业技术学院
	楚　明	辽宁农业职业技术学院
	巴　力	辽阳职业技术学院
主　　审	林　纯	辽宁农业职业技术学院

第1版编审人员

主　　编　丁立群

副 主 编　鲁凤宇　秦春鹤　商学来　唐　静　张维平

参编人员　张　英　齐桂敏　于志清　张诗程
　　　　　董德武　宋连喜　矫天育　蔡吉光
　　　　　李　崎　高　琦　全烽岐

主　　审　林　纯

第3版前言

习近平总书记指出，礼仪是宣示价值观、教化人民的有效方式。礼仪作为一种制度规范和价值载体，具有成风化人的教化功能。礼仪关乎人格，关乎国格。中华民族自古就以礼仪之邦著称于世，注重树立礼仪之邦的良好形象。2000多年前，孔子就郑重告诫：不学礼，无以立。礼仪是对别人的尊重，也是对自己的尊重，体现着一个人、一个民族、一个国家的文化素质和文明程度。

当今世界经济全球化、社会信息化、文化多样化，社会日益开放，每一个社会组织和个人都需要在广泛、频繁的社会交往中谋求自身的发展，争取事业的成功。社交成功的关键在于知礼、懂礼、恰当用礼。每个成功的企业都把文明礼仪作为企业文化的重要内容进行培养，以完善市场形象，扩大企业影响；每个人都希望自己成为一个有教养的人，都希望用文明的方式进行人际交往，都希望用健康和谐的人际关系助推自己的事业。

讲究礼仪，遵从礼仪规范，可以有效地展现一个人的教养、风度与魅力，更好地体现一个人对他人和社会的认知水平和尊重程度，从而使个人的学识、修养和价值得到社会的认可和尊重。

为了全面提升学生的职业素养和就业竞争力，我们在多年培养高职学生工作实践的基础上，以人的发展为主线，编写了本书，旨在使学生自觉养成良好的生活、行为习惯，成为有素养、有健康人际关系的人，为未来事业奠定坚实的基础。

本书注重针对性、实用性，没有过多的理论论述，而是按照生活、求职与事业的内在关系，设计了9个学习情境。通过情境学习，让学生“齐之以礼”“约之以礼”，在学习和生活中感知礼仪、领悟礼仪、践行礼仪，推动现代文明礼仪内化于心、外化于行。本书是在2008年第1版、2012年第2版基础上的修订，旨在使内容更具有时代性。一是增加部分内容，如在仪表礼仪中增加了口罩礼仪内容，在住宿礼仪中增加了民宿礼仪内容，在学习礼仪中增加了包括线上学习的网络学习礼仪等；二是调整内容，如将休闲运动中的保龄球和高尔夫球礼仪调整为更适合青年学子的轮滑和滑板礼仪等；三是精炼部分内容，如对仪表礼仪、面试礼仪等进行精炼。此外，本书以二维码的形式增添了礼仪演示视频资源，以加深学生对礼仪规范的理解和体验，帮助他们在践行礼仪时更加规范。修订后的教材意在更好地助力当代大学生在各种场合都能树立自身的良好形象，充满信心地实现自身价值，赢得竞争优势，获得事业成功，为社会发展做出应有的贡献。

本书由丁立群、黄克强、张春浩担任主编，刘彬、林丹丹、赵悦、吴孟灿、王旭、韩云峰、韩德伟担任副主编，杜晓军、陈超、周铎、唐静、田晓玲、苑广志、李季、于倩颖、马一丹、梁浩参编。

本书由辽宁农业职业技术学院齐桂敏担任主审。在编写过程中，本书还得到了参编单位的领导、同行的大力支持和帮助，借鉴和参考了一些同类著作、资料，在此向对本书给予帮助的朋友们一并表示诚挚的谢意！由于水平所限，加上时间仓促，本书定有不足之处，恳请专家和同行批评指正。

编　者

2021 年 5 月

第2版前言

信息时代的到来，地球村的出现，社会日益开放，每一个社会组织和个人都需要在广泛、频繁的社会交往中谋求自身的发展，争取事业的成功。社交成功的关键在于礼仪。每个成功的企业都把文明礼仪作为企业文化的重要内容进行培养，以完善市场形象，扩大企业影响；每个人都希望自己成为一个有教养的人，都希望用文明的方式进行人际交往，都希望用健康和谐的人际关系助推自己的事业。

交际礼仪既展示个人修养，更体现职业素养。对现代职业人士而言，拥有丰富的礼仪知识，能够根据不同的场合应用不同的交际技巧，往往会如鱼得水；对于大学生而言，礼仪是通向现代社会的"通行证"，掌握社交礼仪，就会赢得竞争机会。但交际场合中事事合乎礼仪、处处表现得体着实不易。

因此，在高职教育以就业为导向，以职业为载体的人的全面发展的理念指导下，我们在多年高职学生工作实践的基础上，以人的发展为主线，编写了适合高职学生使用的《高职学生社交礼仪》。让学生明白在什么场合，哪些举止是得体和谐的，哪些举止是不得体不和谐的，使学生逐渐树立起一种道德信念和礼仪修养准则，自觉养成良好的生活、行为习惯，成为一个有素养、有健康人际关系的人，为未来事业奠定坚实的基础，也为社会文明传承贡献力量。

本书注重针对性、实用性，没有过多的理论论述，而是按照高职生阶段人生的三大内容——生活、求职与事业的内在关系，设计了 9 个学习情境：培养愉悦自我和他人的仪表礼仪，掌握建立和谐人际关系的交往礼仪，学会享受美好生活的食、住、行礼仪，掌握书写感染人的求职材料礼仪，学会展示素养的面试礼仪，学会完成员工角色转变的礼仪，实践提高身体素质的运动礼仪，掌握奠基事业的学习礼仪和学习润滑事业的集会、聚会礼仪，介绍了不同交际场景和交际活动中的礼仪。从企业的角度、从岗位的角度讲述什么样的高职学生是企业欢迎的；从人际关系的角度介绍怎样能很快地融入社会，对高职学生的学习、求职、工作具有一定的指导意义。相信它会成为高职学生社交礼仪养成的镜子，让高职生知礼、懂礼、恰当用礼，在各种场合都能更好地树立自身的形象，充满信心地实现自身价值，赢得竞争优势，获得事业成功，为社会发展做出应有贡献。

本教材由丁立群担任主编，关玉洁、金云霞、苑广志、白忠义担任副主编。学习情境 1 由关玉洁、楚明、丁立群编写；学习情境 2 由巴力、白忠义编写；学习情境 3 由谢洪刚、丁立群、白忠义编写；学习情境 4 由金云霞、娇天育编写；学习情境 5 由娇天育、苑广志、楚明编写；学习情境

6 由丁立群、关玉洁、巴力编写；学习情境 7 由关震、黄克强、金云霞编写；学习情境 8 由苑广志、关震编写，学习情境 9 由黄克强、丁立群、谢洪刚编写。

本教材由辽宁农业职业技术学院林纯担任主审。在编写过程中，得到了参编院校的领导、同行的大力支持和帮助，借鉴和参考了一些同类著作、资料，在此向对本教材给予帮助的朋友们一并表示诚挚的谢意。由于水平所限，加上时间仓促，错误之处在所难免，恳请专家和同行批评指正。

编　者

2012 年 7 月

第1版前言

信息时代的到来，地球村的出现，作为祖国建设栋梁的高职大学生，首先必须成为一个合格的国际公民，做一个自食其力的人，才能进一步对社会做出更大的贡献。而作为一个合格的国际公民，首先应该是一个讲文明、有修养、懂礼仪的人。

我国是东方礼仪之邦，然而，随着时代的发展，社会的进步，我们却丢掉了很多优秀的文明礼仪。我们必须承认，在这方面，我们已经与发达国家有了较大差距。作为现代文明摇篮之一的大学校园，也存在大学生高层次文化和低水平公德意识之间的明显反差。我们高职院校由于职业性、办学层次的特点，学生在行为规范、文明礼仪方面也存在不容忽视的问题，与社会对学生综合素质要求的日益提高形成了强大反差。为了减小乃至消除这种反差，更好地促进学生的文明礼仪养成教育，逐渐由他律为主向自律为主转变，以增强学生适应社会的能力，让学生明白在什么场合，哪些举止是得体和谐的，哪些举止是不得体不和谐的，使学生逐渐树立起一种内心的道德信念和礼仪修养准则，自觉养成良好的生活、行为习惯，成为一个有素养的当代大学生，为成功步入社会奠定良好的基础，我们在 2004 年 7 月完成了校内素质教育教材《高职学生文明礼仪》一书。在文明素养基于平时养成的指导思想下，我们在四个教学循环中，不断完善，增加了学习礼仪、公寓礼仪、运动礼仪的篇幅，在其他章节中，也侧重介绍了同学相处、食堂就餐、校园活动组织策划等内容，针对性和实用性更强，更加贴近高职学生生活。

相信它会成为高职学生文明礼仪养成的镜子，让高职学生知礼、懂礼、恰当用礼，在各种场合都能更好地树立起自身的形象，充满信心地去实现自身价值，赢得竞争优势，获得事业成功，为社会发展做出应有的贡献。

本教材由丁立群（辽宁农业职业技术学院）担任主编，鲁凤宇（辽宁农业职业技术学院）、秦春鹤（渤海船舶职业学院）、商学来（辽宁信息职业技术学院）、唐静（辽宁农业职业技术学院）、张维平（沈阳农业大学工会）担任副主编。编写分工如下：第一章由张英（辽宁农业职业技术学院）、全烽岐（本溪圣方钢琴学校）编写；第二章由齐桂敏（辽宁农业职业技术学院）、矫天育（辽宁农业职业技术学院）编写；第三章由丁立群、秦春鹤编写；第四章由鲁凤宇、张维平编写；第五章由董德武（辽宁农业职业技术学院）、李崎（辽宁农业职业技术学院）编写；第六章由于志清（辽宁农业职业技术学院）、蔡吉光（辽宁农业职业技术学院）编写；第七章由唐静、高琦（辽宁商贸职业学院）编写；第八章由张诗程（辽宁农业职业技术学院）、宋连喜（辽宁农业职业技术学院）编写，第九章由丁立群、商学来编写。

本教材由辽宁农业职业技术学院党委副书记林纯担任主审。在编写过程中，得到了辽宁农业职业技术学院原党委书记、院长温景文的大力指导，得到了参编院校的领导、同行的大力支持和帮助，借鉴和参考了一些同类著作、资料，在此向对本教材给予帮助的朋友们一并表示诚挚的谢意。由于水平所限，加上时间仓促，漏误之处在所难免，恳请专家和同行批评指正。

编　者
2008 年 6 月

目　录

学习情境 1

培养愉悦自我和他人的仪表礼仪

◎ 情境导入

美国行为学家迈克尔·阿盖尔曾经做过一个试验：他以不同的衣着打扮出现在某城市的同一个地方。当他西装革履、风度翩翩地出现时，向他问路、问时间的人大都属于彬彬有礼的绅士阶层；而当他破衣烂衫、蓬头垢面地出现时，接近他的人多半是流浪汉、无业游民。这个试验表明人们常常通过仪表来确定自己可交往的对象，可见仪表礼仪在社交礼仪中的重要性。

◇ 学习目标

能够掌握关于仪容、服饰、举止的仪表礼仪，了解仪表礼仪对完善自己和组织发展的重要意义，增强塑造个人良好形象的意识，用规范、得体、自信的仪表去赢得良好的第一印象。

◇ 学习建议

1. 日常生活中，注意观察他人仪表，以人为鉴，拥有愉悦自我和他人的仪表。
2. 多读书，加强修养，腹有诗书气自华。
3. 坚持练习和实践规范的礼仪，养成良好的习惯，塑造良好形象。

《论语》中说：不学礼，无以立。人是礼仪的存在，是人类区别于其他生物的本质特征。礼仪是文明的重要标志，文明礼仪不仅给他人、给社会带来美好和谐，也能营造充满爱心的环境，给自己带来快乐、温馨的感受。

仪表礼仪包括仪表、仪容、仪态等多个方面，它是人外部形态的总和，是人的气质和内心世界的外在表现，是形成“第一印象效应”的关键，因为一个人没有第二次机会给别人留下美好的第一印象。在日常交往中，几乎每个人的仪表都会引起交往对象的特别关注，并影响到其对自己的整体评价。大学生是有知识、有修养的群体，因此在社会交往中，应该通过良好的仪表礼仪来展示自己的气质、修养、风度。

情境任务1　日常生活仪表礼仪

知识目标：了解仪表礼仪，知道哪些仪表是得体的
能力目标：针对不同生活场景有悦己悦人的仪表
素质目标：养成悦己悦人的日常生活仪表礼仪规范

◎ 典型实例

根据学校公寓管理的需要，大二年级学生的寝室要进行调整。小凯因为是外省学生，到校报到比较晚，大一时与外班学生住在一个寝室，此次调整寝室，要调整回自己的班级。可班级其他寝室的同学却没人愿意和小凯一个寝室，因为他平时很懒散，衣着邋遢，不爱洗澡，个人卫生很不好。

思考：在日常生活中应该怎么着装打扮才能悦己悦人？

身穿家居服出门、趿拉着拖鞋上街，这些场景，让你有什么样的感觉呢？由此产生的第一印象又是什么呢？许多时候，礼仪素养就在不经意的举手投足间表现出来。

日常生活仪表礼仪，是从生活中的点滴小事、穿衣打扮中反映出一个人的素质。大学生是有知识、有修养的群体，要做到表里如一，平时生活中着装打扮以舒服、方便为主，但不能把舒服理解为邋里邋遢，不能把方便理解为随意穿着。衣着得体，是人类文明进步的表现，在日常生活中，我们也要注意穿着得体，不要给他人造成不便。学生平时在公寓内休息，在食堂吃饭，去商场购买日用品，在运动场做运动等都属于个人的休息生活，但是我们生活在校园这个大环境里，不是孤立的个体，在日常生活中虽然应该注重个性发展，但是不能影响到别人的生活，这是一个根本的原则。虽然日常生活礼仪的内在表现是个人从小养成的生活习惯，但是外在的表现，是对周围人的影响，所以我们看一个人不仅要看他外出正式场合的言谈举止、穿着打扮，更要注重他在生活中对仪表礼仪细节的处理，以小见大，这是一个人综合素质的体现。

一、仪容

大学生过的都是集体生活，寝室、食堂、公共浴池、体育馆都是学生比较集中的地方，一个人的仪容礼仪在这些场所不可忽视。

在个人的仪表问题之中，仪容是重点，生活仪表礼仪的首要要求是仪容美。要做到在生活中的仪容修饰美，自然要学习生活仪表礼仪的修饰。仪容修饰的基本原则是美观、整洁、卫生、得体。个人仪容修饰时，应当引起注意的通常有头发、面部、五官、手臂、腿部、化妆等方面。

（一）头发

1. 勤于梳洗，简洁舒服

头发要勤于清洗和整理，勤洗头发，能促进头发和头皮的健康。即使不出寝室，也不能疏于打理，要干净、整齐。女同学留长头发的，可以把头发梳理整齐，用橡皮筋或是发夹固定好。出门前一定记得对着镜子整理一下头发。曾有女同学在寝室盘头发时图省事，插上两根筷子来固定，结果中午去食堂吃饭时忘记取下来，引起哗然。有的男同学留的头发较长，在寝室的时候也会选择用发夹固定前面的头发，出门的时候如果忘记拿下来，也可能引来大家的怪异眼光。

2. 发型追求自然，贴近生活

周末在寝室休息或是出去购物，女同学可以梳一个清爽的马尾辫或者简单的盘发，如"丸子头"，既便捷，又舒服。如果休息的时候也要用发胶等一本正经地做个发型，虽然一丝不乱，但是容易给同学带来距离感。很多发胶和头发定型剂都含有香料，如果整个狭小的室内空间一天都弥漫着特殊的味道，不仅影响大家休息，也影响健康。

（二）面部

1. 清洁与保养

大学生一般是20来岁的年纪，这个时期的皮肤状态是最好的，新陈代谢快，肤色润泽，只要注重日常的洗护，一般就可以拥有好皮肤。由于代谢快，皮肤油脂分泌比较多，选择一款适合自己的洁面产品，是皮肤保养的根本。如果皮肤清洁不彻底，又是油性肌肤，再乱用保养品，涂抹质地厚重的粉底和彩妆，就会堵塞毛孔，形成粉刺、黑头、毛孔粗大等问题肌肤。皮肤也是有生命的，既不能对其不理不睬，走"自然"的路线，也不能过度爱护，营养过剩的皮肤还有可能滋生脂肪粒，或是产生各种过敏反应。

情境链接 1-1-1：

大三女生李某听人说，一过了20岁，皮肤就会走向衰老，就得保养，她对此深信不疑，买来各种面膜敷脸。又听说面膜成分中防腐剂、香精比较多，就买了黄瓜、酸奶、蜂蜜自制成面膜敷脸。刚开始确实收到了不错的效果，皮肤变白、变光滑了；后来她听说柠檬能美白，便又买来柠檬，切成片直接敷到脸上，可一会儿的工夫脸就又痛又痒，敷过柠檬的地方变得很红。她急忙去了医院皮肤科，医生检查询问后告诉她，她的皮肤被柠檬高含量的柠檬酸给灼伤了。像柠檬这类水果是不能用来直接敷脸的，我们在日常的美容过程中不能乱用，别把"美容"变成"毁容"。

2.让皮肤得到充分休息

经过一周的紧张学习，同学们一般都利用周末假期好好休息。在身心休息的同时，别忘了给你的皮肤“放个假”。皮肤表面有很多的毛孔，这些毛孔都是会“呼吸”的，平时如果喜欢涂粉底、上彩妆，那么周末最好彻底地把这些彩妆都洗掉，让皮肤有自然呼吸的时间。脸部的皮肤在不涂抹化妆品的情况下，也会自己形成微酸性的保护膜，而护肤品和粉底液在一起作用会堵塞毛孔，影响皮肤的呼吸，所以到周末了，也要给皮肤放松的机会。

基本护理方法：在掌心挤出适量洁面产品，搓出丰富泡沫后，在脸上以画圈的方式揉洗，用清水洗掉洁面品，擦干脸后轻拍少量爽肤水或是柔肤水就可以了。

(三)五官

五官如果在休息的时候做足了保养功课，再上彩妆，也会有事半功倍的效果。

1.眼部

眼镜：很多学生患有近视眼，近视眼的矫正，除了有外科手术外，最简单易行的方法是佩戴视力矫正眼镜。平时佩戴隐形眼镜的同学，在休息的时候尽量要佩戴框架眼镜，因为隐形眼镜是直接放到晶状体外面，对眼角膜有一定的磨损。如果出去旅游，也要注意对眼睛的保护，可以选择佩戴太阳镜和遮阳帽，防止过强的阳光刺伤眼睛。进到室内，要及时摘下太阳镜，以免产生拒人千里之外的感觉，而且室内光线一般不如太阳光强烈，戴太阳镜反而会使眼睛疲劳。

眉毛：眉毛长而杂乱的同学，可以适当修眉。修眉，是指把多余的眉毛修剪掉。首先把眉毛要留下的部分，用眉笔画出一个大框，然后用热毛巾敷一下眉毛，这样在拔眉毛的时候就不会太痛，也可以选择用专用修眉剪剪掉多余的眉毛。

2.耳部

有些同学喜欢戴着耳机连接音频设备听歌曲或其他音频节目。医学研究发现，长时间使用耳机，对听力有损伤，因此不宜长时间戴耳机听音频。还有的同学出去逛街的时候也喜欢戴着耳机，这样非常不安全，特别是在过马路的时候。在选择公共交通工具出行时戴着耳机，也影响我们听站名，容易坐过站。

3.鼻部

青年人有很多受到“草莓鼻”的困扰，应利用休息时间，给鼻子去去黑头，让面部的“制高点”干干净净、清清爽爽。

4.嘴部

润泽的嘴唇、清洁的牙齿能够给他人带来良好的印象。多喝水，补充足够的维生素是嘴唇健康的根本方法。涂抹橄榄油或芝麻油可以改善嘴唇干裂、脱皮的现象。想拥有洁白的牙齿给笑容加分，除了要坚持早晚刷牙，还要养成饭后漱口的好习惯，以去除异物、异味；要适当采用漱口液、牙线、洗牙等方式方法保护牙齿。

5.脖颈

脖颈与头部相连，属于面容的自然延伸部分。修饰脖颈，一是要防止其皮肤过早老化，与面容产生较大反差，二是要保持清洁卫生，不要只顾脸面，脸上干干净净，但脖子上、耳朵后藏污纳垢，与脸上“泾渭分明”，有碍观瞻。

6.胡须

唇周长有胡须，是男士的生理特点。男士若无特殊的宗教信仰和民族习俗，最好不要蓄须，应及时地剃去胡须。青年男子尤其不要蓄须，否则既稀疏难看，又显得邋里邋遢。若女士因内分泌失调而长出类似胡须的汗毛，也应及时治疗，予以清除。

(四)手臂

在正常情况下，手臂是人际交往之中人的身体上使用最频繁、动作最多的一个部分，而且其动作还可能被附加多种多样的含义，因此，手臂往往被视为社交之中每个人都有的“第二张名片”。

1. 手

手上的指甲应定期修剪，一般每周应修剪一次。不要无故蓄留长指甲，它不仅毫无实用价值，而且不美观、不卫生、不方便。修剪手指甲，应令其不超过手指指尖为宜，否则即可视为过长。指甲外形不美时，亦可进行修饰。若发现死皮，应将其修剪掉，但不宜当众操作，更不应用手去撕或用牙去咬。

2. 肩臂

社交礼仪规定，在非常正式的政务、商务、学术、外交活动中，人们的手臂，尤其是肩部，不应当裸露在衣服之外。也就是说，在正式场合不宜穿着半袖装或无袖装，而在非正式场合，则无此限制。夏天在寝室，女孩喜欢穿吊带裙、吊带背心，男孩喜欢穿背心，不仅穿脱方便，而且更凉爽，但如果外出进餐、逛街，还是要把这些适合室内穿着的衣服换下来。

(五)腿部

常言道“远看头，近看脚，不远不近看中腰”。腿部在近距离之内常为他人所注视，在修饰仪容时自然不能忽略。

1. 脚部

严格地说，在正式场合是不允许光着脚穿鞋子的。这既不美观，又有可能被人误会。在生活中穿鞋以舒服为主，也要适合场所，逛街、游玩的时候是不适合穿着高跟鞋的，在运动场上不宜穿拖鞋、皮鞋，更不宜穿高跟鞋。

不管穿哪种鞋，保持脚部的清洁是非常重要的。在寝室不要把脱下的袜子和鞋随地乱扔，要及时把过季的鞋子刷洗干净，收纳好。运动鞋要在每次运动后进行晾晒或清洗，因为运动鞋内汗水较多容易引起细菌滋生，产生异味。

脚指甲要勤于修剪，一般要做到每周修剪一次，保留合适的长度，并注重清洁。

2. 腿部

在公寓内可以穿短裙、短裤，如果外出旅游、晚上散步，则要考虑蚊虫叮咬，要准备长裤，面料要符合在日常生活中舒服、方便的原则。

(六)化妆

化妆，是修饰仪容的一种高级方法，它是指采用化妆品按一定技法对自己进行修饰、装扮，以使自己容貌变得更加靓丽。在人际交往中，进行适当的化妆是必要的。这既是自尊的表现，也意味着对交往对象的重视。化妆要遵循适度、自然的原则，否则可能弄巧成拙。在社交场合，化妆需要注意两个方面：其一，要掌握原则；其二，要合乎礼规。

1. 化妆的原则

(1)美化、自然。化妆要求美化，更要求自然。在化妆时要注意适度矫正、修饰得体才能避短藏拙。化妆的最高境界是“妆成有却无”，即没有任何明显的人工美化痕迹，而好似天然的美丽。

(2)协调、得法。在化妆时，应努力使妆面协调、场合协调、身份协调，以体现出自己品位不俗。工作时化妆宜淡，社交时化妆可以稍浓，但香水不宜涂在衣服上和容易出汗的地方，口红与指甲油最好搭配，等等。

2. 化妆的礼规

(1)勿当众进行化妆，否则有卖弄表演或吸引异性之嫌。

(2)勿使化妆妨碍于人，妆化得过浓、过重，香气四溢，可能会造成对他人的困扰。

(3)勿使妆面出现残缺，若妆面出现残缺，应及时避人补妆。

(4)勿借用他人化妆品。借用他人化妆品不卫生，故应避免。

应该注意的是，大学生在日常生活中应以不化妆为宜。健康、阳光的青年学生给人的感觉是蓬勃和希望。那些不适合青年学生的所谓时尚，并不能让年轻人显得更为优秀和健康，反而会在某些程度上显得不伦不类。

二、着装

人靠衣装，从古至今，几千年的文明，服装历经时代的变迁，在现代文明中发出更耀眼的光芒。现在的服装分类更加细致，从正装、休闲装、礼服、运动装到家居装，种类众多。给衣服进行如此细致的分类，是为了让我们在各种场合中，都有适合自己的衣服，不仅能更好地展现个人魅力，和环境相得益彰，也能让人们的工作、学习、生活更舒适。

[视频学习1:着装]

生活中的着装以舒服为主，衣服面料取材天然。在生活中的若干场景如果能够做到服饰搭配得体，更能彰显一个人的品位、气质、素养，所谓的细节决定成败，也体现在日常生活仪表礼仪中。

(一)选择适当的款式

1. 家居装

寝室内可以穿家居装。家居装面料选材以棉、麻、丝、竹碳纤维等天然材料为主，吸汗、透气是这类面料的优势，贴身穿着也会很舒服，对皮肤也很健康；设计的款式比较宽松，穿脱方便。因为家居装具有以上优点，很多人在逛商城、散步的时候也会穿着家居装，但这样不分场合的穿着，会给别人不礼貌的感觉。

2. 运动装

很多学生衣柜内最多的衣服类型是运动装，运动装穿着舒适，便于四肢的伸展，被热爱运动的年轻人所喜爱。运动装适用范围也很广泛，除了在运动场上穿着以外，登山、旅游、外出购物、寝室休息也可以选择运动装。

3. 休闲装

休闲装的定义很宽泛，所以它的应用范围也很广，不仅可以在登山、旅游、购物、寝室休息时候穿，在同学们的小聚会中、晚会中都可以穿。不是套装的休闲装，要统筹考虑和精心搭配，其各个部分要相互呼应、配合，在整体上尽可能显得完美、和谐。

(二)着装的TPO原则

TPO原则是有关服饰礼仪的基本原则之一，TPO是英语中time、place和occasion三个单词的首字母缩写。T代表时间，泛指早晚、季节、时代等；P代表地方、场所、位置、职位；O代表场合。TPO原则是目前国际上公认的衣着标准,它的含义是要求人们在选择服装、考虑其具体款式时,首先应当兼顾时间、地点、场合,应力求使自己着装的具体款式与着装的时间、地点、场合协调一致,和谐般配。

1.从时间上划分

一年有春、夏、秋、冬四季的交替,一天有24小时变化。显而易见,在不同的时间里,着装的类别、式样、造型应有所变化。比如,冬天要穿保暖、御寒的冬装,夏天要穿透气、吸汗、凉爽的夏装。白天穿的衣服需要面对他人,应当合身、严谨,晚上穿的衣服不为外人所见,可以宽大、随意。

2.从地点上划分

置身在室内或室外,驻足于闹市或乡村,居住在国内或国外,身处于单位或家中,在这些不同的地点,着装的款式理应有所不同,切不可“以不变而应万变”。例如,穿泳装出现在海滨、浴场,是人们司空见惯的;但若是穿着它去逛街,则非令人哗然不可。

3.从场合上划分

人们的着装体现着其一定的意愿,即自己对着装留给他人的印象是有一定预期的。着装应适应自己扮演的社会角色,服装的款式在表现服装的目的性方面发挥着一定的作用。一个人身着款式庄重的服装前去应聘、洽谈生意,说明他郑重其事、渴望成功。而在这类场合,若选择款式暴露、性感的服装,则并不适合。

(三)着装的具体要求

1.个体性

我们在日常生活中统一着装,难免会被人比较,品评一番。有的寝室同学喜欢买一样的文化衫,在外出、逛街的时候,整个寝室穿着一样的衣服,走在街上是很显眼,很多人会多看几眼。但在某些班集体活动场合,如果没有特别目的,几个人选择穿同样的衣服,则可能不太合适。

情境链接1-1-2:

在校园里,经常会看到穿着情侣装、姐妹装的同学。有这样一对青年男女同学,出于好玩的心理,两人购买了情侣衫,男孩衣服上印着“我只会挣钱”,女孩衣服上印着“我只会花钱”,很多同学看到后都窃窃私语或偷笑。这样的词语印在所谓的“文化衫”上,“文化衫”岂不是成了“娱乐衫”?

2.整体性

生活中的着装也强调整体的和谐统一。比如,上身穿一件宽大的上衣,下身穿一条短裤,短裤被宽大的上衣遮挡后,会让人感觉没有穿裤子,无论是在寝室,还是外出,都非常不雅观。

3.整洁性

在任何情况之下,人们的着装都要力求整洁,避免肮脏或邋遢。比如,不要因为家居装不穿到室外去,就懒得洗涤,脏衣服不仅会弄脏被褥,还会因为贴近皮肤,影响皮肤健康;运动装因为运动过程中会被汗水打湿,所以更要每次穿着后清洗。

4.文明性

在日常生活里,不仅要做到会穿衣戴帽,而且要努力做到文明着装。着装的文明性,就是要求着装文明大方,符合社会的道德传统和常规做法。文明着装的具体要求是忌穿过露的服装。比如，男生不要因为夏天闷热，就只穿内裤在寝室内休息，一是睡觉的时候容易受凉，二是会给偶然拜访的女性亲属、老师、同学带来尴尬，因为寝室毕竟是几个人生活在一起的空间，不等同于个人居所。女生不要穿着薄、透、露的衣服在寝室内，特别是在楼层比较低的寝室。

5. 技巧性

服装是可以扬长避短的，比如可以通过款式和图案来很好地掩饰身材的缺陷，用服装的色彩来调和亚健康的肤色。

（四）佩饰

广义上讲，与服装同时使用的、发挥装饰作用的一切物品，如首饰、手表、领带、手帕、帽子、手套、包袋、眼镜、钢笔、鞋子、袜子等，皆可称作佩饰。其中最主要的是首饰，此外还有手表、领带等。

1. 点到为止，恰到好处

饰物的佩戴不要太多。全身挂满饰物，有炫耀和庸俗之嫌，可能并没有美感。

2. 扬长避短，显优藏拙

要通过佩戴饰物突出自己的优点，如脖子短而粗的人，最好戴细长的项链，这样可以从视觉上把脖子拉长。

3. 突出个性，不盲目模仿

佩戴饰物要突出自己的个性，别人戴着好看的东西，不一定适合自己。比如，高鼻深目的女士戴一副大耳环显得漂亮，而其他人可能就不适合。

4. 懂得寓意，避免尴尬

例如，戒指戴在各个手指上暗示的意义是不同的，假如无意中戴错了，而又恰恰被他人按习俗理解，就有可能在交往中出现尴尬。

阅读

口罩礼仪

2020 年以来，新型冠状病毒感染的肺炎疫情蔓延全球，佩戴口罩作为最基本的防护方法，需要我们进一步了解与其相关的知识和礼仪。

首先通过官方媒体发布的权威信息学习专业知识，了解口罩的性能，理性鉴别和选择合适的口罩。例如，普通群众使用一次性医用口罩，保持社交距离，基本可以抵御病毒的感染；疑似病例、公共交通司乘人员、环卫工人、公共场所服务人员等在岗期间应佩戴医用外科口罩；抗疫一线工作人员需使用 KN95/N95 及以上颗粒物防护口罩。

疫情期间，出门务必戴好口罩，区分内外，密闭遮盖：佩戴一次性口罩时，金属条朝上，遮盖住口、鼻和下巴，压紧鼻梁上的金属条，保证密闭性。

摘下口罩及时洗手，定期更换：使用过的口罩外表面会吸附病菌，脱卸口罩时要抓住系带，避免手与口罩外表面直接接触，然后仔细清洗双手。一次性口罩不能重复使用，N95 口罩也要定期更换。

口罩用后及时处置，不宜剪碎：用过的一次性口罩，要投入“有害垃圾”桶内，不能直接放在包里、口袋里，更不要碰触别人使用过的口罩。为避免二次感染风险，不建议将用过的口罩剪碎后丢弃。

以下危险戴法要注意：一是露出鼻子，等于没带；二是挂在一只耳朵上、戴到下巴上、挂在包上或在手心捏成一团等，灰尘、细菌极有可能沾到口罩里层，再戴时，易引起感染……在此特别提醒：戴不干净的口罩不如不戴！

疫情面前，生命健康高于一切，文明细节虽小，却是“天大的小事”。不积跬步无以至千里；不积小流无以成江海。唯有从点滴小事做起，我们才能让文明在全社会蔚然成风，文明才能真正成为一种感染力、凝聚力、推动力，进而升华为一种城市的名片，一种国家的形象，一种民族的精神。

三、仪态

［视频学习2：仪态］

仪态即姿势、动作，也称举止。平日人们所推崇的风度，其实指的就是训练有素、优雅、具有无比魅力的举止。

人的举止，在日常生活里时刻都在表露人的思想、情感以及对外界的反映，它可能是自觉的，也可能是不自觉的。因此，在社交礼仪中人们将举止视为人类的一种无声的语言。正如达·芬奇所言：从仪态了解人的内心世界，把握人的本来面目，往往具有相当的准确性与可靠性。

阅读

中华民族自古就非常注重仪态修养。《弟子规》中写道：步从容，立端正，揖深圆，拜恭敬；勿践阈，勿跛倚，勿箕踞，勿摇髀；缓揭帘，勿有声，宽转弯，勿触棱。这些礼仪规矩对于现代人同样具有十分积极的意义。有人认为，只要自己身材好，就不必注意个人的仪态。这是一种非常错误的观点。身材再好，若姿势不优美，不仅不雅观，还有损个人形象。人体的各个器官都有其独特的功能。姿势不正确，还可能影响器官的功能乃至身体的健康，如长时间保持某种不正确的姿态，会改变体型，影响美观和健康。因此，人们需要通过良好的实践，使身体各部分器官相互协调，保持正确的姿势，使得内在素质与外在表现相和谐，发挥仪态礼仪的重要作用。

仪态礼仪的基本要求是“坐有坐相，站有站相”。具体说来，则是要求人的行为举止要文明、优雅、敬人。

文明，是要求举止自然、大方，并且高雅脱俗，借以体现出自己良好的文化教养。

优雅，是要求举止规范美观，得体适度，不卑不亢，赏心悦目，风度翩翩，颇具魅力。

敬人，是要求举止礼敬他人，可以体现出对对方的尊重、友好与善意。

(一)体姿

1. 手姿

手姿,又叫手势。手是人的身体上最为灵活自如的一个部位,所以手姿是体语之中最丰富、最有表现力的。手姿,实际所指的就是人的两只手臂所做的动作。其中,双手的动作是其核心所在。它既可以是静态的,也可以是动态的。

情境链接 1-1-3:

周末,几个同学约老师去爬山。到达山顶后,老师问:"谁先上来的?"一个同学一听,马上一边拍胸脯,一边说:"我!"然后用小指指向其他人,说:"他们都是我'手下败将'……"老师回去要单独给这个同学什么建议呢?

在人际交往中,手姿主要具有表示形象、传达感情两个方面的作用。如使用不当,手姿会影响到个人形象或产生其他负面影响。

(1)常用手姿

①垂放:是最基本的手姿。其做法有二:一是双手自然下垂,掌心向内,叠放或相握于腹前;二是双手伸直下垂,掌心向内,分别贴放于大腿两侧。多用于站立之时。

②鼓掌:是用以表示欢迎、祝贺、支持的一种手姿,多用于会议、演出、比赛或迎候嘉宾。必要时,应起身站立。但是,不应以此表示反对、拒绝、讽刺、驱赶之意,即不应"鼓倒掌"。

③夸奖:这种手姿主要用以表扬他人。其做法是,伸出右手,跷起拇指,指尖向上,指腹面向被称道者。但在交谈时,不应将右手拇指竖起来反向指向其他人,这意味着自大或藐视。以之自指鼻尖,也有自高自大、不可一世之意。

④指示:这是用以引导来宾、指示方向的手姿。其做法是,以右手或左手抬至一定高度,五指并拢,掌心向上,以其肘部为轴,朝一定方向伸出手臂。

(2)禁忌手姿

①不卫生的手姿:在他人面前搔头皮、掏耳朵、挖眼屎、抠鼻孔、剔牙齿、抓痒痒、搓脚丫等这样一些手姿,极不卫生,也不美观,自然是不当之举。

②欠稳重的手姿:在大庭广众之前,双手乱动、乱摸、乱举、乱扶、乱放,或是咬指尖、折衣角、抬胳膊、抱大腿、拢头发等,亦是应当禁止的欠稳重的手姿。

③失敬于人的手姿:用手指指点他人很不礼貌,而伸出一只手臂,食指指向他人,其余四指握拢这一手姿,因有指斥、教训之意,尤为失礼。

2. 立姿

立姿,是人在站立时所呈现出的具体姿态,是人的最基本的姿势,同时也是其他一切姿势的基础。通常,它是一种静态姿势。

情境链接 1-1-4:

在傍晚的校园,正在散步的两个男同学碰巧相遇,于是站在路边聊了起来。其中一位同学将手插在兜里,两腿大叉;另一位同学双手抱在胸前,一只脚不停地点地。二人的姿势给人不稳重的感觉。

(1)基本立姿　人们的立姿通常呈现为三种基本形态,即立正、稍息与跨立。

立姿的基本要求是：头端，肩平，胸挺，腹收，身正，腿直，手垂。

由于性别方面的差异，男、女的基本立姿又有一些不尽相同的要求。对男子的要求是稳健，对女子的要求则是优美。

男子的立姿：男子在站立时，一般应双脚平行，大致与肩同宽，最好间距不超过一脚之宽。要全身立直，双肩稍向后展，头部抬起，双臂自然下垂伸直，双手贴放于大腿两侧。

如果站立时间过久，可以将左脚或右脚交替后撤一步，其身体的重心分别落在另一只脚上。但是上身仍须直挺，脚不可伸得太远，双腿不可叉开过大，变换不可过于频繁。膝部要注意伸直。

女子的立姿：女子在站立时，应当挺胸，收颌，目视前方，双手自然下垂，叠放或相握于腹前，双腿基本并拢，不宜叉开。

站立之时，女子可以将重心置于某一脚上，即一条腿伸直，另一条腿则略为前伸或弯曲，也就是说双腿一直一斜。还有一种方法，即双脚脚跟并拢，脚尖分开，张开的脚尖大致相距10 cm，其张角约为45°，呈现“V”形。

(2)禁忌立姿

①全身不够端正。古人对站立的基本要求是“站如松”，强调的就是站立时身体要端正。站立时力戒头歪、肩斜、臂曲、胸凹、腹凸、背弓、臀撅、膝屈。如果一个人站立时含胸、挺腹、头下垂，那么他的身高至少要比实际高度矮2 cm，腰身也会胖出3～5 cm。

②双手叉在腰间或抱在胸前，会给人气势汹汹的感觉。

③两腿叉开过大。站立过久，可采用稍息的姿势，双腿可以适当叉开一些。但出于美观与文明方面的考虑，在他人面前双腿切勿叉开过大；双腿交叉，即别腿，亦不美观。

④两脚随意乱动。人在站立时，双脚应当老实规矩，不可肆意乱动。例如，用脚尖乱点乱划，双脚踢来踢去，用脚去够东西、蹭痒痒，脱下鞋子把脚“解放”出来，或是半脱不脱，脚后跟踩在鞋帮上，一半在鞋里一半在鞋外等都是不文明的。

⑤表现自由散漫。在站立时随意扶、拉、倚、靠、趴、踩、蹬、跨，显得无精打采，自由散漫。

(3)下蹲姿势　下蹲的姿势，称为蹲姿，多用于拾捡物品、帮助别人或照顾自己。

公共场所，在他人面前需要捡拾地上某物时，弯腰、俯首、撅臀，都不如蹲姿雅观。另外，双腿叉开的下蹲好像在上洗手间，不够文雅，还有内裤曝光的可能。

蹲的基本方法有三：一是单膝点地式，即下蹲后一腿弯曲，另一条腿跪着；二是双腿交叉式，即下蹲时双腿交叉在一起；三是双腿高低式，即下蹲后双腿一高一低，互为倚靠。

3.坐姿

坐是举止的主要内容，有着美与丑、优雅与粗俗之分。坐姿要求“坐如钟”，指人的坐姿像座钟般端直，当然这里的端直指上体的端直。正确的坐姿让人觉得安详、舒适、端正、舒展大方；不正确的坐姿则给人留下不好的印象。

情境链接 1-1-5：

一位穿着时尚的男生在茶吧偶遇其高中女同学，两人对坐于茶桌两边。只见那位女同学穿着高跟鞋，跷起二郎腿，鞋尖往上翘着，鞋底朝向了对方，右胳膊拄着椅子的扶手；而男同学也是把一只小腿放到另一只大腿上，双手握着小腿，上身向后倾斜靠在椅背上，边寒暄边抖动。

老同学见面是一件令人非常高兴的事,可上述这两位老同学见面后的坐姿也确实有些不雅。一个人就座后,坐姿应端正,这是基本的礼仪要求。

坐姿的重点,自然是指坐定后的姿势。而就座时的姿势,也应引起足够的重视。

(1)就座姿势　就座,即走向座位直到坐下来等一系列的过程。它是坐姿的前奏,也是其重要组成部分。

①注意顺序:若与他人一起入座,则落座时一定要讲究先后顺序,礼让尊长。就座时合乎礼仪的顺序有两种:一是优先尊长,即请位尊之人首先入座;二是同时就座,适用于平辈人与亲友、同事之间。抢先就座是失态的表现。

②讲究方位:不论是从正面、侧面还是背面走向座位,通常都讲究从左侧一方走向自己的座位,从左侧一方离开自己的座位,简称"左进左出",这是在正式场合一般要遵守的。

③落座无声:在就座的整个过程中,不管是移动座位还是落座,都不应发出嘈杂的声音。不慌不忙,悄无声息,本身就体现着一种教养。调整坐姿,同样也不宜出声。

④入座得法:就座时,应背对座位。如距其较远,可以右脚后移半步,待腿部接触座位边缘后,再轻轻坐下。着裙装的女士入座,通常应先用双手拢平裙摆,随后再坐下。

⑤离座谨慎:离座亦应注意礼仪序列。避免突然跳起,惊吓他人。也不要因不注意而弄出声响,或把身边东西弄到地上。

(2)坐定姿势

①根据座位的高低,调整坐姿的具体形式。在较为正式的场合,通常坐下之后不应坐满座位,大体占据其 2/3 的位置即可。

②挺直上身,头部端正,目视前方,或面对交谈对象。在一般情况下,不应身靠座位的背部。如无人在场,或者个人休息时,可适当放松。

③极正规的场合,上身与大腿、大腿与小腿,应当均为直角,此姿势即所谓的"正襟危坐"。这两个角度若为钝角或锐角,则显得放纵或疲乏。

④当面对交往对象而无屏障时,男士就座后双腿可张开一些,但不应宽于其肩宽。女士就座后,特别是身着超短裙时,务必要并拢大腿。

⑤在非正式场合,允许坐定之后双腿叠放或斜放。双腿交叉叠放时,应力求做到膝部之上的并拢。

⑥双脚应自然下垂,置于地面之上,脚尖应面对正前方,或朝向侧前方。双脚可以并拢、平行。双脚一前一后,也是允许的。

⑦正坐之时,双手应掌心向下,叠放于大腿之上,或是放在身前的桌面之上。双手一左一右,扶住座位两侧的扶手也是可以的。侧坐之时,双手以叠放或相握的姿势放置于大腿上。

(3)禁忌坐姿

①头部乱晃:坐定之后,不应仰头靠在座位背上,或是低头注视地面;也不应左顾右盼,闭目养神,摇头晃脑。

②上身不直:坐定之后不应上身前倾、后仰、歪向一侧,或是趴向前方、两侧。

③手部错位:坐下之后,不应以双手端臂,双手抱于脑后,双手抱住膝盖,不应以手抚腿、摸脚。双手应尽量减少不必要的动作,不要摸摸、碰碰、敲敲、打打。身前有桌子时,不要将肘部支于其上,或双手夹在大腿中间。

④腿部失态:双腿切勿在坐好后敞开过大。不要在尊长面前高跷"4"字形腿,即不要将一

条小腿交叉叠放于另一条大腿之上。两腿不要直伸开去，也不要反复抖动不止。不要骑在座位之上，或把腿架在其他高处。

⑤脚部乱动：切勿在坐定后将脚抬得过高，以脚尖指向他人，或是使对方看到鞋底。不要在坐下后脱鞋子、脱袜子，或是将脚架在桌面上，勾住桌腿，跷到自己或他人的座位上。不要用脚踩踏其他物体。双脚不要交叉，不要将其摆成内八字，更不要两脚脚跟着地，脚尖朝上，摇荡抖动不止。

4. 行姿

行姿，自始至终都处于动态之中，体现的是人类的运动之美和精神风貌。

情境链接 1-1-6：

上午下课，忙碌了一上午的同学大都涌进了学生食堂。李同学迈着大大的步子，双手插在裤兜里，两肩前后摇摆，同时，眼睛左顾右盼，打量着周围的同学。李同学这样的行姿很不妥，不符合当代大学生的身份，有损大学生的形象。

对行姿的要求是：轻松、矫健、优美、匀速。虽不一定非要做到古人所要求的"行似风"，至少也要做到不慌不忙，稳重大方。

(1)基本行姿　行走之时，应以正确的立姿为基础，并且兼顾以下方面：

①全身站直，昂首挺胸。在行走时，要面朝前方，双眼平视，头部端正，胸部挺起，背部、腰部、膝部尤其要避免弯曲，使全身看上去呈一条直线。

②直线前进，自始至终。在行进时，双脚两侧行走的轨迹，大体上应当呈现为一条直线。与此同时，要克服身体在行进中的左右摇摆，并自腰部至脚部始终保持正直进行移动。

③双肩平稳，两臂摆动。行进时，双肩、双臂都不可过于僵硬呆板。双肩应当平稳，不应摇晃。两臂则应自然、一前一后、有节奏地摆动。在摆动时，手腕要进行配合，掌心要向内，手掌要向下伸直。摆动的幅度以 30°左右为佳。不要双手横摆或同向摆动。

④全身协调，匀速前进。在行走时，全身各个部分的举止要相互协调、配合，速度要均匀，表现得轻松、自然，有节奏感。

(2)禁忌行姿

①方向不定：在行走时方向要明确，不可忽左忽右、变化多端，好像胆战心惊、心神不定。

②瞻前顾后：在行走时，不应左顾右盼，尤其是不应反复回过头来注视身后。另外，也不应身体乱晃不止。

③速度多变：行走之时，切勿忽快忽慢。

④声响过大：避免在行走时声响过大，妨碍他人，或惊吓他人。

⑤八字步态：在行走时，若两脚脚尖向内侧伸构成内八字步，或两脚脚尖向外侧伸构成外八字步，都应注意调整。

(二)表情

传播学认为：在人们所接受的来自他人的信息之中，只有约 45%来自有声的语言，而约 55%则来自无声的语言，在后者之中，又有 70%以上来自表情。由此可见表情在人际交往中所处的重要位置。

人类的表情变化多端，不可胜数。但这些表情却大都具有共性，它超越了地域文化的界限，成为人类的一种世界性“语言”，在世界上几乎可以通用。

表情的基本要求是热情、友好、轻松、自然。

阅读

面部表情是多少世纪培养成功的语言，是比嘴巴讲的要复杂千百倍的语言。

——罗曼·罗兰

1.眼神

眼神，是对眼睛的总体活动的一种统称。眼睛是人类的心灵之窗。对自己而言，它能够最明显、最自然、最准确地展示自身的心理活动。对他人而言，与其交往所得信息的87%来自视觉，而来自听觉的信息则仅为10%左右。

懂礼仪、有教养的人会注意控制自己的目光，在不同对象面前表现出不同的含意。例如：在长辈和上级面前，目光应恭敬谦虚；面对晚辈或下级，目光应温和亲切；在朋友面前，目光应热情洋溢。特别要避免一些无礼或轻佻的眼神，如左顾右盼、漫不经心、挤眉弄眼、目光聚集在对方身体的某处、使用鄙夷或不屑的眼神等。

阅读

一旦学会了眼睛的语言，表情的变化将是无穷无尽的。

——泰戈尔

2.笑容

情境链接 1-1-7：

在一次大型的交流会上，一位同学畅谈他对某些问题的认识和感受，引起了在场师生的兴趣。当一位老师向他提出问题时，他微笑着作答，让老师很满意。另一位同学也大谈他的计划和设想，当老师问问题时，他也一一作答，但在回答问题后总有一声“嘿嘿”的笑声，听起来让人不太舒服。

笑容是一种令人感觉愉快的、既悦己又悦人的发挥正面作用的表情。利用笑容，可以缩短人与人之间的心理距离，打破交际障碍，为深入沟通与交往创造和谐、温馨的良好氛围。因此有人把笑容比作人际交往的润滑剂。

但有人滥用笑容，结果适得其反。如嘴笑眼不笑，会给人以虚假、牵强的感觉。笑还要有尺度，如交际中突然哈哈大笑，表情过于夸张，不仅让人感到不自然，还让人莫名其妙。还有人话未出口，自己先笑，让对方不知所措，以为自己行为不妥，非常尴尬。

阅读

笑的种类

含笑：不出声，不露齿，仅是面含笑意，意在表示接受对方，待人友善。

微笑：唇部向上移动，略呈弧形，但牙齿不会外露。它是自得其乐、知心会意、表示友好的笑。在人际交往中，其适用范围最广。

轻笑：嘴巴微微张开一些，上齿6～8颗牙齿显露在外，不发出声响。它表示欣喜、愉快，多用于会见亲友，向熟人打招呼，接待来宾，或是遇上喜庆之事的时候。

浅笑：浅笑表现为笑时抿嘴，多见于年轻女性表示害羞之时，俗称抿嘴而笑。

大笑：嘴巴大张，呈现弧形；上下齿都显露在外，并且张开；口中发出“哈哈哈”的笑声。多见于开心时刻，尽情欢乐。

我国著名教育家蔡元培主张突出礼仪教育：礼仪者，交际之要，而大有造就习惯之力。夫心能正体，体亦能制心。是以平日端容貌，正颜色，顺辞气，则妄念无自而萌，而言行之忠信笃敬，有不期然而然者。

礼仪遵循的好坏决定一个人习惯的好坏，习惯会决定一个人的性格和气质。每一个有正义感、有勇气、懂勤勉、举止优雅的人，均是由于平时的习惯所养成和造就的。所以作为大学生，一定要注重在日常生活中培养良好的性格与人格，注重提升个人综合素质，做到举手投足讲文明，言谈举止见修养，诚于中而形于外。

情境任务2　学习仪表礼仪

知识目标：了解学习场合的仪表礼仪

能力目标：针对不同的学习场景有得体的仪表

素质目标：养成庄重、文明的学习仪表礼仪规范

◎ 典型实例

上课的铃声刚刚响过，一名女同学敲门之后走进来，大家的目光马上被吸引过去了，后排甚至有男生吹起了口哨。只见这名女同学脸上画着“烟熏妆”，穿着吊带“沙滩裙”，长裙飘逸地到达了脚面，脚上穿一双最流行的透明“人字拖”，背着一个大大的“帆布包”，脖子上挂着一串长长的手工编织的珠串，裸露的肩膀上还有一个玫瑰花图案的“刺青”。她在众人的注视下慢慢地走到了自己的座位，把大包往桌子上一放，就开始稀里哗啦地翻起包来，估计在找笔和课本。

思考：学习场所应该怎么着装打扮才合适？

在学校里，个人的仪表会引起同学们的关注，并影响到老师对自己的整体评价。大学生是有知识、有修养的群体，大学生朋友们应该如何在课堂这样的学习场所中，通过个人仪表礼仪来展示自己的气质、修养、风度呢？

学生的主要任务是获取知识、提高技能、增长能力，熟悉学习仪表礼仪，做到装束大方、举止得体，不但会对你的学习大有裨益，还可以展现新时代大学生的精神风貌。

一、仪容

作为学生，干净朴素的仪容仪表一直是被大力提倡的。

（一）发型

在学习场所中，应选择适合自己年龄和个性的发型，即自然清新、文雅端庄的发型。女生以选择齐耳短发、自然式束发、运动式短发为主，男生以板寸、平头等为主，男女大学生都不宜披发。如果发型过于另类，可能会给自己和他人造成不便。

现在的美发方式各种各样，头发长的可以修剪，头发短的还可以"接发"，想追求"长发飘飘"，只需几个小时就可以做到真假难辨。染发技术更能实现追求时尚的年轻人对各种颜色的追求，棕色、红色、绿色、蓝色和金色等。但在学校的课堂上，如果顶着五颜六色的头发去上课，估计坐在后面的学生都无心上课了。发色的选择要适合肤色，达到自然和谐。

（二）面部

我们在进入教室、图书馆、实训室、实验室这些学习场所前，一定要对着镜子看一下自己的面容是否干净，妆容是否得体。

油性皮肤要选择质地清爽的化妆品，有收缩毛孔的作用，可以抑制油分的过分分泌。夏天的时候，准备一小包吸油纸，可以避免皮肤油光可鉴。

在学习场合可适当修饰，应以自然、淡雅为主，切忌人工痕迹过重。特别是上课前，如果花费大量时间来化妆，导致早饭都吃不上，就会影响一天的学习生活。进入教室，浓妆又会吸引过多的目光，影响课堂教学。

眼睛是心灵的窗户，在课堂教学过程中，老师和学生眼神的交流是必不可少的。要及时清除眼部分泌物。另外，若眼睛患有传染病，应在眼科医生的建议下，向老师取得同意后进行休养，以免聚集。

若有必要，可佩戴眼镜。在课堂上，一般不应戴太阳镜。

情境链接 1-2-1：

某女生患有严重的近视，但是为了美观，上课的时候没有佩戴近视矫正眼镜，看不清课堂上老师的板书。于是她频频左顾右盼看同学记的笔记，严重影响了周围同学的听课。

情境链接 1-2-2：

一名女生视力很好，但是看到别的同学戴的隐形眼镜"美瞳"显得眼睛又黑又大，也买了一副没有度数的蓝色隐形眼镜戴上，显得很漂亮。但她长时间佩戴隐形眼镜，只有睡觉时摘下。一周后，她感觉眼睛干涩、疼痛，到医院检查后，诊断为隐形眼镜佩戴不科学诱发的角膜炎。

牙齿洁白，口腔无味，是礼仪的要求。在上课之前忌食葱、蒜、韭菜、臭豆腐之类气味刺鼻的食物，免得影响周围的人。课堂上切忌将嘴唇颜色涂得过于夸张，甚至让唇膏粘到牙齿上。

（三）手臂

“美甲”在课堂上是非常不适用的。现在高校把计算机课作为基础课，学生如果留一副长指甲，敲击键盘是不方便的。在体育运动中，长指甲也容易划伤同学。

在课堂上，吊带装、露肩装都是不合适的，更有同学在肩膀上添加刺青，这些都不符合课堂严肃的学习氛围。

在他人面前，尤其是在外人或异性面前，不宜露出腋毛。所以在课堂上，不应穿着会令腋毛外现的“露怯”的服装。

情境链接 1-2-3：

阳光明媚的春天，一场精彩的学术报告吸引了许多求知若渴的学子。做报告者西装革履，知识渊博，让年轻的学子们钦佩不已。报告后的交流中，报告者来到学生中间，与同学们进行亲切的交谈。但当同学们看到他藏有污垢的手指甲时，对他的敬佩之情一下子减少了……

（四）腿部

情境链接 1-2-4：

要上课了，同学们都走进教室准备上课。这时，班上一名男同学身着运动背心、短裤，手持篮球走进来。在后排坐下后，他脱下鞋给脚“放风”，顿时，班里的同学都循味回头看他，还有同学说了句“什么味这么浓？”如果说刚刚运动完，穿着短衣裤情有可原，但把脚拿出来非常不雅。

严格地说，在正式场合脚是不能裸露的，即不允许光着脚穿鞋子。一些使脚部过于暴露的鞋子，如各种拖鞋、沙滩鞋都不适合在学习场合穿着。此外，穿着高跟鞋在教室、走廊中走动，发出很大的“嗒嗒”声，是很突兀的。

保持脚部的卫生。鞋子、袜子要勤洗勤换，以防异味。更不要在上课的过程中脱掉鞋子，偷偷地给脚“放风”。

在教室里不适合把指甲涂成五颜六色，也不适合佩戴会随着走路发出声响的脚链。

在教室里，男女同学都不应穿过短的裙、裤，膝盖以下长度为宜。

二、服饰

（一）着装

大学生的服饰应简洁、大方，体现出对老师和他人的尊重。

情境链接 1-2-5：

炎热的夏季，一位从某知名企业聘请的老师在系主任的陪同下走进教室准备上课。这时门外传来清脆的高跟鞋声，随后看到一个女生穿着吊带短裙，手里拎了个时尚小包，脚上的一双凉鞋足有10 cm高的跟儿，走进教室，在后排坐下来。老师打量了她一眼，诧异地问身边的系主任："她是学生吗？"

阅读

上海某知名大学明确规定，学生在教室里不能穿低领衫、露脐装、吊带衫、无袖小背心等服装，另外一些做成凉鞋款式的时髦的拖鞋也在禁止之列。大部分学生对这一规定持肯定态度。一般来说，女生穿得过少，会被人认为轻佻；男生穿得少，会显得随便、不稳重。教师们对学校的做法非常支持。有些学生的着装不分场合、不分时间，要么过于怪异，要么过于暴露，这些问题尤其反映在上课的时间段里，容易分散其他学生的注意力。

在学习场合，穿着得体是对老师和同学的尊重。虽然不要求我们西装革履，但是一定要符合学习场所的要求，男同学要穿长裤，女同学不应穿超短裙，也不适合穿拖及脚面的"沙滩裙"。在实训课上，要穿规定的服饰，如食品专业的学生在制作食品过程中需要佩戴口罩、头套等。在体育课上要穿运动装，不应穿紧身的牛仔衣裤。

(二)佩饰

情境链接 1-2-6：

夏天的一个下午，几位老师正在办公室备课，一个女同学敲门后走进来，伴随而来的还有叮叮当当的声音。原来这名女同学的手腕上戴着一个玉手镯，还有一个黄金的手链，肩上背着一个"妈咪包"，包带上挂着一串红色的小铃铛。

学生到老师办公室请教问题、修改论文等，应穿着得体，保持安静，不影响其他老师办公，这也是学习仪表礼仪的要求。

1. 首饰

在课堂上不适合佩戴首饰，特别是在动手操作比较多的实训课，更不应该佩戴首饰。若在不影响课堂的情况下佩戴首饰，在总量上不应超过三种。

2. 手表

在上课中，佩戴手表通常意味着时间观念强、作风严谨；而不戴手表的同学，或是动辄向他人询问时间，或是频频看手机上的时间，会影响他人或自己的学习，还会影响老师的教学。如果在考试的过程中看手机的屏幕，即使是看时间，也是一种违纪的表现，所以在课堂上和考试中切勿把手机当作手表使用。

学生选择在课堂上佩戴的手表时，要量力而行，选择一款计时准确的手表即可，不必追求其价格、品牌。其色彩应避免繁杂凌乱，一般选择单色、双色即可，倘若图案稀奇古怪，有可能影响同学们的注意力。

3. 领带

大学校园里，在越来越多的场合中，男同学会选择西装领带，如在演讲比赛、学生会和各类社团的竞聘演讲、招聘会、受到表彰、登台表演等时，所以平时准备一套正装是非常必要的。男士穿西装时离不开领带，领带对男士着正装起着装饰、美化、点缀的作用。

三、仪态

情境链接 1-2-7：

报纸上曾刊载过一篇文章《以"礼"服人》，是说一个自以为命运不济的高职生，因为高考不甚理想，心情一度很苦闷。在一次礼仪课上，老师给大家提出了礼仪要求："入座轻稳莫含胸，腿脚姿势须庄重。双手摆放要自然，安详庄重坐如钟。"她勉强照着做了，但奇迹也随之产生了。"当我挺起长久以来含着的胸膛，世界仿佛变大了；当我庄重地举手投足，自己仿佛变得重要了；当我端庄安详地挺身而坐，即使在父母面前，也仿佛每句话都掷地有声。一种从没有过的独立感、尊严感油然而生。我在坐、立、行之间，清晰地感悟到了自己的存在。此后的日子，我知道自己该做什么。尊严，要靠实力。"

仪态是一种无声的语言，它自然流露了一个人的气质风度。大学生恰风华正茂，是当代优秀青年的群体，更是掌握大量知识的文化承载者，腹有诗书气自华，在学习过程中，自然应该表现出优雅的仪态。

阅读

真假贵夫人

相传汉武帝既宠尹婕妤，又爱邢夫人。为防止女人之间因妒忌而成仇，帝令二夫人不得相见。尹婕妤羡慕邢夫人的高贵美貌，恳请皇上让她见邢夫人一面。皇帝答应了。数十宫女拥着一位夫人款款而至，帝向尹婕妤微微一笑，点了点头。尹婕妤看了之后即说："她不是邢夫人。"帝怪而问道："为什么？""看她的形貌仪态，不足以当夫人，配不上皇上。"帝又诏来一位穿旧衣的女人，且没有宫女随护。尹婕妤即说："这才是邢夫人本人。"并低头哭起来，伤怜自己不如邢夫人美丽有气质。原来，先前那位夫人是一名宫女装扮的。可见，一个人的气质、风度及其礼仪教养不是靠高档的服饰装扮而成的，而是在一举一动中自然体现出来的。

（一）手姿

情境链接 1-2-8：

晚自习的上课铃声响了，教室里大多数同学都渐渐安静下来，一个男同学还在回头和另一同学小声说着什么。正巧一位刚刚上任的学生干部走进来，发现有人在说话就伸出右手，用食指指着那位说话的男生，严肃地说："请安静，上课了！"顿时，教室里安静了，但同学们都诧异地看着那位学生干部……

大学生在学习场所使用手姿一定要规范，注意区域性的差异，即注意不同地域、民族"手语”的差异，手势宜少忌多。

上面提到的学生干部就是因为不懂得手姿的使用礼规，引来诧异的目光。

（二）坐姿

情境链接 1-2-9：

自习课上，班上有的同学在看书，有的同学在观看网络课程，还有的同学在记笔记，班级里静悄悄的。突然李静同学生气地站起来换到了一个空座上，同学们被突然的响动惊了一下后，马上又恢复了安静。可没过多久，刚才和李静同排的张畅同学也挪动椅子换了座位。课间的时候，大家交流中了解到，原来前排的孟浩同学戴着耳机在观看网络课程，不时地抖着他的双腿，打扰到身边的同学，同学提示后，过一会他又忘了，又抖了起来，引起了同学的反感。

在公共场合，这种类似抖腿的小动作令人觉得不舒服，给人情绪不安定的感觉，对其他人也是失礼的行为。

（三）立姿

情境链接 1-2-10：

晚自习上，一位刚刚上任的班长站在讲台前，给大家布置迎新工作的具体事项。只见他一边说，一边频繁地前后变换双腿姿势，眼睛有时看看同学，有时瞅瞅讲台，两条胳膊拄在讲台上……

作为一班之长，在同学面前讲话自然应为同学做出表率才对，但上述这位班长的举手投足，会使他在同学心目中的印象大打折扣。究其原因，其立姿不当是主要方面。

（四）行姿

情境链接 1-2-11：

上午下课后，教学楼走廊里瞬间涌满了学生。李同学和张同学从教室里冲出来，打打闹闹、你追我赶地快速穿梭在人群中，时不时地挤撞到身边的同学，引起阵阵骚动。

像李同学和张同学这样的行姿很不妥，不符合当代大学生的身份，有损大学生的形象，而且非常容易出现安全事件，比如在楼道摔倒就容易出现踩踏，后果不堪设想。

作为青春飞扬的大学生，除了要遵守基本的坐、立、行姿势外，还要精神饱满，动作有节奏、舒展，体现青春的活力。要收腰挺胸，脚挺直，两臂自然下垂；两膝相并，脚跟靠拢，脚尖张开约60°，切忌头下垂或上仰，弓背弯腰。

（五）表情

大学生在学习中，如向老师请教问题，与同学讨论观点、在实验实训中默契地配合，都应常常恰到好处地微笑，让人感到平易近人、和蔼可亲，不应板着面孔对人不理不睬。男性要显得质朴纯真，高雅大度，既彬彬有礼，又落落大方；女性要显得温文尔雅、含蓄恬静，既楚楚动人，又自然庄重。

虽然大部分大学课堂对仪容、服饰、仪态没有特殊的要求，但大都以简单、大方、得体为准则。

阅读

《弟子规》中详细规定了学生在言谈举止方面的礼仪规范，其中有仪表方面的要求：冠必正，纽必结，袜与履，俱紧切。有仪态方面的要求：步从容，立端正，揖深圆，拜恭敬。

南开中学教学楼门口有面大镜子，上面写着引人注目的"镜箴"："面必净，发必理，衣必整，纽必结。头容正，肩容平，胸容宽，背容直。气象：勿傲，勿暴，勿怠。颜色：宜和，宜静，宜庄。"这段著名的"容止格言"是1904年10月17日，在张伯苓先生和严范孙先生创办的南开中学成立时，严范孙先生亲笔写下的。这段格言提醒着南开学子要时时保持端庄得体的仪表，时刻注意自己的礼貌。

"为中华崛起而读书"的周恩来总理，朴实勤俭、仪表风范、严谨作风堪称一代楷模。20世纪50年代，当我国向国外派遣第一批大使时，从南开中学毕业的周恩来总理还能背出这些箴言，勉励那些即将赴任的大使。

情境任务3 工作仪表礼仪

知识目标：学习并掌握工作仪表礼仪

能力目标：在不同工作场合都能有恰当的仪表

素质目标：在各种工作环境中都能自然地展示出恰当得体的仪表礼仪修养

◎ 典型实例

一位女推销员在美国北部工作，一直都穿着深色套装，提着一个男性化的公文包。后来她调到阳光普照的南加州，仍然以同样的装束去推销商品，结果成绩不够理想。后来她改穿色彩淡的套装，换了一个女性化一点的皮包，使自己有亲切感。着装的这一变化，使她的业绩提高了25%。可见，随着社会、经济、文化的发展，良好的工作仪表礼仪对工作业绩的提升有一定的助推作用。

思考：工作仪表礼仪对你的工作有何帮助？

工作中的仪表礼仪所产生的影响力和信任度来自语言、语调、形象。研究显示，语言占7%，语调占38%，形象占55%。科学研究的结果表明：个人感受到的对方仪表的魅力同希望再次与之见面的相关系数远远高于个性、兴趣等。在工作场合，一个人留给他人的第一印象，往往就是由这个人的容貌、姿态、服饰等形成的。得体的个人形象，会给人良好的第一印象。因此在工作交往中，仪表被称为打造个人形象魅力的基础，不仅影响个人形象，还直接影响整体工作和事业的发展。

一、容貌

情境链接 1-3-1：

某报社记者吴先生为进行一次重要采访，留宿于北京某饭店。圆满完成任务后，吴先生与两位同事来到餐厅庆祝。接待他们的服务员五官清秀，接待服务做得很好，可是面无血色，显得无精打采。原来这位服务员没有化工作淡妆，在餐厅昏黄的灯光下显得有些病态，吴先生一看到她就觉得没了刚才的好心情。当开始上菜时，吴先生又突然看到传菜员涂的指甲油缺了一块，他第一个反应就是"不知是不是掉入我的菜里了?"但为了不惊扰其他客人用餐，吴先生没有将他的怀疑说出来。但这顿饭吃得让吴先生心里总不舒服。最后，他们唤柜台内服务员结账，而服务员却一直对着反光玻璃墙面修饰自己的妆容，丝毫没注意到客人的需要。吴先生对该饭店的服务十分不满。看来服务员不注重自己的仪表或过于注重自己的仪表都可能会影响服务质量。

阅读

一个人的穿着打扮，是他自身形象的最好说明。

——莎士比亚

容貌是仪表的第一信息，要求高度重视并细致入微的操作。具体要求如下：

(一)清洁

经常洗澡：洗澡可以除去身上的尘土、油垢和汗味，并且使人精神焕发。

经常洗头：头发是人体的制高点，因为发型不同，颇受他人的关注。经常洗头，方可确保头发不粘连，不板结，无头皮屑，无汗臭味。通常要三天左右洗一次头。

勤洗手脚：手是与外界进行直接接触最多的一个部位，最容易沾染脏东西，所以必须勤洗手。每日泡脚，消除异味，保持卫生。

保养皮肤：脸上忌有爆皮、污垢等。随时抽出时间洗脸净面，涂擦防护化妆品。

滋润手部：手是人的第二张脸，应特意加以维护。特别是在春秋冬季，应使用护肤液。

口腔卫生：每天刷牙，随时消除口腔异味，维护口腔卫生，是非常必要的。要养成在参加交际活动或到公共场合前不食蒜、葱和韭菜等带刺激性气味食物的良好习惯，以免使他人感到不快。

(二)定期修剪

定期理发：确保自己的头发干净利落。

勤梳头发：每天上岗之前，一定要提前把头发梳理好。

剪手指甲：工作场合绝不要留长指甲，因为它不符合职业人员的身份，还会藏污纳垢，给人以不讲卫生、邋遢的印象。

修剪胡须：除了遵循宗教信仰与特殊风俗习惯外，职场男性不宜蓄胡须，因为不仅不美，还显得不清洁。

修剪鼻毛：鼻毛偶尔"外出"，是会影响他人对自己的看法的。

（三）戒掉损害仪容的坏习惯

爱护牙齿、戒烟戒酒。长期抽烟不仅损害人体的心肺等内脏器官，而且严重影响肤色的健康，嘴唇和牙齿首当其冲，受熏染最直接、最持久。工作时间不能喝酒，这几乎是所有工作环境的纪律。

规律生活：保持早睡早起的传统习惯，有利于健康，使面容光鲜。

（四）化妆

化妆上岗是对个人形象的爱护，也是对他人尊重的一种直接表现，还可以被视为热爱本职工作、恪尽职守的一种具体做法。职业女士化妆要符合审美要求，符合自己的年龄、工作性质、职业身份。

情境链接 1-3-2：

李彤，某高校文秘专业高才生，毕业后就职于一家公司做文员。为适应工作需要，上班时，她毅然放弃了“清纯少女妆”，化起了整洁、漂亮、端庄的“白领丽人妆”：不脱色粉底液，修饰自然、稍带棱角的眉毛，与服装色系搭配的灰度高、偏浅色的眼影，紧贴上睫毛根部描画的灰棕色眼线，黑色自然形睫毛，再加上自然的唇形和略显浓艳的唇色。整个妆容尽显自信、成熟、干练的气质。但在公休日，她又给自己来了一个大变脸，化起了久违的“清纯少女妆”：粉蓝、粉绿、粉红、粉黄或粉白等颜色的眼影，彩色系列的睫毛膏和眼线，粉红色或粉橘色的腮红，自然系的唇彩或唇油，看上去活力四射，整个身心都倍感轻松。心情好，工作效率自然就高。一年来，李彤以自己得体的外在形象、勤奋的工作态度和骄人的业绩，赢得了公司同人的好评。有人说“化妆不只是一门技术，还是一门艺术，一种生活”，这句话一点不错，李彤的两种妆容正是此话的集中体现，得体的妆容给她带来美丽、带来风采、带来自信。

阅读

化妆水介绍

化妆水是爽肤水、紧肤水、调理水、柔肤水和洁肤水等的统称。

（1）爽肤水　涂抹的感觉比较清爽，能补充肌肤的水分。

（2）紧肤水　也称收敛水。其最大的功效在于细致毛孔，有效平衡油脂分泌，特别针对需要收敛毛孔的油性皮肤设计，其他肌肤并不适用，因为它通常含有酒精成分。

（3）调理水　其作用是调整肌肤的酸碱值，肌肤在正常状态下呈弱酸性，洗完脸后，用调理水将肌肤恢复到弱酸性。

（4）柔肤水　比较滋润，给予肌肤细致的呵护，可以软化角质层，增强肌肤吸收滋润护肤品的能力。

（5）洁肤水　除了洗脸可以清洁肌肤外，有一些“水”还能再次清洁脸部的残余污垢，成为洁肤的保障。

购买化妆水的时候可这样区分：油性皮肤使用紧肤水，健康皮肤使用爽肤水，干性皮肤使用柔肤水，混合皮肤 T 字部位使用紧肤水，其他部位使用柔肤水和爽肤水。此外，敏感皮肤还可选用敏感水或修复水。

美化仪容要注意以下方面的协调。第一,妆面协调。指化妆部位色彩搭配、浓淡协调,所化的妆适合脸部个性特点,整体设计协调。第二,全身协调。指脸部化妆与发型和服饰协调,力求整体效果完美。第三,角色协调。指针对自己在社交中扮演的不同角色,采用不同的化妆手法和化妆品。如作为职业人员,应注意化妆后体现端庄稳重的气质;作为专门从事公关、礼仪、接待、服务等的人员,出头露面的机会多,要表现出一定的吸引力,就应浓淡相宜,适合大众的审美。第四,场合协调。指化妆、发型要与所去的场合气氛相一致。如日常办公,应略施淡妆;出入舞会、宴会,可适当化浓妆;参加追悼会,应素衣淡妆。不同场合的不同妆容,不仅会使本人内心保持平衡,也会使周围的人感到融洽。

阅读

女士化妆的最高境界:妆成有却无。

——金正昆

二、姿态

姿态是一种特殊的无声语言,由表情、体姿等组成。姿态语言的重要性并不亚于口头语言。工作场合要恰当地运用姿态语言,在一颦一笑、举手投足之间流露出你的涵养、风度、气质、学识、品位。

情境链接 1-3-3:

号称美国"旅馆之王"的希尔顿,是世界上非常有名气的旅馆。从 1919 年到 1976 年,美国希尔顿旅馆从 1 家店扩展到 70 家,遍布世界各大城市,成为全球最大规模的旅馆之一。希尔顿旅馆成功的秘诀之一,就在于服务人员微笑的魅力。希尔顿本人遵循母亲的"简单、容易、不花本钱、行之久远"这四大条件,以自己作为一个顾客的亲身感受,得出了准确答案——"微笑服务"。"微笑服务"帮助希尔顿旅馆度过经济危机,率先跨入黄金时代。这个故事告诉我们,微笑的力量是无限的。

(一)表情

1. 微笑

在所有的笑容中,微笑是一种最富有吸引力、最有价值的面部表情。微笑是一种天然的净化剂,能使人相悦、相亲、相近。俗话说:伸手不打笑脸人。在世界的任何角落,只要你不吝惜自己的微笑,用这种不需要翻译的语言表达自己的友善、谦恭、渴望友谊的美好感情,向别人发出理解、宽容、信任的信号,往往会左右逢源。微笑在人类各种文化中的含义是基本相同的,是真正的"世界语",能超越文化而传播。面对阳光般的笑脸,会让人们体验到幸福感,觉得自己是一个受别人欢迎的人,并感受到自身的价值。所以有人把微笑称为一种有效的"交际世界语"。

微笑的主要特征是:面含笑意,但又不甚显著。一般来说,微笑时是不会发出声音的,以微露齿缝为宜。

服务行业通行一种“国际笑”：露出八颗牙齿的笑。当人们发自真心地、开心笑的时候，会自然地露出八颗牙齿，这种笑是笑的种类中最灿烂的一种，也是人们展示形象过程中最美好的名片。

2. 眼神

眼睛是人类面部的感觉器官之一，最能有效地传递信息和表情达意。俗语说：眼睛是心灵的窗户。从一个人的眼睛中可以看到他的内心世界。

眼神运用主要由视线接触的时间长短、视线接触的方向等方面组成。

(1)接触时间　心理学家试验表明，人们视线相互接触的时间，通常占交往时间的30%～60%。超过60%，表明彼此对对方的兴趣大于交谈的内容，在特殊情况下，表示对尊长者的尊敬；低于30%，表明对对方本人或交谈的话题没什么兴趣，有时是疲倦、乏力的表现。

视线接触时，一般连续注视对方的时间最好在三秒钟内。在许多文化背景中，长时间地凝视、直视、侧面斜视或上下打量对方，都是失礼的行为。

(2)接触方向(视线接触三区)

①上三角区(眼角至额)，表示公事公办、郑重严肃。这是公务注视，一般用于洽谈、磋商等场合，注视的位置在对方的双眼与额头之间的三角区域内。

②中三角区(眼角以下至下颌)，表示亲切温和、坦诚平等。这是社交注视，一般在社交场合，如舞会、酒会上用，注视的位置在对方的双眼与嘴唇之间的三角区域内。

③下三角区(双眼至前胸)，表示关切或热爱。这是亲密注视，一般在亲人、恋人、家庭成员等亲近人员之间使用，注视的位置在对方的双眼和胸部之间。

(二)体姿

在工作中要塑造良好的个人和组织形象，就必须注意你的行为举止。举止礼仪是自我心诚的表现，一个人的外在举止行动可直接表明他的态度。应做到彬彬有礼，落落大方，遵守一般的进退礼节，尽量避免各种不礼貌、不文明行为。

到客户办公室访问，进门之前先按门铃或轻轻敲门，然后站在门口等候。按门铃或敲门的时间不要过长，未经允许，不要擅自进入室内。

与客户相见时，应该点头微笑致礼。

在别人未坐定之前，不应先坐下。坐姿要端正，身体微往前倾，不要侧歪在一边，不要跷“二郎腿”，不要抖腿。

站立时，上身要稳定，双手安放两侧，不要背手，也不要双手抱在胸前。

三、服饰

情境链接 1-3-4：

在美国负责替法庭选陪审团的专家米理斯·福斯特调查发现：陪审团员倾向于相信那些着装得体，看起来有教养、有权威、可以让人信任的人。即使是恶魔般的被告人，如果能展示给陪审团一个可信的形象，甚至会对自身的判决产生影响。因而律师们不但自己努力利用穿着赢取法官和陪审团的信任，也劝说被告和证人以可信的形象出庭。

“你就是你所穿的”，服装在无声地告诉人们是否要信任服装的主人。

阅读

穿着是最好的名片。

——丘吉尔

一本好书，要有一个好的封面，才能更吸引读者；一个有教养的人，要衣着得体，才能更加令人尊敬。

(一)服饰功能

服饰打扮具有明显的信息暗示功能，从服饰的颜色、式样、档次和搭配上，可以显示出一个人的性格、爱好、文化修养、生活和风俗习惯。服饰打扮的作用是通过服饰显示出一个人的气质和审美情趣。

(二)着装原则

工作时间的着装，应根据工作的特点和性质，以服务于工作为原则。

工作场合要穿着适合的职业装，正式场合要穿着正装。

正式场合：指执行公务时涉及的场合，包括重要会议场所及外出执行公务等。正式场合着装要庄重，宜穿套装、套裙，可选择长裤、长裙和长袖衬衫，不宜穿时装、便装。正式场合不宜穿短袖衬衫。

(三)具体要求

1. 男士西装

穿好衬衣。穿西装应穿长袖衬衣，不要穿短袖衬衫。衬衣最好不要过旧，领子一定要硬扎、挺括，外露部分要保持平整干净。衬衣下摆掖在裤子里，领子不要翻在西装外，衣袖的长度通常要伸出西装衣袖约 1 cm。

打好领带。在比较正式的场合，穿西装应系领带。领带的长度要适当，以达到皮带下边缘为宜。如果穿毛衣或毛背心，应将领带下部放在毛衣领内。系领带时，衬衣的第一个纽扣要扣好，如果佩戴领带夹，一般在衬衣的第四、五个纽扣之间。

内衣不宜过多。衬衣内除了背心之外，最好不要再穿其他的内衣，如棉毛衫之类，如果穿的话，内衣的领圈和袖口也一定不要显露出来。如果天气较冷，衬衣外面还可以穿上一件毛衣或毛背心，但毛衣一定要紧身，不要过于宽松，以免穿上显得过于臃肿，破坏西服的线条美。

扣好纽扣。西装上衣的纽扣在人站着时应该扣上，坐下时可以解开。西装的纽扣有单排和双排之分。单排扣有一粒、两粒、三粒或者更多粒；双排扣有四粒和六粒。单排扣一粒的，扣与不扣都可以，两粒的应扣住上面那一粒，三粒的可以都扣上或者只扣中间那粒。西方人认为，衣服上纽扣的数目必须保持单数，而双排扣的西装要把纽扣都扣上。

穿西装一定要穿皮鞋，不能穿旅游鞋、便鞋或凉鞋。皮鞋应擦亮，不能蒙满灰尘。穿皮鞋还得配上合适的袜子，颜色要比西装稍深一些，千万不要穿白色或透明的袜子。

西装上衣口袋只作装饰，不要放东西，必要时只装折好花式的手帕。一般来说，深色西服宜配浅色手帕，浅色西服宜用深色手帕，广泛使用的是白色手帕。西装的左胸内侧衣兜、裤子后兜可以装手帕、零用钱等。

领带夹在佩戴时起固定和修饰作用。可根据衬衫和领带来选择领带夹。但领带夹是一些国家的习惯，并不是国际惯例。

2.女性着装

女性着装必须符合本人的个性、体态特征、职位、企业文化、办公环境、志趣等。

(1)套装　套装更能显露女性的高雅气质和独特魅力。女式套装分为裙套、裤套、三件套，各种套装没有固定的样式，也不一定穿颜色相同的套装。例如，浅色上衣配深色裙子或裤子，马甲、裙子可根据季节配穿。

身着套装应注重佩饰与服装的和谐，如皮鞋、皮包的式样与颜色，都应和套装颜色相搭配，再衬以优美大方的发型，就会产生美的艺术效果。

(2)裙装　裙装最能体现女性的体态美。穿裙子要注意合体，即要求宽松适当，长短适中，裙装造型与体形相互补充。

(3)鞋子　女性不要穿鞋跟太高太细的高跟鞋，以免走路时东摇西摆，步伐不稳，影响形象。

在正式或非正式社交场合，女性一般应穿黑色半高跟鞋。在正式场合不应穿凉鞋，否则会被视为不懂礼仪，缺乏教养。

鞋的颜色必须和服装的颜色相配，鞋子的颜色还必须深于服装颜色，如果比服装颜色浅，那么必须和其他装饰品颜色相配。

(4)袜子　女性穿裙子应当穿长筒丝袜或连裤袜，颜色以肉色、黑色最为常见，肉色长筒丝袜配长裙、旗袍最为得体。修长的腿可以穿透明丝袜，腿细可穿浅色丝袜，腿较粗可穿深色的袜子。

挑丝、有洞的袜子不应穿着外出，可以在办公室或工作场所预备一两双袜子，以备袜子破损时应急。在正式场合穿裙装而不穿袜子是不礼貌的。

(5)女士着装禁忌　穿着黑色皮裙。在国外只有街头女郎才如此打扮。所以与外国人打交道时，尤其是出访欧美国家时，不应穿着黑色皮裙。

裙、鞋、袜不搭配。袜子出现残破。

光脚。在国际交往中，穿着裙装，尤其是穿着套裙时不穿袜子，有故意卖弄风骚之嫌。

三截腿。所谓三截腿，是指穿半截裙子的时候穿半截袜子，袜子和裙子中间露一段腿肚子，结果导致裙子一截，袜子一截，腿肚子一截。这种穿法容易使腿显得又粗又短，往往被视为不善穿搭。

阅读

周总理的礼仪故事

周恩来总理是世界公认的最有风度的领导人和外交家，他的一举一动都给人留下深刻难忘的印象，人们用“富有魅力”“无与伦比”等优美的词语来赞美他的翩翩风度。在外事活动中，周总理十分注重礼节。在他病重时，脚因为过度肿胀而穿不上原来的鞋了，只有穿拖鞋走路。工作人员心疼周总理，让他穿着拖鞋参加外事活动，并认为外宾是能够理解的。但总理不同意，他说：“这不行，要讲个礼貌嘛！”于是，他请工作人员为他特制了一双鞋，留着接见外宾时穿。周总理在外事活动中注重礼节，受到外宾的盛赞，表现出传统美德。周总理的作风、态度、处事、举手投足在礼仪修养上堪称楷模，是我们学习继承礼仪传统、弘扬优良礼仪的榜样。

培养愉悦自我和他人的仪表礼仪应体现出以下三个方面的美。

一是自然美，即先天的容貌潜质，先天条件好，天生丽质。尽管以貌取人不合情理，可拥有漂亮的外貌，无疑令人赏心悦目，感觉愉快。但是，即使没有骄人的外貌，我们也不要气馁，相信通过自我训练，也能获得令人喜爱的美的外表。有人统计，90％以上的人曾有过体相烦恼，即形体相貌烦恼。有了体相烦恼，正确面对很关键。看看成功人士如何面对自己的长相吧——很多人印象中的凌峰，戴一顶被阳光浸透的旧草帽，拥有一张被岁月镌刻得千沟万壑的古铜色的脸。凌峰自嘲地说：“我长得很‘中国’，中国五千年的苦难和沧桑都写在我的脸上。”葛优曾被评为“影帝”，有人说葛优不好看，葛优却说：“热闹的马路不长草，聪明的脑袋不长毛。”其实，每个人都很奇特，当你发现了自己与众不同的地方，你应该觉得自己很美丽，因为在这个世界上你是独一无二的！

二是修饰美。在生活、学习和工作中，我们仍然要与各种各样的人打交道。依照规范与个人条件，对仪表进行必要的修饰，扬其长，避其短，养成良好的生活习惯，是我们一辈子的财富。设计、塑造出美好的个人形象，在人际交往中尽量令自己显得有备而来，自尊自爱。职业人士在这方面千万马虎不得，要时时保持良好仪表，别让一时的疏忽给初次见面的他人留下不可逆转的坏印象。

三是内在美。仪表的内在美是指通过努力学习，不断提高个人的文化素养、艺术修养和思想道德水准，培养自己高雅的气质与美好的心灵，让自己有内涵、有底蕴、有品位，使自己秀外慧中，在学习、生活、工作中表里如一。仪表的内在美还教你学会如何欣赏、鉴别哪些美是适合我们的，哪些是不适合的。人们的审美各有不同，你不一定要长相完美，但你温和的个性、体贴人的特质，甚至你的一颦一笑，都能展现出你的美。所以，与其花精力烦恼长相，不如多做正面“投资”，如知识、艺术修养，待人处事的诚恳等，做个有内涵、有修养、有魅力的人！

真正意义上的仪表礼仪之美，应当是上述三个方面的高度统一，忽略其中任何一个方面，都会使仪表礼仪之美失之偏颇。在这三者之中，内在美是最高的境界，自然美是人们的心愿，而修饰美则是仪表礼仪关注的重点。

学习情境2

掌握建立和谐人际关系的交往礼仪

◎ 情境导入

某院计算机专业学生李某,在校期间因为只注重学习而忽视与人交往,没有处理好与同寝室同学之间的关系,辅导员和系学生工作书记多次协调却无明显效果。后来李某因为不和谐的人际关系,备感压抑,患上了抑郁症,不得不离开学校,退学回家。这段失败的人际交往经历打击了她的交往自信,甚至有可能改变她的人生。怎样做才会避免遇到类似问题?

◇ 学习目标

能够掌握人际交往的基本要求,了解人际关系不仅是一种资源,也会有助于我们快乐生活、快乐学习、快乐工作,增强交往的主动性,用尊重、包容、真诚去建立良好的人际关系。

◇ 学习建议

1. 每学期试着与20~30名不同班级、不同专业的同学交往。

2. 至少要与3名老师、5名学长、1名企业外聘教师建立经常性的联系。

人际关系是指人们在运用语言或者非语言符号交流思想、交换意见、表达情感和需要的过程中，通过交流而形成的人与人之间的心理关系。人际关系的实质是人与人之间的心理距离。人总是处于一定的社会交往中，拥有良好和谐的人际关系对未来的生活和事业发展具有重要意义。尤其在现代社会中，随着科学技术的发展，“地球村”正在形成，使人们之间的距离越来越短，人们的交际机会在无限地扩大。同时，交往的作用也日益突出。卡耐基先生就曾坦言：一个人的成功，只有15%归结于他的专业知识，还有85%归结于人际关系。美国的石油大亨洛克菲勒曾经说过：与太阳底下所有的能力相比，我更关注的是与人交往的能力，我愿意付出比天底下得到其他本领更大的代价来获得与人相处的本领。毫无疑问，良好的人际关系和强大的人脉积累在洛克菲勒的辉煌事业中扮演了无可替代的重要角色。

任何人际交往都有必要借助于一定的形式。然而，各种具体的人际交往形式都有其一定之规可循。这种一定之规，指的就是交往礼仪，是人们在各种具体的交际场合所须遵守的行为规范。

人际交往礼仪作为社交的一种媒介，一种行为规范，在人们丰富多彩的生活中扮演着越来越重要的角色。有时候礼仪的作用不可估量，在某种场合，礼仪甚至比智慧和学识都重要。

走进大学校园，你会发现，有些学生与同学、老师相处如鱼得水，非常和睦；有些学生则孤单地把自己封闭在偏僻角落。有些同学无论做什么事、无论在什么场所都表现得彬彬有礼，给人留下好的印象；而有些同学却给人留下没有修养的印象，让人不愿意接近。原因何在？恰恰是有些同学忽视了人际交往礼仪，从而使自己陷入无法与人相处的尴尬境地。

思考：如何获得良好的人际关系？

情境链接 2-0-1：

在美国企业界，人事主管们普遍认为，智商使人得以录用，而情商使人得以晋升。一份有关报告披露，在工程师精英荟萃的高科技研究所——贝尔实验室，顶尖人物并非是那些智商超群的名牌学府毕业生，相反，一些智商平平但情商甚高的人更易出成绩。奥妙在于，情商优秀者更能适应激烈的社会竞争局面。他们在亟待以创新制胜的时刻，凭借包括毅力和非凡的交际本领在内的优秀综合素质，迅速以自己为中心形成广泛的信息网络，取得来自四面八方的援助，使许多攻关难题迎刃而解。而一些高智商的“神童”，因为缺乏自信，并在人际关系方面存在明显缺陷，无法与他人顺畅沟通，而在踏上工作岗位后成绩平平。

这个情境说明，个人的成功，生活的美好，离不开良好的人际关系；人际关系的失调，甚至会影响一个人的人生。在当代人的人生旅途上，学校是非常关键的一站。大学生在学校就读期间，思想活跃，精力充沛，兴趣广泛，人际交往的需要极为强烈。因此，熟知人际交往礼仪知识，处理好自己的各种人际关系，是学习做人之道的一项重要内容。良好的人际关系不仅有助于自我修养、自我完善，还有助于为自己今后的人生与事业的发展奠定必要的基础。

阅读

知识使人变得文雅，而交际能使人变得完美。

——托马斯·富勒

情境任务1　初见礼仪

知识目标：了解与人初次见面时的基本礼仪

能力目标：在与人初见时能够消除拘谨，言行得体

素质目标：与人初见时能够让他人和自己感觉舒服自然，有进一步交往的意愿

◎ 典型实例

同学们经历过这样的场面吗？辅导员张勇平易近人，经常与学生交流互动，同学们也都对他不见外。这一日，学院开展寝室卫生评比活动，辅导员一起检查寝室。大家途经张勇所带班级的寝室时，一学生因不认识其他老师，仅对张勇打了声招呼，说："勇哥来了，你看这卫生怎么样？我寝老二可是收拾了一上午呢。"

这名同学在与老师、同学交往时没有遵循礼仪规范，因此显得较没礼貌。对辅导员要称老师，对同学要叫名字；不能给老师、同学起外号，哪怕是非常融洽的关系。

一、称呼

称呼指的是人们在日常交往应酬之中，所采用的彼此之间的称谓语。我们见到朋友、拜访长辈，或写信、致辞，首先遇到的问题就是开头怎么称呼对方。这是社会交往的第一个问题。生活中，每个人都有被他人尊重的欲望，称呼是否得体，直接关系到人际交往的效果。

著名传记作家叶永烈在着手写陈伯达的传记时，必须采访陈伯达，对采访时究竟怎样称呼陈伯达，叶永烈颇费了一番心思。称他陈伯达同志，不合适，因为陈伯达当时是在监狱服刑的犯人；叫他老陈，也不行，因为陈伯达已经是84岁的老人了，而自己才48岁。究竟应怎样称呼他呢？突然叶永烈灵机一动，称呼他陈老，这是再恰当不过的称呼了。果然，第二天采访时，叶永烈一声"陈老"的亲切得体的称呼，令陈伯达听了感动万分，眼里充满了泪花。由此可见，一个得体的称呼真可谓交际的"敲门砖"啊！

交往中一定要选择正确、恰当的称呼，才能达到沟通情感、融洽关系的目的。常用的称呼方式有以下几种。

（一）敬称法

(1)用人称代词"您"称呼他人　对任何熟人和朋友，无论长辈、平辈，都可称其为"您"，这是为了表示自己的恭敬之意。对待晚辈，则可称为"你"。

(2)以“先生”和“老师”相称　对于有成就者、有身份者、年长者，以及科技、教育和文艺界人士，均可以“先生”和“老师”相称。其前还可以加上姓氏，如“李先生”“王老师”。

(3)以“×老”相称(“×老”专指德高望重的老人)　有三种用法。第一种，您＋老，如“您老近来身体好吗?”第二种，姓＋老，如“王老”“冯老”。第三种，双音名字中的头一个字＋老，如“望老”(对著名语言学家陈望道先生的尊称)。

(二)亲近称呼法

为了表示亲切，常常对至交、邻居中大于本人辈分的，称作“爷爷”“奶奶”“大妈”“大伯”“大婶”“大叔”“叔叔”“阿姨”等。这种类似血缘关系的称呼，会使人感到亲切。在这类称呼前，也可以加上姓氏，如“孙大妈”“钱阿姨”“吴大哥”等。

(三)直呼姓名法

同辈的熟人和朋友可以彼此之间以姓名相称。为了显得亲切，还可以在被称呼者的姓前分别加上“老”“大”或“小”字，而免称全名。对关系非常亲密的同性熟人和朋友，也可以不称其姓而直呼其名，如“振林”“晓明”。对于异性，一般不要这样叫。

(四)职务、职称、学衔称呼法

在工作中，最常见的称呼方法，是以交往对象的职务、职称、学衔相称，以显示身份有别，对人有尊敬之意。可分为三种情况：

(1)在职务、职称、学衔之前加上姓名，这用于非常正式的场合，如“我们请来了著名高职教育专家陈解放教授给大家做报告”。

(2)仅称职务，如“院长”“教授”“博士”等。

(3)在职务之前加上姓氏，如“林处长”“刘局长”“杜主编”等，也有简称“林处长”为“林处”、“刘局长”为“刘局”的。

(五)行业性称呼法

有时可按行业称呼对方，对于从事某些特定职业的人，也可直接以其职业作为称呼。例如，将体育运动教练员称为“教练”，将法院工作人员称作“法官”，将专业辩护人员称为“律师”，将公安干警称为“警察”，将财会工作者称为“会计”，将医疗卫生工作者称为“医生”，将医院护理工作者称为“护士”等。

对于商业服务行业的从业人员，一般约定俗成地按性别的不同分别称呼为“小姐”“女士”或“先生”。其中，未婚者称“小姐”，已婚者或不明确其婚否者则称“女士”。对男子则通称“先生”。在宾馆、酒店、商店、餐馆、歌厅、酒吧等场合，这种称呼都基本通行。在这种称呼前，可加姓氏。

[视频学习 3:正确称呼]

与老师、同学交往，称呼上要亲切、自然、准确，忌用不当称呼和庸俗低级称呼。

同学们对学校的教职员工应称“老师”，如“张老师”“李老师”等；也可按职务称呼，如“王院长”“赵处长”等。同学之间交往，应直接叫姓名，如“刘芳”“李龙”等。然而像称辅导员老师为“导员”，称某些场所工作人员为“哥”“姐”“姨”“叔”，称同学为“三哥”“四姐”，甚至给同学起绰号，称“秃子”“傻大个”等都是不当的。

二、介绍

介绍是交际之桥，能为彼此搭建一座沟通的桥梁，缩短人与人之间的距离，增进彼此了解。介绍主要是指经过自己主动沟通或者通过第三方从中沟通，使交往双方相互认识、建立联系的一种常规的交际方法，是人际交往中与他人进行沟通、增进了解、建立联系的一种最基本的方式。在日常生活与工作中，人们需要与其他人进行必要的沟通，以寻求理解、帮助和支持。在交往中，如能进行正确的介绍，不仅可以扩大自己的交际圈，广交朋友，而且还有助于自己进行自我展示。

根据介绍者的不同，介绍可以分为自我介绍、介绍他人、介绍集体三种基本类型。

(一)自我介绍

自我介绍指的是在必要的场合，如与不相识者相处时、想结识某人时、因工作需要与不相识者联系时、应聘时等，由自己担任介绍的主角，将自己介绍给其他人，以达到使对方认识自己的目的。成功的自我介绍会给对方留下主动、热情、大方的印象，为今后进一步交往创造一个好的开端。

1. 自我介绍的形式

自我介绍的形式一般有五种。

(1)应酬式　适用于某些公共场合和一般性的社交场合，这种自我介绍最为简洁，往往只包括姓名一项即可。例如“你好，我叫王云飞。”

(2)工作式　适用于工作场合，包括本人姓名、单位及部门、职务或从事的具体工作等。例如“你好，我叫张强，是辽宁农业职业技术学院的老师。”

(3)交流式　适用于社交活动中，希望与交往对象进一步交流与沟通。它大体包括姓名、工作、籍贯、学历、兴趣及与交往对象的某些熟人的关系等。例如“你好，我叫赵旭，是 17 级电商专业的学生。我是李竞一的老乡，都是辽宁人。”

(4)礼仪式　适用于讲座、报告、演出、庆典、仪式等一些正规而隆重的场合，包括姓名、单位、职务等，同时还应加入一些适当的谦辞、敬辞。例如“各位来宾，大家好！我叫张强，是药业公司的销售经理。我代表本公司热烈欢迎大家的光临，希望大家……”

(5)问答式　适用于应试、应聘和公务交往。问答式的自我介绍，应该是有问必答，问什么就答什么。

2. 自我介绍的注意事项

(1)注意时间　要抓住时机，在适当的场合进行自我介绍，如对方有空闲，而且情绪较好，又有兴趣时，这样就不会打扰对方。自我介绍时要简洁，尽可能地节省时间，以半分钟左右为佳。为了节省时间，作自我介绍时，还可利用名片加以辅助。

(2)讲究态度　进行自我介绍，态度一定要自然、友善、亲切、随和。应落落大方，彬彬有礼。既不能唯唯诺诺，又不能虚张声势，轻浮夸张。语气要自然，语速要正常，语音要清晰。

(3)真实诚恳　进行自我介绍要实事求是。例如“老师您好，我是物联网 1 班黄悦琳，现任班级学委，我班定于今晚举行学习经验交流会，敬请您光临指导。”“同学们好，我叫罗宏，是生技 1 班团支书。现在由我代表本班全体同学欢迎大家光临我班晚会，谢谢大家的参与！”

而长篇大论，或语气生硬冷漠、语速过快或过慢、语音含糊不清，或一味贬低自己去讨好别人，或自吹自擂、夸大其词都是不当的。

[视频学习 4:介绍他人]

(二)介绍他人

介绍他人是第三方为彼此不相识的双方进行引见的一种介绍方式。

介绍他人通常都是双向的,即将被介绍者双方均做一番介绍。有时,也可进行单向的他人介绍,即只将被介绍者中的某一方介绍给另一方。其前提是前者了解后者,而后者不了解前者。

在介绍之前,必须了解被介绍双方各自的地位、身份等,并遵循“尊者优先了解情况”的原则,先介绍年长者、主人、女士、职位高者和先到场者,再介绍对方。为他人做介绍时,手势动作应文雅。手心朝上,四指并拢,拇指张开,指向被介绍的一方,并向另一方点头微笑。必要时可以说明被介绍的一方与自己的关系,以便新结识的朋友之间相互了解和信任。作为被介绍的双方,都应当表现出热情,一般应起立、微笑、点头,并问候、称呼,进行寒暄。

1.介绍者

在介绍他人时,介绍者一般由熟悉被介绍者双方的人、交际场合的长者、社交活动中的东道主、公务交往中的专职人员(如公关人员、礼宾人员、办公室工作人员、接待人员)等担任。

2.何时需要介绍

通常,在家中接待彼此不相识的客人,在办公地点接待彼此不相识的来访者,陪同上司、长者、来宾时,遇见了其不相识者,而对方又跟自己打了招呼,或打算将某人介绍给自己熟悉的人时,必须要为他人介绍。

3.介绍的顺序

在为他人做介绍时,先介绍谁?后介绍谁?社交礼仪中要求遵守“尊者优先了解情况”的法则。这样做,可以使尊者优先了解对方的情况,以便见机行事,在交际应酬中掌握主动权。如介绍年长者与年幼者认识时,应先介绍年幼者,后介绍年长者;介绍长辈与晚辈认识时,应先介绍晚辈,后介绍长辈;介绍老师与学生认识时,应先介绍学生,后介绍老师,如“李老师,这是我班体委刘龙同学”;介绍同学与同学认识时,应先介绍低年级的,后介绍高年级的;介绍女士与男士认识时,应先介绍男士,后介绍女士;介绍职位高者与职位低者认识时,应先介绍职位低者,后介绍职位高者。

4.介绍的形式

根据实际需要的不同,介绍通常有以下六种形式:

(1)标准式　适用于正式场合,内容以双方的姓名、单位、职务等为主。例如“我来为两位介绍一下。这位是国华药业的经理李飞先生,这位是东方集团总经理张浩先生。”

(2)简介式　适用于一般的社交场合,其内容往往仅有双方姓名一项,甚至可以只提到双方姓氏。接下来,则要由被介绍者彼此见机行事。例如“我来介绍一下,这位是小杨,这位是小周,你们彼此认识一下吧。”

(3)强调式　适用于各种交际场合,其内容除被介绍者的姓名外,往往还会刻意强调一下自己与其中某位被介绍者之间的特殊关系,以便引起另一位被介绍者的重视。例如“这位是金科公司经理于庆龙先生,这位是周雪莹,是外贸学院学生,也是我老同事的女儿,请于经理多多关照。”

(4)引见式　适用于普通的社交场合。做此种介绍时,介绍者所要做的,就是将被介绍者双方引导到一起,而不需要表达任何具有实质性的内容。例如“两位认识一下如何?大家其实都是校友,只不过以前不认识,现在请你们自己介绍吧。”

(5)推荐式　适用于比较正规的场合，多是介绍者有备而来，有意要将某人举荐给另一人。因此，在内容方面，介绍者通常会对前者的优点加以重点介绍。例如“这位是李文远先生，这位是我们公司的刘总。李先生不仅是一位管理方面的专业人士，而且还是一位经济学博士。刘总，我相信您一定会很高兴认识他。”

(6)礼仪式　适用于正式场合，是一种最为正规的他人介绍。其内容略同于标准式，但在语气、表达、称呼上都更为礼貌、谦恭。例如“朱先生，你好！请允许我把辽宁科工贸总部的公关部总经理王芳小姐介绍给您。王小姐，这位是中远公司的外联部经理朱正明先生。”

(三)介绍集体

介绍集体是他人介绍的一种特殊形式，是指介绍者在为他人介绍时，被介绍者其中一方或双方不止一人，甚至是许多人。由此可见，介绍集体大体可分成两种：其一，为一人和多人做介绍；其二，为多人和多人做介绍。

介绍集体的顺序，应比照介绍他人的顺序进行。若实难参照，则可酌情参考下述顺序。应当强调的是，越是正式、大型的交际活动，介绍集体的顺序就越是要重视规范化。

1. 少数服从多数

当被介绍者双方地位、身份大致相似，或者难以确定时，应使人数较少的一方礼让人数较多的一方，一个人礼让多数人。首先介绍人数较少的一方或个人，然后再介绍人数较多的一方或多数人。

2. 强调地位、身份

若被介绍者双方地位、身份之间存在明显差异，则地位、身份为尊者的一方即使人数较少，甚至仅为一人，仍然应被置于尊贵的位置，须先介绍另一方人员。

3. 单向介绍

在演讲、报告、比赛、会议、会见时，往往只需要将主角介绍给广大参加者，而没有必要一一介绍广大参加者。

三、握手

握手已成为世界上最为普遍的一种礼节。美国著名盲聋女作家海伦·凯勒曾写道：手能拒人千里之外；也可充满阳光，让你感到很温暖……握手是一种语言，是一种无声的动作语言。在日常交际中，我们必须注意握手的基本礼节。

(一)握手的礼仪要求

握手的标准方式：行至距握手对象约 1 m 处，双腿立正，上身略向前倾，伸出右手，四指并拢，拇指张开与对方相握。握手时应用力适度，上下稍许晃动三四次，随后松开手来，恢复原状。具体应注意如下几点。

1. 次序

握手时双方伸手的先后次序，一般遵守“尊者先伸手”的原则，即由尊者先伸出手来，对方在此后予以响应。如男女之间握手，男士要等女士先伸出手后才握手；主客之间握手，主人应向客人先伸出手。若是一个人需要与多人握手，则握手也应讲究先后次序，即先年长者后年幼者、先长辈后晚辈、先老师后学生等。值得注意的是，在公务场合，握手时伸手的先后次序主要取决于职位、身份，而在社交、休闲场合，则主要取决于年龄、性别、婚否。

2. 神态

与人握手时神态应专注、热情、友好、自然。在通常情况下，与人握手时，应面带微笑，目视对方双眼，并且口道问候。在握手时切勿三心二意，敷衍了事，漫不经心，傲慢冷淡。如果迟迟不握他人早已伸出的手，或是一边握手，一边东张西望，目中无人，甚至忙于跟其他人打招呼，都是极不应该的。

3. 力度

握手时用力应适度，不轻不重，恰到好处。如果手指轻轻一碰，刚刚触及就离开，或是懒懒地、慢慢地相握，缺少应有的力度，会给人勉强应付、不得已而为之的感觉。一般来说，手握得紧表示热情，男士之间可以握得较紧，甚至另一只手也加上，包括握对方的手较大幅度摆动，或者在右手相握时，左手又握住对方胳膊肘、小臂甚至肩膀，以表示热烈。但是，注意既不能握得太使劲，使人感到疼痛，也不能显得过于柔弱，不像个男子汉。对女士或陌生人，轻握是很不礼貌的，尤其是男士与女士握手应热情、大方、用力适度。

4. 时间

握手通常是握紧后打过招呼即松开。但如亲密朋友意外相遇、敬慕已久而初次见面、至爱亲朋依依惜别、衷心感谢难以表达等场合，握手时间可以长一点，甚至紧握不放，话语不休。而在公共场合，如列队迎接外宾，握手的时间一般较短，为 3～5 秒。握手的时间应根据与对方的亲密程度而定。

(二)握手的禁忌

在人际交往中，握手虽然司空见惯，看似寻常，但是它可被用来传递多种信息，因此在行握手礼时应努力做到合乎规范，并且避免违反下述失礼的禁忌：用左手与他人握手；戴着手套握手，在社交场合女士的晚礼服手套除外；在握手时戴着墨镜，只有患眼疾或眼部有缺陷者才能例外；在握手时将另外一只手插在衣袋里；在握手时另外一只手依旧拿着公文包等东西而不肯放下；在握手时面无表情，不置一词；在与人握手之后，立即擦拭自己的手掌。

阅读

握手的由来

相传在刀耕火种的时代，人们经常持有石头或棍棒等武器，陌生者相遇，双方为了表示没有敌意，便放下手中的武器，并伸出手掌，让对方抚摩掌心。久而久之，这种习惯便逐渐演变为今日的握手礼节。

四、问候

人们一见面，打招呼或致意是不可缺少的一个重要环节。我们在写书信、打电话时，首先要向他人问好，遇见熟人，相互打个招呼，像这些都是我们所说的问候。

(一)招呼

1. 热情主动

学生在路上或其他场所中遇到老师，应主动上前打招呼——“老师好”；同学在路上或其他场所中相遇，都应主动上前互相问候，如“你好”“马龙，一起打球去”等。如果见到很久不见的老朋友，不要大声惊呼，也不要相距很远就大声呼唤。寒暄之后，如果还想多谈一会儿，应该靠边一些，避免影响他人。如果两人以上同时遇到熟人时，应主动介绍一下这些人与你的关系，如“这是我的同事”，但没必要一一介绍，然后应向同伴们介绍一下你的这位熟人，也只要说一下他与你的关系即可，如“这是我的邻居”，被介绍者应相互点头致意。

2. 简洁

招呼就是招呼，不要太多繁杂，一句普通的带着微笑的“您好”，就已经很能拉近两人的距离了，再添加内容反而给对方以不利索的感觉。

3. 及时回应

在任何情况下，问候别人都是一种不可或缺的基本礼仪。当他人问候自己之后，一定要谨记“来而不往非礼也”，应及时地回应对方。

4. 注意事项

(1)打招呼时有一个最基本的问题，就是不要为了表示亲切而牵涉到个人隐私，将个人禁忌方面的话语说出来，这样打了招呼反倒引起他人不快。

(2)在社交场合遇见身份较高的熟人，立即上前去打招呼是不礼貌的。应等到他的应酬告一段落之后，再前去致意。朋友在向你致意时，不管你的心情如何，应马上用他所采用的致意方式向他致意。

(3)“您吃了吗？”“您刚回来？”“您身体好吗？”“您在忙些什么？”这一类中国惯用的问候语，在涉外交际问候中是不宜采用的。

(二)致意

还有一种问候方式，那就是“致意”。致意大都是不出声的问候(微笑、点头、举手、欠身和脱帽)，因此致意时离对方的距离不要过远也不要站在侧面或背后，要让对方看到。否则，对方因看不清而无反应，那是令人难堪的。

微笑即面带笑容，不出声不显著地笑，可用于向在同一场合反复见面的朋友致意。点头可用于在社交场合中与不相识者见面之时的致意，头应向下微微一动，幅度不可过大，也不必点头不止。点头适用于不宜交谈的场合。向距离较远的熟人打招呼，一般以挥手表示向对方致意，不必出声。只要将右臂伸直，掌心朝着对方稍稍挥一下手就行了，不需要反复摇晃。欠身作为一种致意方式，表示的是对他人的一种恭敬，适用的范围较为广泛。男士戴着帽子时，向朋友脱帽致意最为礼貌；若与朋友相遇并迎面而过，可回身问一声好，并以一只手轻轻掀一下帽子，这时帽子可不必脱下。女士致意的方法比较简单，只需点头或微笑即可。

五、交换名片

名片是人们交际时所使用的向别人介绍自己具体情况的特制的一种长方形硬纸卡片，一般印有本人的姓名、单位、职务、电话等内容。在人际交往中，名片既可用于进行自我介绍，又可用于与他人保持联络。它已被视为当代人随身必备的一种交际工具。大学生在人际交往中，无论自己是否拥有名片，均应对名片交换的礼仪加以重视。

(一)递送名片

1. 姿势

递送名片时动作要大方，态度要从容，表情要谦恭。应当事先将名片放在身上易于掏出的位置，取出名片时先郑重地将名片放置手掌中，双手用拇指夹住名片，其余手指托住名片反面，名片的文字要正向对方，以便对方观看。同时，讲些“请多联系”“请多关照”“我们认识一下吧”“有事可以找我”之类友好客气的话。

2. 时机

递送名片多在与他人初次见面、进行自我介绍之际。如果双方只是偶然相遇，则可在相互问候，得知对方有与你交往的意向时，再递交名片。如果名片持有者与人事先有约，一般可在告辞时再递上名片。

3. 顺序

两人交换名片时，应当遵守“尊者居后”规则，如双方之中地位较低者应当首先将自己的名片递送给地位较高者。与多人交换名片时，要注意讲究先后次序，或由近而远，或由尊而卑。

(二)接受名片

1. 认真接受

接受他人名片时，一是要起身站立，二是要迎向对方，三是要双手捧接，并要口头致谢，或是告知对方自己为此感到“非常荣幸”。

2. 专心通读

在接过名片后，切忌马马虎虎地用眼睛瞄一下，随手一放，塞进衣袋、裤袋，上述做法，均含有不敬之意。得体的做法是，一定要通读一遍，可把名片上的姓名、职务(较重要的职务)读出声来，如“您就是张总啊”，以表示对赠送名片者的尊重，同时也加深了对名片的印象。然后把名片细心地放进名片夹或笔记本、工作证里夹好。

3. 有来有往

在收了别人的名片后，也要记住将自己的名片递送给对方，有来无往，对方难免不快。大学生倘若尚无名片，则可直言相告。

(三)索要名片

如果没有必要，最好不要强索他人名片。若索要他人名片，不宜直言相告，而应委婉表达：可向对方提议交换名片，主动递上自己的名片；可询问对方“今后如何向您请教?”(向尊长者索要名片时多用此法)

反过来，当他人向自己索要名片时，若自己不想给对方，不宜直截了当，也应以委婉的方式表达此意，如可以说“对不起，我忘带名片了”或“抱歉，我的名片用完了”。

阅读

交际中的谦辞

与好久不见的人见面说“久违”；相识的人初次见面说“久仰”；有了过失求人原谅说“请包涵”；请人帮忙说“劳驾”；有事找别人商量说“打扰”；请人勿远送说“请留步”；指点行为说“有不对的地方请指教”；不能陪客人说“失陪”；送还物品时说“奉还”；陪同朋友说“奉陪”；影响人工作和休息说“打搅了”；当别人表示诚意时说“别客气”。

情境任务2　交谈礼仪

知识目标：了解与人交谈时应该遵守的礼仪

能力目标：在面对面、电话或网络沟通时能言语举止得体

素质目标：与他人交谈时表现出良好的礼仪素养

◎ 典型实例

一位英国人因故被困在费城，这一天他走进当地一位大商人保罗·吉彭斯的办公室，要求与吉彭斯先生见面。他衣衫褴褛，衣袖底部已经磨光，全身上下到处显出寒酸样。

吉彭斯先生一半出于好奇心，一半出于同情，答应接见他。一开始，吉彭斯只打算听对方说几秒钟，但这几秒钟却变成几分钟，几分钟又变成一个小时，而谈话依旧进行着。谈话结束之后，吉彭斯先生打电话给狄龙出版公司的费城经理罗兰·泰勒，而泰勒这位费城的大资本家则邀请这位陌生人共进午餐，并为他安排了一个很好的工作。

这个外表潦倒的男子，怎么能够在这样短的时间内影响了如此重要的两位人物？其中的秘诀就是：他善于表达。事实上，他是牛津大学的毕业生，到美国来从事一项商业任务。不幸这项任务失败，使他被困在美国，既没有钱，也没有朋友。但他的口头表达使得听他说话的人立刻忘掉了他寒酸的样子，成为他进入商界的"护照"。

这名男子的故事多少有点不寻常，但它说明了一个广泛而基本的真理，那就是：我们的言谈随时会被别人当成判断我们的根据，我们说的话会显示我们的修养程度，它是教育与文化的象征。

人际交往的主要内容是沟通。沟通是人们在互动交往过程中通过某种途径或方式将一定的消息从发送者传递给接收者，并获取理解的过程。沟通是人类行为的基础，它可以消除误解和隔阂、加深理解与信任；它能为事业创造财富、为个人带来幸福。而沟通的主要方式就是交谈。

语言可以缩短人与人之间的距离。真诚的语言是一把打开心灵之门的钥匙。一位诗人曾说过：语言有心，因为一句话而口角，因为一句话而修好。

阅读

世间有一种成就可以使人很快完成伟业，并获得世人的认可，那就是讲话令人喜悦的能力。

——西方哲人

在与人交谈时，大家应注意以下方面。

一、围绕主题

情境链接 2-2-1：

一天，在讨论欢送毕业生晚会节目的会上，一名同学从节目之一小品谈到了某著名小品演员的习惯爱好，其他两名同学也饶有兴致地进行补充。到了吃饭时间，会议原定讨论内容才进行了一半。

分析：谈话没有围绕主题，“跑题”了。

交谈的主题是指交谈的中心内容。一般有既定的主题，像上例中的“确定欢送毕业生晚会节目”就是主题，也有临时主题。

大学生选择的交谈主题应该是高雅的，如文学、艺术、哲学等；轻松的，如体育赛事、休闲娱乐、流行时装、电影电视等；擅长的，即交谈双方，尤其是交谈对象有研究、有兴趣的主题，如与自主创业的同学交流创业的心得，与爱好足球的同学谈论足球赛等。

记住，只有在座的人都感兴趣的内容才是合适的主题。比如，大年初一人们大谈除夕之夜的电视节目就是很自然的事。交谈主题在某一特定时刻宜少不宜多，如果话题过多过散，将会使交谈者无所适从。

如果是既定的主题，一定要围绕主题进行交谈，否则让人觉得谈话者思路不清，抓不住重点。

二、编辑语言

情境链接 2-2-2：

在某班的一次实习报告会上，要求每人发言不得超过 10 分钟。可一名同学在发言时东拉西扯，最后严重超时也没有谈到实习的主要体会。

分析：事前没有读一遍稿子，计算一下时间，更没有通读一遍，检查一下报告内容是否缺项。

讲话前不准备，在讲话时信口开河，不知道什么时候该讲，什么时候停顿，也不知道哪些该讲，哪些不该讲，都是很不好的言谈习惯。讲话者要想避免过多地跑题、过多地重复、过多地短话长说，就应对自己的讲话内容进行编辑，事先在脑子里过一遍讲话的内容或讲给要好的同学，听听他的评价。这样既可以不断提高自己的交谈能力，又可以避免浪费他人的时间。

三、善于倾听

情境链接 2-2-3：

美国历史上最富有才干的外交家富兰克林，年轻时在每次朋友聚会上都高谈阔论。有一天，一位老者告诉他：如果你希望获得更多的朋友，那最好给别人一些说话的机会。富兰克林顿时大悟，从此以后，在朋友聚会中他总是默默地坐在边上认真倾听别人的谈话。最终，他成为载誉美国史册的外交家。

分析：如果学会在职场交往中做一个认真的倾听者，那么获得的机会可能会比到处展示自己的人更多。

有礼貌的听众，需要专心、耐心地听对方说话，还要能与对方心意相通。当对方说得在理或与自己的看法相同时，可与对方交流目光，用微笑和点头的表情称赞、肯定并激发对方的倾诉欲望。

在对方谈话停顿下来时，懂得什么时候该插话，使一切都进行得很自然和愉快。也可以适时提一些小问题，这些问题应是讲话者的专业特长，这样就能让讲话者淋漓尽致地发挥自己的特长。

四、富有思想

情境链接 2-2-4：

在某个视频平台上，一名主播发布了一个关于某事件的正面分析视频，瞬间点击过万，点赞过万。看过视频的网友一致认为他讲得思路清，有条理，很有启示作用。但同一题材的其他视频却没有如此反响。为什么相同的主题，效果却有很大不同呢？

分析：这名主播不是靠嘴巴取胜，而是他的讲话有内容、有思想。

说话靠嘴巴，真正支持说话的却是大脑的思想。要有思想就要广泛学习，平时要多读书，多思考，关心时事动态，广泛涉猎各种知识，如每到一个地方，对当地的风土人情、地理物产有一个大概的了解，天长日久，就可积累丰富的知识，说话时就不会感到语言贫乏、话题太少。在你讲话时，要准确地把自己掌握的知识表达出来，让对方感到你是有修养的人，你也一定会有受到尊重的感觉。

五、交谈技巧

1. 远离“疾病”——“我”

在你的字典里，“我”应该是一个最小的字，而不是一个最大的字。苏格拉底说过：不要说“我想”，而要说“你怎么想”。在一次小型聚会上，有一个人兴致勃勃地谈起了他的花园。在他讲话的头 3 分钟里，他就用了 26 个“我”字，一个听众忍不住对他说：“我太遗憾了，此刻你完全忘掉了你的妻子。”《亨利·福特》一书中说：“最令人讨厌的是那些总把自己的功绩和‘我’字挂在嘴巴上的人。”请记住，如果你在讲话时不老把“我”字挂在嘴边，如果你的讲话充满激情、机智和哲理，那么你的听众就会对你亮起绿灯。

2. 避开令人不快的话题

如当着没有小孩的夫妻大谈孩子话题，不但不会使对方愉快，反而叫人家反感。面对一个没有考上大学的学生家长，说某某家的孩子考上名牌大学，自然会让对方难堪。

请记住：身体疾病最好跟你的医生讲，食物和食谱最好跟厨师和家庭主妇讲，体育运动战况最好在运动场讲，家庭琐事最好在家庭会议上讲……

3. 不要冒犯别人

说话对人有礼貌，表现了你对别人的尊重，表现了你的个人修养，因而也表现了你对自己的尊重，更意味着你将受到别人的尊重。为了做到礼貌待人，使自己不在有意无意中冒犯别人或惹人不快，你在谈话之前要先估计一下交谈环境，尽量保证自己的谈话是恰当的、安全的。

在交谈中,不要随便对某个人或事情发表评论,很有可能你的评论对象就在你的谈话人中间。

在交谈时,不要试图去打探别人私生活的秘密。你的话题应该远离别人的私生活、敏感点和缺憾处,特别是别人的难言之隐。

4. 不要散布流言蜚语

散布流言蜚语,即到处饶舌、闲聊和搬弄别人的是非。换句话说,就是在背后议论别人。

我们之所以反对在背后议论别人,是因为这样做极有可能伤害别人。一些人有意在背后议论别人、说别人坏话,是因为他们嫉妒或怨恨别人。人们在交谈中不可能丝毫也不提到别人,但如果你意识到自己将要说的话有可能中伤他人时,请你及时地想到这样一句话:"如果某人不在场,而你将要说的话有可能使他痛苦,那你最好就不要说这些。"

六、电话交流

[视频学习 5:电话交谈]

情境链接 2-2-5:

某天,一名工作人员正在办公室午休,突然电话铃声响起。这名工作人员因被吵醒,一把抄起话筒,粗声大气地问:"找谁?"随后又说:"对不起,经理,我不知道是您……"

情境链接 2-2-6:

日本有一个特别有名的销售员,有人结合他的经历写了一本书《世界上最伟大的推销员》。这个推销员的伟大之处在哪儿呢?

一天晚上他回到家后,比较累,决定先睡一觉。但他定好了闹钟时间,同时告诉妻子,晚上十点的时候一定要把他叫起来,因为他跟一个重要客户约好在十点半的时候打电话。

到十点的时候,他马上起来,然后去洗手间洗漱,接着刮胡子、穿衬衫、打领带,还穿上了西装和皮鞋。最后拿起本子,在电话机旁正襟危坐,到十点半准时给对方打电话。

业务谈得很顺利,十几分钟就搞定了。但是他这番举动让他妻子感到很奇怪:不就一个电话吗?有必要大半夜的还要起来精心打扮一通,好像现在不是晚上,而是星期一早上。

他跟妻子这样解释道:如果我很邋遢、很懒散的话,对方虽然看不到我的样子,但是我自己的精神面貌不好,而这会通过我的语气变化传达到对方那里。但经过一番打扮,我看起来正式多了,人也精神多了。虽然看不见对方,我也要尊重对方,我相信,对方一定能感受到!

一个人的成功与伟大,从来都不是无缘无故的。他凭借着这样的好心态赢得了众多的客户,很多客户觉得,不管什么时候和这个推销员打电话,都会感觉他精神百倍,在全心全意地做这件事。客户要是感觉到你是全心全意的,哪怕只是对待一通电话,他也会觉得受到了极大的尊重。

(一)接、打电话

1. 时间适宜

打电话时,通话最佳时间是双方预约的时间或对方方便的时间,除有要事必须立即通话外。忌在他人的休息时间内打电话,如每日七点前、晚十点后及午休时间,或在用餐之时。忌说废话,或说话吞吞吐吐,或反复絮叨。

打公务电话，尽量要公事公办，不要在他人的私人时间，尤其是休假期间去麻烦对方。此外，若能有意识地避开对方的通话高峰时间、业务繁忙时间、生理厌倦时间，则打电话的效果必定更佳。

2. 空间选择

一般而言，工作电话在办公室内打，私人电话在家中打；在电影院、音乐厅、剧院等公众场合，无紧急情况不要拨打电话；拨打电话时，要同时考虑及留意对方接听电话所处的空间环境；谈论机密或敏感的商业问题，应在保密性强、安静的环境中拨打电话，且在接通后询问对方是否方便。

3. 以短为佳

通话长度以短为佳，每次尽量不超过三分钟；通话内容要简练，最好在通话前把对方的姓名、电话号码、通话要点等列出“清单”，将要讲的话说完，就应果断终止通话。身为发话人，更是要特别牢记这一点。

4. 文明通话

接、打电话过程中，自始至终都应做到待人以礼，文明大度，尊重自己的通话对象。

(1)要语言文明　对方接听时，你要立刻恭恭敬敬地问声“您好”，然后要自报家门（在与私人交往时报自己的全名就可以了；在公务交往中正规的是报本人所在的单位、全名和职务），最后在终止通话前必须说一声“再见”。

忌没有问候，拿起话筒就“喂”对方，或开口便道自己的事情。

(2)要态度文明　电话需通过总机接转时，要对话务员说声“谢谢”。碰上要找的人不在，需要接听电话的人代找或转告时，态度同样要文明有礼。如果通话突然中断，应立即再拨，并说明中断系线路故障所致。如拨错号，应对接听者表示歉意。总之，“请”“麻烦”“劳驾”之类的谦辞该用时一定要常用。

(3)要举止文明　接、打电话时要坐直或站直，用手拨号，话筒与嘴保持3 cm距离，声音适中，话筒轻拿轻放，通话中断或对方一再占线，要耐心等待。

忌趴着、仰着、坐在桌子上或高架双腿在桌子上接、打电话。忌用笔代手拨电话号码，通话时嗓门过高，用力摔话筒，旁听别人通话或插嘴。忌把话筒置于一旁，任其“自言自语”。忌拿腔拿调或一言不发，冷场。

5. 接听及时

接电话时，要及时接听，以铃响三次拿起话筒为最好时机；拿起话筒后，应先自报家门，如“您好，这里是智慧农业系，请问您找哪位?”通话时要集中精力接听，语气谦恭友好；通话终止向对方说“再见”；接听拨错的电话要耐心告诉对方，如“对不起，您拨错了，这里是智慧农业系”；如在会议期间或有重要客人来访期间有人打来电话，可向其说明原因，表示歉意，如“对不起，我正在开一个重要会议，结束后，我与你联系”。

忌电话铃响许久才去接，接到误拨电话就冷冷地说“你打错了”，把电话用力挂上，或恶语相加，甚至出口伤人。忌接听电话时仍与别人交谈，或者看书刊、听广播、吃东西等。

6. 代接电话

代接电话时，若对方所找的人不是自己，应友好地说“对不起，他不在，需要我转告什么吗?”如对方有此请求，要认真做好记录并及时转告。

7. 挂机顺序

长辈晚辈通电话，长辈先挂机；上司下属通电话，上司先挂机；男士女士通电话，女士先挂机；打电话请人帮忙，求人者后挂机。

(二)使用手机

情境链接 2-2-7：

一次，某学校组织一场十分重要的报告会，会前主持人要求所有人把手机调成静音模式。可在会议中途，一位男同学的手机突然响起了来电铃声，主持人凌厉的眼神扫了过来，让这个男生着实尴尬了一回。

这位男同学因为忽略手机礼仪而影响了别人，并给自己制造了尴尬。在教学场所等公共场合，要自觉地关机或者把手机调成静音、振动，切不可使美妙动听的彩铃音乐成为噪声。

目前，手机已成为重要的通信工具，手机的使用除了要遵守其约定俗成的使用规则外，还要注意以下几点：

1. 遵守公共秩序

使用手机时，绝对不允许在有意、无意之间破坏公共秩序。具体来说，一是不允许在楼梯、电梯、路口、人行道等人来人往的公共场合旁若无人地使用手机；二是不允许在要求"保持肃静"的公共场所，如图书馆、自习室、影剧院等，大张旗鼓地使用手机，必要时应关机，或使手机处于静音状态；三是不允许在上班期间因私使用自己的手机；四是不允许在聚会期间，如开会、上课之时使用手机，从而分散他人注意力。

2. 注意安全

使用手机时，必须牢记"安全至上"：一是不要在驾驶汽车时进行手机通话，以免发生车祸；二是不要在加油站、油库等处使用手机，以免引发火灾、爆炸；三是不要在飞机飞行期间使用手机，以免干扰机长与地面塔台之间的正常联络。

3. 保证畅通

在使用手机时应注意：一定要牢记自己手机的交费日期，并自觉按时交纳费用。不要因为忘记交费而被停机，致使他人与自己的联络中断。

改换了手机号码后，应尽早告之自己主要的交往对象，以确保彼此联络的顺畅。

当他人利用手机联络自己时，应尽早答复。在约定的联络时间内，不要随便关机。利用手机与对方联络，并要求对方按自己指定的号码回复时，切勿使自己的手机一忙再忙，而致使对方打不进来。

4. 携带位置

在较为正式的场合，手机在未使用时，不要握在手中或挂于上衣口袋之外，一般可放在随身携带的公文包或上衣口袋内。在参加会议时，为了既不误事又不妨碍别人，可将其暂交秘书等人代管。切忌将手机作为抬高身份的"道具"或"饰物"。

5. 重视隐私

一是不要轻易借用别人手机。二是不要轻易转告别人他人的手机号，因为礼仪的前提是尊重，除非是三方都知道和了解的人。

七、网络交谈

[视频学习 6:网络交谈]

情境链接 2-2-8:

刘秀是一名业务员。在一次生意失败后,他用微信跟朋友诉苦,粗言鄙语地连续发了数十条语音信息,很多语音甚至长达一分钟。他的朋友当时正在工作,以为出了什么大事,听过后不得不苦笑。

情境链接 2-2-9:

公司有一个较大的合作项目,让小李给合作企业发送项目评估的电子邮件。小李认为把项目内容直接给客户就行了,于是直接在邮件里上传附件,并用附件名称作为邮件的主题。后来公司一直未收到回复,电话询问后才知道对方看到邮件名称以为是欺诈邮件,根本没打开就删除了。小李因此受到了严厉的批评。

(一)网络聊天

1. 用语文明

网络聊天是一种双方不见面的交流,聊天语言就成为交流过程中判断个人素养高低的重要依据。因为如果在网上说话不靠谱、不文明,别人可能会认为你在现实中也是如此。使用文明语言,不说脏话、粗话是网络聊天的基本礼仪。“您好”“请”“谢谢”“对不起”“再见”等礼貌用语的使用,不仅会使聊天气氛融洽、聊天过程愉快,也会给彼此留下一个良好的印象。

2. 尊重为本

无论是线下还是线上,互相尊重都是人与人交往最重要的美德和最基本的礼仪。网络聊天,要时刻注意尊重对方的人格、时间和流量等。不管你在现实中是什么人,在网络上大家的身份都是平等的,都是以普通网民的身份出现的。任何侮辱、攻击或出言不逊都是不应该的。尊重是相互的,只有尊重对方,对方才能尊重你。

不要在对方忙碌或休息的时候打扰对方。需要与对方交流时,最好先询问对方是否方便。

3. 回避隐私

网络聊天要注意避免他人隐私的暴露,否则可能会给当事人造成极大的心理恐慌和压力。在聊天过程中,凡是涉及对方的姓名、工作单位、家庭住址、电话号码、职称职务、工资收入、宗教信仰等问题,最好都不要询问,而家庭成员中老人及孩子情况,女性的年龄、婚姻、身高、体重等更是聊天禁忌。如果对方对你的提问避而不答或转移了话题,这时要适时停止,不要再继续追问。当然,也要注意保护个人隐私,要学会婉言谢绝对方对自己隐私的打听。

4. 注意技巧

在很多情况下,善用聊天技巧能使你显得更加有礼貌。开始聊天前要先询问对方是否有空,并简要介绍一下谈话的目的。结束聊天前要与对方道别。在聊天过程中突然消失,让对方干等是非常失礼的行为。有些聊天软件如钉钉等,聊天时会发出提示音,如果聊天时周围有其他人则要关掉提示音,以免影响他人。

5. 文字信息要简短明了

使用简短词句对自己想表达的意思进行必要的拆分,要避免长篇大论。发送长篇的文字信息,不仅会让对方长时间等待,还会让对方花费精力去阅读和消化大段内容,这就可能会造成重要信息的遗漏,还会造成聊天过程的迟滞和不连贯。所以,简单明了地把自己要说的话写出来就可以了。如果不小心把有误的文本(如张冠李戴、有错别字等)发出去了,应及时撤回,或再补发一条信息加以说明。

6.语音信息要方便对方理解

应当指出的是,通过微信、QQ 等软件进行非面对面的交流,文字比语音会让对方更有受尊重的感觉。所以,尽量不要发送语音信息。然而有些人在用微信交流时,不仅爱发语音,而且一发就是许多条,从几秒到数十秒不等。过度使用微信语音,会产生如下问题:

(1)浪费对方的时间。同样的一段微信信息,输入文字的时间较长,但理解的速度更快;录入语音的时间较短,但理解的时间可能增加。可见,使用语音让自己获得了方便,但却可能让对方花费了更多的时间。

(2)影响交流效果。试想一下,假如发语音的人口头表达能力欠佳或口音很重,又或恰好在嘈杂吵闹的环境下录音,这就会造成接收者根本听不清或听不明白,从而影响交流心情和交流效果。虽然微信语音可以转化成文字,但如果是不标准的普通话或者方言土语等,转换成的文字可能如同天书,令人费解。

(3)不能预览,不便查找。语音信息不能预览,接收者不能了解其内容是否重要,并且将来想要再查找某个关键信息时,也很不容易。

(4)不够正式,不适合工作场合。职场中,更需要简洁高效的信息传达。而使用语音,明显不如文字输入有足够的时间推敲,一些措辞的失误或者表达的不畅甚至可能会造成误解。虽然微信具有信息"撤回"功能,但"撤回"在工作交流尤其是在面对客户时,显然是一种不够礼貌的操作。

需要注意的是,在一个群里,即便是某一群友针对所有人群发的一条信息(如祝福、告知或提醒信息等),出于礼貌也最好在群里回复或跟进一下(无聊信息、广告信息等除外)。"群发的信息我不回" 的确不是大问题,但从礼仪上来讲,可能就显得有所欠缺。

(二)电子邮件

1.收件人功能管理

电子邮件的使用者要准确把握发送、抄送、密送和分送的不同使用方法。发邮件前要考虑清楚,是不是所有的收件人都不介意公开自己的名字和邮箱地址。如果不是,则请正确使用这些功能。

2.主题的拟定

输入邮件主题,显然是为方便收件人考虑的。很多时候,收件人是根据邮件主题来决定是否详读邮件的内容,并且收件人将来查找邮件和筛选邮件的主要依据也是邮件主题。所以,为了便于收件人识别和管理邮件,请一定重视对主题的拟定。

首先,邮件主题不能空白或无实质内容。主题空着不写是失礼的;而"张先生收"或是"邮件来了"这种含混不清、无实质内容的主题也是对对方的不敬。邮件主题应当具体明确且有意义,一方面可以让对方很快明白邮件的大体内容;另一方面也有利于今后对邮件的管理,如保留或是删除等。

其次,邮件主题应言简意赅。简短明确地突出邮件的内容,是邮件主题拟定的基本要求。邮件主题往往是由词、词组或一个简洁的句子组成,而这个词、词组或句子应该是与邮件内容紧密相关的。

最后，主题千万不能出现错别字或表达不通顺。人们在发邮件之前大都不会忘记检查正文，但往往会忽视对主题的检查。主题是留给对方第一印象的内容，要谨慎为之。

3. 正文的撰写

(1)要注意礼貌用语以及措辞，这是撰写邮件最重要的。不要因为看不到对方就说一些未经思考的话，或者使用一些情绪激动的字眼和表示强烈感情的标点符号等。

(2)内容要简明扼要、清晰明确。快速、简短是在线阅读的基本特点，电子邮件也不例外。

(3)避免多次发送邮件进行“补充”或“更正”。当邮件内容较多时，可在脱机状态下完成撰写，检查无误后再上网发送。如果经常反复发送邮件，会让人产生反感，既有骚扰对方之嫌，又会给人留下非常不专业的印象。

(4)合理提示重要信息。为了提醒对方，应把重要信息用大写字母、加大字号、粗体、斜体、颜色等手段标示出来。当然，关于重要信息的提醒也不可太多，提醒太多与没有提醒是一样的效果。

(5)能用文字说明的内容，就不要使用图片，也不要把文字信息做成图片格式。现在，越来越多的人在手机上使用邮箱，打开图片比打开文字要付出更多的时间成本和流量成本。

4. 附件的使用

首先，如果不需要添加附件，就完全不必添加，因为下载附件毕竟要花费时间。必须发送附件时，要记得在邮件正文里提示收件人查看，如“见附件 1、附件 2”等，以免对方遗漏。

其次，正文中应对附件做必要的说明，尤其是当附件较多时。说明的内容一般包括：简单介绍附件的内容和重点；提示对方用哪些特殊的工具去打开；相关信息的链接或下载地址等。

再次，按照“有意义”的原则给附件命名。给附件命名要能概括附件的内容，方便收件人下载后对其进行管理。

最后，注意添加的附件数量不宜过多。通常情况下，附件数目如果超过 3 个就应该使用压缩包进行传输。

5. 结尾签名

标明发件人的身份和联络方式是电子邮件沟通的基本礼节。结尾签名，实际上就是让别人知道你是谁以及如何找到你。签名的内容主要包括姓名、职务、所在公司、部门、电话、地址等信息。

从礼仪的角度来说，签名信息不要太多。不要罗列很多头衔，也不要把电话、邮箱、QQ、推特以及微信号等所有联系方式都列上去。实际上，只需列出一两个重要头衔和主要联系方式即可，那种比邮件正文还长的签名可能并不妥当。

不要只用一个签名。如果是商务交往，签名应该比较正式；如果是熟人之间的交往，签名应该简化且具有一定的个性或趣味性。在日常交往中，过于正式的签名会让对方产生距离感，显得疏远。

6. 避免立即跟进确认

不要在邮件发送后立即跟进确认，这是每一个发件人都要知道的礼节。有些发件者喜欢询问对方是否收到或阅读了自己的邮件，于是在发了邮件之后不久又会再发，或者打电话过去跟进确认。这种做法是不可取的，因为会让对方产生“被催促”的感觉。正确的做法是：在发送邮件之前致电说明。话说在先，既会让对方了解你要发送的邮件的内容和时间，也会让对方感觉受到了尊重。这样，对方很可能会在第一时间阅读你的邮件并给予回复。

情境任务3 相处礼仪

知识目标：了解相处礼仪，知道如何得体地与他人相处
能力目标：在与人交往时做到轻松融洽
素质目标：养成善于与人相处的交际素养

◎ 典型实例

一天晚自习前，一名女生坐在运动场的看台上给姐姐打电话："烦死了，班级同学每个人都有自己的心事，都保持一定的距离，没有人说心里话。难怪说大学人际关系复杂呢！"原来，她在家里被宠坏了，觉得别人帮助她、照顾她是理所应当的，而她想不到也不愿意为别人做些事情。在她生病的时候，男同学背她去医务室，女同学陪护，可在她同学家里出事的时候，她却想不到把同学送到车站。

分析：这名女同学的主要问题是自私，只知心安理得地接受别人的帮助，而不懂得付出。

中国人最重要的人际关系之一是同学关系。在大学生活里，同学关系是每位大学生均应认真对待的。在我国，大学生活的一大特点，是同学之间朝夕相处。在大学校园内所产生的同学之间的情谊，往往既纯洁、又长久，它通常被视为人的一生所拥有的最美好的感情之一。对于每一名大学生而言，处理好同学关系，珍视同学情谊，将对自己的学习、成长乃至今后的事业、生活具有极大的帮助。在与人相处时，我们应该做到以下方面。

一、学会助人

情境链接 2-3-1：

有这么一个真实故事。一天，一个穷困的农夫救起了一个小男孩。第二天，一位绅士，也就是小男孩的父亲来到农夫家，要给农夫一大笔钱表示感谢，但农夫拒绝了。为报答农夫，绅士带走了农夫的儿子，让他接受最好的教育。若干年后，农夫的儿子发明了盘尼西林，获得了诺贝尔奖，成为举世闻名的弗莱明·亚历山大爵士。数年后，绅士的儿子感染肺炎，正是盘尼西林救了他的命，他就是日后的英国政治家丘吉尔。农夫的小小善举，竟给世界带来如此大的影响。

帮助你身边的每个人，"助人者，人恒助之""送人玫瑰，手留余香"。在前进的路上，搬开别人脚下的绊脚石，有时恰恰是在为自己铺路。"勿以善小而不为，勿以恶小而为之。"

著名心理学家霍曼斯提出了人际交往的社会交换原则：人际交往在本质上是一个社会交换的过程。人们在交往中总是交换着某些东西，或者是物质，或者是情感，或者是其他。在这种社会交换中，人们都希望交换对于自己来说是值得的，希望在交换过程中得大于失或至少等

于失。不值得的交换是没有理由去做的，不值得的人际交换关系更没有理由去维持，不然就失去心理平衡。对自己认为值得的，人们就倾向于建立与保持，对于自己认为不值得的，人们倾向于逃避、疏远或中止这种关系。

市场经济条件下人际交往在某种程度上也要遵循社会交换原则，商人之间交换礼品，企业之间相互宴请，甚至朋友之间相互往来都是某种程度的交换。所以，在生活中，我们要学会助人，在"情感银行"中及时储入关心、爱护、温暖。

二、主动交往

情境链接 2-3-2：

英国现代杰出的现实主义戏剧家萧伯纳以幽默的演讲才能著称于世。可他年轻时却羞于见人，胆子很小。若有人请他去做客，他总是先在人家门前忐忑不安地徘徊很久，却不敢直接去按门铃。一个人有紧张、恐惧说话的心理，并不奇怪，也并不可怕，我们应该正确对待这种情况的出现。美国有一位知名的心理学家从小因口吃而不敢与人交往，他后来强迫自己每天到公园主动和三个人开口聊天，用来克服自卑心理，也培养了自己与他人用口语进行沟通的信心。

人际交往有一个交互性原则。心理学家通过大量研究发现，人际关系的基础是人与人之间的相互重视、相互支持。任何人都不会无缘无故接纳我们、喜欢我们。人际交往中，喜欢与厌恶、接近与疏远都是相互的。所以，我们只有友好地对待别人，别人才能接纳我们。

"人际交往技巧"是为了完成某些社会性目标，与人建立关系和共事的能力。它是一个相当广泛的概念，和特长无关，也没有速成的捷径。而影响人际关系的因素包括内在、外在两个方面。内在个人因素包括本身的特质（内向、外向、紧张焦虑、自在轻松等个性），具备的能力（情绪控制、语言表达等），是否有特殊的心理、生理问题（口吃、忧郁、退缩等）。外在环境因素包括适当的教导（有接受教育、练习与人互动的方式的机会），学习对象的提供（我们外在行为常常受到父母、师长、同学的影响）。大家了解这些后，就会知道只有主动交往才能更有效地解决不敢交往的问题。

三、谦虚随和

情境链接 2-3-3：

相传清代名臣左宗棠在一次远征前，曾微服私访。他见一老人家的门上高悬着"天下第一棋手"的匾额，颇感兴趣，便趋前挑战。结果，老人三盘皆输。左宗棠浅笑建议老者："此匾还是摘下来好。"老人立即谦恭地摘了下来。不久，左宗棠凯旋，又见老人高悬匾额，便再次趋前对弈，结果三盘皆输。左宗棠惊问其故，老人回答："上次你来，我已认出你是左大人，知你要远征，不可挫伤你的锐气，故而相让，以长大人志气。如今大功告成，当以诚相见，就不敢再让了。"左宗棠听罢唏嘘再三，深以为然。

谦虚是一种美德，也是一种智慧。适度的谦虚，既可以顾全大局，也可以以理服人。有位社会关系学家精辟地阐述了谦虚与人际关系的联系：如果你想获得与他人的友好关系，那么请放低姿态，不要表现得比对方优越；如果你想让自己与对方的关系降低到冰点，那么就狂妄自大吧！

情境链接 2-3-4：

刘建是某高校的大二学生，担任公寓舍务部长和系体育部长、班级体委，为院、系、班做了大量工作。但是，在发展党员的民主测评中，班级只有不到 50%的同学认可他。他没能入党，心情很郁闷："我到底哪儿做得不好，让同学们对我有这样的态度？我该如何赢得同学们的支持呢？"你能帮他找找原因吗？

发生在刘建同学身上的类似现象很多，其主要问题是做事时比较注重自己的影响力，而没有注意获得同学们的广泛支持。

首先，人际关系有一个不二法则，就是你要得到支持，就要先去支持别人。其次，亲近融洽是发自于心而不是费力强求的。想要拥有融洽的同学关系，须时时处处以谦虚随和的态度对待自己的同学。不要让人认为你过于在乎自己、在乎成功，而不会在乎他们。要摒弃以自我为中心的优越感，要拥有谦卑的胸怀，并以集体的利益为重。如果想得到同学的支持，那就应该先去支持他们，多帮他们做一些实在的事情，多听少讲，不要把注意力都放在自己身上。

思考：有生来就人缘好的人吗？

为人谦虚，要求我们不要狂傲自满、夸夸其谈、自以为是。为人随和，则是要求我们要虚怀若谷，要善于与别人相处、善于向别人学习、善于听取别人的意见。它既非拒人于千里之外，亦非一味地随声附和。

四、理解包容

情境链接 2-3-5：

某大学的一名学生小王坦言：由于寝室里学生的家庭状况各不相同，进入大学一年来，竟还没有一次集体活动，这让身为寝室长的自己很为难。原来，寝室里有一名特困学生，她每月的生活费只有 300 元，通常晚餐都是用食堂里免费的菜汤泡饭。每当商议寝室集体出游的时候，那名学生总默不作声，尽管其他人都提出为她分担费用，但总遭拒绝，甚至因此感到受了侮辱，导致现在寝室关系日渐尴尬。大学寝室人员的分配一般都按照学号，并不会按照"贫富"状况而定，这就导致部分寝室遇到此类难题。

分析：这个问题是大学中常见的问题，来自不同家庭背景的同学之间存在隔阂，进而导致同学之间缺少包容理解。

收入差距在一定的发展阶段是客观存在的，但如果以此强调人的不同，甚至用此标准去区分不同的人，这种"区别心"严重时就会成为偏见、歧视，让人与人之间的关系变得格格不入。

家庭出身是自己不能选择的，我们必须勇于面对，父母收入高的学生不能沾沾自喜，更不能歧视别人，只有自身练就真本事，才能在社会上生存。父母收入低的学生不必自卑，要相信靠自己的努力，自己的生活和事业仍可达到自己想要的标准，有努力就会有改变。

爱因斯坦曾经说：最大的财富，不是你拥有了什么，而是你贡献了什么。

社会中各种差异客观存在，但要用尊重、包容和勇气在异中求同。无论贫富我们都需要朋友，就像古谚所说的“友谊是最大的财富”。当我们能超越物质一元化的观点，用更宽广的视野去看待他人时，就会发现“爱其同，敬其异”的包容心态是一个社会进步的重要指标。相信人与人之间的相知、相重、相爱，几乎可以跨越任何差异。

每一个人都有自尊心，都希望别人的言行不伤及自己的自尊心。大量的心理学研究证明，人们在人际交往过程中都有明显的维护自我价值感的倾向。别人的肯定，会增加人们的自我价值感，而别人的否定，会直接威胁到人们的自我价值感。因此，同学之间的尊重与理解十分必要。要学会理解他人的立场和态度，懂得别人的思想感情，善于容人，尤其是要善于原谅别人的过失。

五、择是弃非

情境链接 2-3-6：

一个大学的班级有来自同一职高的 11 名同学，他们很抱团，想推选其中的一人做班长，但没得到全班大多数同学的认可。故而他们将不满撒在了新班长身上，工作中不配合，背后说怪话，评选中约好不投班长一票，其他同学对他们很有意见。

分析：这个问题是过分注重同乡情谊，而忽略了人际交往的前提是不影响他人和集体的利益。

人际交往必须坚持择是弃非的原则，要在国家、集体和他人的立场上，明辨是非的界限，并善于同损害国家、集体和他人利益的行为做斗争，在同乡交往中更要遵守这一原则。

同乡关系，亦称“老乡”，是以籍贯相同关系为纽带而形成的一种比较特别的人际关系。在现实生活里，人人都有自己的故乡，所以自然而然也就少不了同乡、离不开乡谊。

在当代大学生的人际交往中，同乡交往是其中一个重要的组成部分。同乡之人在进行交往时，由于大家“出生地”相同、文化背景相近、生活习俗相仿、口音大体相似，往往会使彼此之间在天然上存在一种无形的亲切感与认同感。所以，双方非常容易建立联系，并保持和发展相互之间的这种特殊关系。

大学生在处理自己与同乡之间的相互关系时，应该注意既发展乡谊，又正常交往。

对初次交往的同乡，或是上门相认的同乡，须依礼相待，并表现得既热情，又主动。与同乡交往时，主动帮助对方往往是应该的。实际上，对同乡最大的关怀，就是给予其必要的帮助，协助其解决具体的困难。

同乡之间所进行的各种交往也要讲究“君子之交淡如水”，不应带有功利性。尤其要反对以发展同乡关系为名而拉帮结派、制造纠纷之事。

人与人之间的互相认同甚至欣赏都要具备一个前提，那就是一个人首先要具备能够被别人认同乃至被欣赏的特质，如幽默、机智、博学、正直、尊重他人……我们应用心揣悟，去探索属于自己的路径，以提升自己的智慧、修养和学识，这种方式比那些“交友秘诀”可能更有效。

阅读

人的成功15%取决于专业知识，而85%取决于人际关系。

——卡耐基

学习情境3

学会享受美好生活的食、住、行礼仪

◎ 情境导入

某高职院校农资市场营销专业王同学毕业后应聘到一家大型农资企业从事市场营销工作。由于工作性质,他每天要接待不同的客户,经常涉及接送、宴请和安排客户住宿等工作。每次接待工作结束后,小王都会认真总结整个接待过程是否有所疏漏,因为他深知接待客户的过程也是与客户增进沟通、获得认可、建立良好关系的过程,自己不仅仅代表个人,更是公司形象的代言人。所以自己在餐饮、住宿、交通等服务中所表现出的良好素养也是公司管理水平和整体形象的展现,能使客户更好地认同自己,进而认同公司和产品。

◇ 学习目标

通过学习,同学们能够熟练掌握食、住、行文明礼仪,培养学生成为具有良好公德的当代大学生;培育学生养成共享美好生活的文明素养,形成构筑幸福人生的能力;同学们能够学以致用,将食、住、行文明礼仪应用到生活和工作当中,提升幸福指数、助力事业发展。

◇ 学习建议

1. 根据所学,查找自身不足,制订改进和提升计划。

2. 用正确的食、住、行礼仪指导自己的日常生活实践。

食、住、行是生活的基本内容。随着经济的发展、社会的进步，政府和社会提供了各种满足不同人群需要的食、住、行的条件和设施。为了让这些条件和设施给我们的生活带来更大的便捷，提高人们的生活质量和文明程度，学习并践行餐饮、住宿、交通文明礼仪是必要的。就让我们从日常的食、住、行开始，做一个有品德、有修养、有礼仪的人，做一个推动社会公德完善和文明进步的人。

情境任务1 餐饮礼仪

知识目标：了解餐饮礼仪，掌握餐饮礼仪的基本规范

能力目标：在各种餐饮场合中，能够娴熟地运用规范的餐饮礼仪

素质目标：感受中华民族悠久的饮食文化，享受餐饮带给我们的幸福，能够在用餐时体现出温文尔雅的素质

◎ 典型实例

某核电集团有大量技术项目与外国企业合作，不仅来华合作与交流的外商较多，而且还有部分国外技术员常驻集团。因此，公司经常举办各种规格的宴请活动，集团员工食堂也有国外人员就餐。为加强员工精神文明建设，改善公司对外形象，集团总裁办公室与公关部联合研究制定了如下员工用餐礼仪规范：

食堂饭菜香，买饭多礼让。
手脚动作轻，说话要小声。
饭菜不满意，少吃就可以。
劝餐要适度，布餐应合理。
饮酒看场合，劝酒不可取。
剔牙打喷嚏，掩面私下里。
餐毕不急离，稳妥收餐具。

思考：你对中华饮食文化有多少了解？

中华饮食文化源远流长，餐饮礼仪是饮食文化的一个重要部分。当代大学生应该传承并弘扬优雅的用餐礼仪，这不仅能体现个人素养，在某些重要场合还能提升民族形象。

餐饮礼仪就是人们在就餐时所需遵守的礼仪规范，是餐桌上一种具有无形约束力的行为准则，体现在我们就餐时的方方面面，同时也体现了在就餐时人与人之间的互相尊敬和理解。在社交活动中，就餐时的小细节甚至能影响到整个大局。据悉，外国公司的一些主管常会邀请有希望升迁或有可能成为其下属的人吃午餐，其真正目的是测试对方的礼仪常识。因为他们想雇用的是能够体现公司良好形象、懂得从细微处善待客户和能够在客户面前表现得体的员工。一些在业务方面表现出色的员工，有时却因在餐饮礼仪方面有所欠缺而失去了期盼已久的升迁机会。可见，懂得餐饮礼仪是非常重要的。

阅读

据文献记载，在周朝饮食礼仪已形成一套相当完善的制度。曾任鲁国祭酒的孔子，对饮食礼仪非常推崇，使饮食礼仪逐渐成为代表现大国之貌、礼仪之邦、文明之所的重要因素。

一、食堂就餐

[视频学习 7：食堂礼仪]

食堂是各大高校必不可少的学生生活服务场所，为同学们提供了营养合理的食物和就餐环境，是同学们集中出入的公共活动场所，也是同学们学习就餐礼仪的一个很好的“课堂”。

对于经济上还没有独立的大学生来说，食堂是为自己提供饮食的最主要场所。食堂管理规范、卫生、经济、安全。在食堂就餐，会使人养成定时、定量就餐的习惯，而这种良好的习惯一旦养成，会促进学生的身心健康。在食堂里与同学们一起就餐，能增进食欲，而且就餐方便、快捷，营养均衡。

在肚子饿的时候，食堂里的饭香是对学生的诱惑。只待下课铃声一响，同学们便奔向食堂，排队选餐。可是，同学们是否注意到了一些就餐细节？在食堂就餐，你的一举一动随时会进入别人的眼帘，成为自身形象最直观的展现。所以，同学们在用餐的同时，也要时刻注意自己的形象。

（一）文明就餐

当你走进食堂，看到想要选餐的档口人员拥挤时，你是否会望而却步？当快排到你选餐时，突然有人上前插队，你是否会非常生气？当你看到前面选餐的同学无礼地对待服务人员，你是否会觉得他缺乏教养？当慌张的同学将食物汤水溅到你干净的衣服上，你是否会非常恼火？当你端着餐盘四处找不到座位，却看到一个人占着四人位的餐桌时，你会不会觉得他自私无礼？当你好不容易找到空座位，却发现刚刚离开的同学留下一大堆残渣，是否会影响你的食欲？当你在用餐时，正好对面一对学生情侣在毫不避讳地过分亲密，你是否会感到尴尬？当你看到旁边的同学刚打好的饭菜只吃了几口便扬长而去，你是否会为他的浪费感到可惜？当你遇到以上种种情境时，你会不会对照他们的行为而进行自我反思？我想答案是肯定的，因为我们是当代大学生，要讲礼仪，有礼貌。杜绝这些不文明现象发生，从你我做起。

1. 有序排队

情境链接 3-1-1：

情景 1：上午的课刚刚结束，同学们正有序地出入食堂，这时一个高大的男生横冲直撞地冲散队伍，跑进餐厅，身后传来一阵阵抱怨声。

情景 2：王鹏是一名大三学生，据他反映，尽管现在食堂插队的现象不多，但是个别特色餐档口仍然需要排队选餐，变相插队的人仍不在少数。一次，他在食堂买卷饼，马上轮到他了，结果排在他前面的同学帮刚到的熟人带了九个，饼就没了，急着上课的他只好离开。

有秩序地排队是一种合作，“分享”“轮流”和“等候”是社交的基本规则，良好的秩序是学习、工作得以顺利进行的保障。变相插队虽方便了自己，却让别人反感，甚至侵犯别人的权益。

生活中，排队有时不是硬性规定，而是一种约定俗成的规矩。食堂用餐、购物付款、乘车等，都需要自觉排队等候。排队最忌讳插队。如果有特殊紧急情况，应征得排在前面的人同意，才能越队先行。面对插队行为，排队者应该及时而坚决地加以劝阻。但劝阻时，要用语恰当，好言相劝，避免不必要的冲突。在排队时遇到熟人，打个招呼就可以了，不要站在原地聊天，这样会妨碍其他人。同学之间要互相谦让；遇到有身体不便的同学就餐时，应主动帮忙；买饭时应提前准备好就餐卡、提前想好要吃的饭菜，尽量节省时间，方便他人。

2. 举止得体

情境链接 3-1-2：

冬日里，学生小明和他女朋友去学校食堂吃饭，因外面天气寒冷，吃过饭也不想出去，就长时间占着餐桌，有说有笑，时不时做出过分亲密的动作。好多同学端着餐盘找不到座位，又不好意思坐到他们身边，尴尬极了。

在公共食堂，尤其是在学校食堂，就餐的人比较多，情侣之间举止要得体，不应该出现过度亲密的行为，以免引起同学们的反感。

3. 讲究场合

情境链接 3-1-3：

秦璐是某高校大二学生，据她反映，有一次她没来得及吃午饭，就让室友给她带了一份凉皮到教室，利用上课前的几分钟匆匆吃完。但下午来上课的同学们都在抱怨教室里浓浓的大蒜气味。她和那个带饭的同学都觉得很不好意思。

很多学生早晨赶着上课，就在食堂买了饭带到教室吃。上课的时候，老帅在台上讲课，学生在下面偷偷吃饭，教室里也会弥漫着食物味道，如果是气味大的食物，影响就更坏。同学们要遵守校规校纪，不要在教室等公共场所就餐，那样既不利于个人饮食卫生，也影响他人和环境卫生。

4. 保持卫生

情境链接 3-1-4：

张晶和几名同学一起打完饭菜，端着餐盘走向餐桌。可是几张空桌上放着刚用过的餐盘，桌面上还散落着吃剩的饭菜、塑料袋和餐巾纸等，严重影响了同学们的食欲，使大家感到很不舒服。

吃完饭端走餐盘只是举手之劳，就可给别人留下一张洁净的餐桌和舒服的就餐环境。吃剩的饭菜不要扔到桌面和地面上，应倒入指定的剩餐收集桶里；要注意保持就餐环境卫生，不可乱扔杂物，不可随地吐痰，不要在公共场所吸烟；要爱护公物，不可踩踏饭桌、椅凳。

5. 谦让有礼

要尊重食堂管理、服务人员的辛勤付出，就餐过程中遇到不合理的问题或现象，应通过食堂管理部门或其他有效途径解决。如果是服务人员出现差错，应主动提醒，不应直接顶撞或出言不逊；如果怀疑饭菜质量有问题，也应心平气和地给出合理性建议，不应争执，造成不必要的误会。

就餐时人多拥挤，若不慎发生了摩擦及纠纷，要多理解、包容，主动说声“对不起”或“没关系”；食堂的座位有限，因此不要抢占座位；就餐人多时，座位紧张，应抓紧时间吃饭，吃完及时离开座位以方便他人就餐；吃饭时应注意保持安静，不要高声喧哗，也不要边走边吃或边吃边说笑、打闹。

(二)勤俭节约

节约是一种美德，节约是一种智慧，节约更是一种责任、一种品质、一种涵养。一粥一饭，当思来之不易；半丝半缕，恒念物力维艰。我国人口基数大，如果每人每天节约一粒粮食，对国家来说一年就可以省下很多粮食，就能养活很多人。我们都知道农民劳作的艰辛，珍惜粮食就是在珍惜农民的劳动成果，浪费粮食就是在践踏他们的辛勤付出。作为当代大学生，我们应该珍惜父母辛辛苦苦赚来的钱，从杜绝餐饮浪费开始，养成节约的良好习惯。

1. 节约粮食

情境链接 3-1-5：

情景 1：两名男生刚买完饭菜准备用餐，这时候其中一名男生接了个电话，对另一名男生一挥手：“走！有人请咱吃好的。”随即，两名同学端起刚买的饭菜，倒进剩饭收纳桶中，转身离去。

情景 2：清理卫生的食堂阿姨正在剩饭收纳桶前忙碌，几名学生将吃剩的饭菜倒进桶里。阿姨看着他们谈笑风生地离去，摇摇头，叹口气。桶里刚刚倒进去的有咬了一口的油条、半个鸡蛋和完完整整的馒头……类似情景阿姨几乎天天都能看到。

在学校食堂中，你是否有过将只吃了几口的馒头扔到餐桌上？是否将饭菜吃几口就倒掉？看着满桶的剩菜剩饭，实在令人感到心疼。“节约粮食”等大标语、警示牌虽然在食堂中醒目的位置悬挂，但粮食浪费现象时有发生。大家一定都读过古诗《悯农》，也一定知道粮食得来不易。北宋时的司马光虽然高居宰相，仍然以节俭为本，他认为穿衣能暖和、吃饭能饱腹就足够了，还教导儿子要以节约为荣。老一辈的无产阶级革命家也处处以身作则讲节俭。毛主席经常教育党员干部要艰苦朴素，周总理一贯反对铺张浪费，受他们的影响，身边的工作人员都养成了珍惜粮食的好习惯。现在生活水平提高了，还有必要从一粒米上节约吗？有的同学可能会有这样的疑问。的确，捡饭粒看起来没有什么实际意义，但它却反映了一个人的道德素质。我们浪费一粒米，扔掉一个馒头，实际上丢弃的是勤俭节约的优良传统。盘中粒粒皆辛苦，粮食是人类赖以生存的物质，珍惜粮食、发扬中华民族勤俭节约的传统美德，应该成为我们大学生必备的素养之一。我们可以从节约粮食的细微之处看出一个人的素质和涵养，小中见大。习近平总书记对制止餐饮浪费行为也做出过重要指示。他指出，餐饮浪费现象，触目惊心、令人痛心！尽管我国粮食生产连年丰收，对粮食安全还是始终要有危机意识。

阅读

联合国发布的《2021 年世界粮食安全和营养状况》报告估计，2020 年世界上共有 7.2 亿～8.11 亿人面临饥饿，近 1/3 的世界人口无法获得充足的食物。总的来看，全球约 30 亿人对于健康膳食无法企及，尤其是贫困人群，这种状况遍及全球各个区域。

2. 节约用水

情境链接 3-1-6：

情景 1：一位女生从消毒碗柜中取出餐具，准备买饭。她认为餐具不够干净，便把餐具拿到水槽中冲洗。她很注重卫生，洗了很长时间，然后直接转身离去，未关上水龙头，身后的水还在哗哗地流淌着。

情景 2：一个夏日的中午，几名男生手里拎着两个西瓜走进食堂。他们把两个西瓜放在水槽中，拧开水龙头，冲凉西瓜，然后开始打饭、吃饭。直到他们吃完饭，才走到水槽边，关了水龙头，拎着西瓜走出食堂。

水是人类赖以生存和发展的重要资源之一，是不可或缺、不可替代的特殊资源。没有水就没有生命，就没有文明的进步、经济的发展和社会的稳定。世界上的水资源是有限的，经济和社会的发展必须与水的供应相适应，不能无限制地采水用水，不能超越水资源相应的承载能力。当今世界，随着人口的不断增长和经济的不断发展，淡水资源的需求量不断增加，同时，由于不合理的利用，本来短缺的淡水资源更日益紧张。

当代大学生要树立节约的意识，自觉遵守《公民节约用水行为规范》(2021 年 12 月 9 日，水利部、中央文明办等 10 部门联合发布)，了解水情状况，树立节水观念；掌握节水方法，养成节水习惯；弘扬节水美德，参与节水实践，践行节约用水责任。

阅读

我国的水资源短缺由来已久。从历史上来看，我国是干旱发生频繁的国家，素有“十年九旱”之说。在 2 200 多年的历史文献记载中，发生大的旱灾就达 1 300 次之多。联合国教科文组织在第九届世界水论坛上发布的《2022 年联合国世界水发展报告》指出，全球 2/5 的人口缺乏生活用水，近 40 亿人在一年中至少有一个月面临严重缺水，21 亿人被迫饮用污染水，80％的污水未经处理就直接排放，自 1990 年以来全球最具破坏性的 1 000 起自然灾害中有 90％与水有关。

“历览前贤国与家，成由勤俭败由奢。”粮食来之不易，淡水资源有限，让我们从珍惜一粒米、一滴水开始，从细微处做起，养成节俭的好习惯，只有这样才能不断完善自己。

(三)营养健康

1. 注重营养均衡

合理的饮食结构也就是我们平时讲的要合理膳食和平衡膳食结构。合理膳食：一是食谱要广，以求从多样化的食物中获取各种营养成分；二是烹制要讲科学；三是要定时定量，就是说要拥有规律的进食时间和数量，同时还要注意不偏食、不挑食和不暴饮暴食等。

平衡膳食指的是在营养上搭配比较合理的膳食，要求食物品种多样化，各种营养成分之间比例较适当，以防止营养成分供给过多或过少，尽可能吃得多样化，并力求食物的选配组合得当。一般来说，主食(米、面、杂粮)和副食(肉、鱼、蛋、豆制品等)搭配；干食(米饭、馒头、面包等)和稀食(粥、汤、奶等)搭配；粗粮(杂粮)和细粮(精米、精面等)搭配；荤菜与素菜搭配。合理搭配有利于消化、吸收，符合健康和营养卫生的要求。

情境链接 3-1-7：

张丽和她寝室的室友们每天早上都忙于梳妆而没有时间去食堂吃早饭。她们也都不爱吃鸡蛋和粥之类的早餐，爱吃零食，即便早餐也一样，一包薯片、一瓶碳酸饮料解决。

很多学生的早餐都应付了事。营养专家认为，如此做法实际上很不合理，早餐应该营养丰富才对，因为人体所需的七大营养物质——蛋白质、脂肪、碳水化合物、维生素、矿物质、水、纤维素，每天应该均衡供给，而早餐的营养摄入尤为重要。

校园中还存在几种不健康的用餐习惯：

(1)迷恋校园附近的小吃快餐。因为有学生这个巨大市场，大多数学校附近都会有很多小吃店面或摊铺，如麻辣烫、米线、凉皮、涮串、烤串、奶茶、冷饮等各类小吃快餐形色多样，应有尽有，深受学生欢迎。很多学生都热衷这些小吃，以此代替正餐。然而，这种用餐方式中营养成分的比例不能满足人体需求，此外，卫生条件多数不达标准，严重影响学生们的身体健康。

(2)食用补品。随着人们生活条件的日益提高，很多家长给孩子准备各类营养保健补品。殊不知，大学生处在青年初期阶段，其生长发育的主要营养应来自日常的科学膳食，从各类食物中摄取均衡的营养是健康成长的最佳途径。补品不能盲目使用，更不能长期依赖。如果已明确得知缺乏某种营养素，要在医生指导下，针对性地选择营养保健品。

(3)偏爱西餐。汉堡、炸鸡、薯条、可乐、冰激凌等西式快餐的营养素构成可概括为“三高一低”，即高热能、高脂肪、高蛋白、低纤维素。如果纵容自己经常吃这类快餐，多余的脂肪在体内贮存，极易引起肥胖、高血脂、高胆固醇和糖尿病等疾病，所摄入的大量饱和脂肪酸还会使心血管疾病的发生率增高，严重影响身体健康。

2. 养成健康习惯

情境链接 3-1-8：

情景1：马涛是大二的学生，个人的作息习惯很不好，每天晚上玩游戏到很晚，有时甚至通宵。早晨如果不出早操，根本不会起床；如果出早操，回来也不去食堂吃早饭，还要倒到床上再睡一会。一年到头几乎没有吃过早餐，有时候周末在床上一趴就是大半天，一天只吃一顿饭。寝室经常备有方便面，什么时候饿了，弄点泡面对付。

情景2：体重 115 kg 的张明现在走一会儿路就喘息得上气不接下气，其原因是他有着非常不好的饮食习惯，除了暴饮暴食，没有肉根本吃不下去饭，吃饭还必须配有碳酸饮料。另外，张明还特别喜欢吃甜食，一顿曾吃掉一整个生日蛋糕。目前张明不仅仅是体重严重超标，经体检发现血糖已远超正常值范围，被确诊为患有糖尿病。

健康的饮食习惯对一个人的一生至关重要。虽然养成良好健康的饮食习惯并非易事，但是我们一旦做到了，就会终身受益，这就是人们常说的“今天我们养习惯，明天习惯养我们”。健康的饮食习惯要求一日三餐要规律，用餐方式也要注意：早饭要吃得丰盛，午饭要吃得适度，晚饭则要吃得清淡而少量。俗话说，早上吃的像皇帝，中午吃的像百姓，晚上吃的像乞丐。另外，要注意培养并维持低油、低盐的饮食习惯。

(四)安全卫生

1.饮食安全

情境链接 3-1-9:

情景 1:周末,张浩与同寝室的几个室友到校外烧烤店吃烧烤,点了好多肉串和炸鸡架等食物,大家还不停地称赞这个店的烧烤味道“真不错”。结果第二天几个人都上吐下泻,无一幸免。他们好转后去这家烧烤店讨说法时,店已经被查封了,从邻居口中得知,这家店用的都是地沟油,肉品也尽是杂七杂八的肉,根本不是纯正的牛羊肉。知道这些,同学们被吓得一身冷汗。

情景 2:2020 年年初新冠肺炎疫情突如其来,各级疫情防控部门纷纷号召人们尽量不外出,不到公共场所聚集,各高校也都延迟开学。小明和几个同学在家实在没有意思,约定要出去喝酒,逛商场。幸好商场和饭店等公共场所都积极响应政府号召未开业,否则这几个人的出行也存在一定的安全隐患。

随着经济社会的不断发展,人们生活水平的日益提高,在饮食方面,对很多人来说,吃饱、吃好已不再是问题。然而,经济急速发展对生态环境造成的某些破坏以及市场环境中的某些恶性竞争等因素,给饮食安全带来一定的隐患,这直接关乎人们的身体健康甚至是生命安全。

注重饮食安全不仅要注意食物的材质和加工过程的安全,也要重视饮食环境的安全。当下,无论是购物中心、商场还是大型超市一般都会设有各类美食广场,形形色色的人流涌动,人与人接触密集,加大了流行病感染和传播的概率。所以必须加强在公共用餐环境下的安全防范措施,服从政府和市场部门的安全管理,以保证文明、健康、有序的用餐。

2.饮食卫生

在日常生活中,人们常有一些不卫生的饮食习惯和行为,但很多人对此尚未重视起来,这对身体健康十分不利。“病从口入”讲的就是这个道理。

情境链接 3-1-10:

情景 1:盛夏,几名学生逛街,看到刚刚成熟上市的葡萄不错,一名同学请客,买了几斤,大家迫不及待,不经任何处理,当场一分,随即吃光了。

情景 2:新学期开学,新生参加军训,大家都很累且口干舌燥。所以,每到休息时,同学们不管是冰可乐、冰矿泉水,甚至自来水等,猛喝一气;没有洗净的瓜果、校门口各种小吃,吃起来毫无顾忌。结果每年这个时期,很多同学都因胃肠病住进医院。

养成良好的饮食卫生习惯是非常必要的,平时要注意做到:

(1)餐前、便后必须洗手。人的双手每天接触各种各样的东西,很可能会沾染各种细菌和病毒。吃东西以前认真用香皂或洗手液洗净双手,才能减少“病从口入”的可能性。

(2)生吃瓜果要洗净。瓜果蔬菜在生长、运输和销售过程中难免会沾染细菌、病毒、寄生虫卵,还可能会有残留的农药,如果不清洗干净,不仅可能染上疾病,严重时还可能造成中毒。

(3)不吃腐烂变质的食物。食物腐烂变质,味道就会变酸、变苦,散发出异味儿,这是细菌大量繁殖引起的,如果误吃了这些食物可能会造成食物中毒。

(4)不随意购买、食用街头小摊出售的劣质食品、饮料。不购买三无食品、饮品(三无即无产地、无生产日期、无保质期)。这些劣质商品往往卫生质量不合格,可能危害健康。

(5)不喝生水。水是否干净,仅凭肉眼很难分辨,清澈透明的水也可能含有细菌、病毒。安全起见,尽量选择喝温开水。

常见的饮食卫生误区有以下几种:

(1)好热闹、喜聚餐。每当节假日,人们大多喜欢三三两两到餐馆"撮一顿",或是亲朋好友在家聚餐,又热闹又便于交流感情。但这样的做法在经历疫情的特殊时期,应自觉避免,以降低风险。

(2)用塑料袋和白纸包食物。有些人喜欢用白纸包食品,因为白纸看上去好像干干净净的。可事实上,白纸在生产过程中,会添加许多漂白剂及带有腐蚀作用的化工原料,纸浆虽然经过冲洗过滤,仍含有不少化学成分,会污染食物。很多食品塑料袋质量不合格,含有对人体有害的化学成分。至于用报纸来包食品,则更不可取,因为印刷报纸时,会用许多油墨或其他毒性物质,如果食用,对人体危害极大。

(3)用卫生纸擦拭餐具或水果。许多卫生纸(尤其是非正规厂家生产的卫生纸)消毒状况并不好,含有大量细菌;即使消毒较好,卫生纸也可能在存放的过程中被污染。因此,用普通的卫生纸擦拭碗筷或水果,不但不能擦拭干净,反而会在擦拭的过程中带来更多的污染。

(4)用毛巾擦干餐具或水果。人们往往认为自来水是生水、不卫生,因此在用自来水冲洗过餐具或水果之后,常常再用毛巾擦干。这样做看似卫生细心,实则不然。须知,干毛巾上常常会存活着许多细菌。目前,我国城市自来水一般都经过严格的消毒处理,所以说餐具或水果用洗洁剂和自来水彻底冲洗即可,无须再用干毛巾擦拭。

(5)将变质食物煮沸后再吃。有时,人们会将轻微变质的食物经高温煮过后再吃,以为这样就可以彻底消灭细菌。医学实验证明,细菌在进入人体之前分泌的毒素,是非常耐高温的,不易被破坏分解。因此,这种用加热方法处理剩余食物的方法是不可取的。

(6)把水果烂掉的部分去除掉再吃。有些人吃水果时,习惯把水果烂掉的部分削了再吃,以为这样没什么问题。然而,专家指出,即使把水果上面已烂掉的部分削去,剩余的部分也已通过果汁传入了细菌的代谢物,甚至还有微生物开始繁殖,其中的某些细菌给人体健康带来隐患。因此,只要水果已经烂了一部分,就不宜吃了。

二、聚餐

(一)座次

[视频学习 8:聚餐礼仪]

中国人一贯重视"座次"。《礼记》中讲"天地位焉",意即天地万物各有其位,马虎不得。在某些特定的场合,人与人之间上下、前后、左右的不同位置,反映了不同的身份、地位、级别,甚至关系到某个组织、团体对一个人价值的肯定与否。

泱泱中华,礼仪之邦,饭桌上讲究座次乃是传统美德。我国的民间宴请,一敬客人,二敬老人,上座一般让给客人或老人,传统做法是"以左为上",认为居左之位高于居右之位。但实际上,在涉外礼仪中,按国际惯例排座次的做法跟中国传统排法正好相反,国际惯例是"右高左低"。所以中国人不仅要讲中国传统,在国际交往中也要遵守国际礼仪。

情境链接 3-1-11：

廖辉接到大学同学的邀请，参加同学一个重要的晚宴。他很高兴，同学毕业几年，大家都很忙，平时来往不多。所以他早早来到酒店，见到同学有说不完的话，直到同学邀请的另一位重要客人到来，他仍然拉着同学的手坐在桌子中间面对门的位置，滔滔不绝地讲个不停。结果，客人根据廖辉的座次直接把他当成了主人，使他和同学都很尴尬。

中餐宴会一般采用圆桌，视参加人数多少设为一桌或多桌。为了避免贵宾坐错座位，隆重的大型宴会可以在各餐台座位前预先摆放座位卡，所发请柬上则标明与宴者的台号，现场或由礼仪人员引导入座，或持柬对号入座，这样就不容易出差错了。

在宴请贵宾时，必须明确一点，聚餐不仅仅是为了吃饭，更重要的是要表达出对贵宾的尊重，创造出一种有利于宾主双方进行进一步交流的氛围。所以，千万不要小看了就餐的座次安排这项工作，如果考虑不周全、座次安排不妥当，可能会带来麻烦。所谓“外交无小事”，即使在就餐座次上，也要多花些心思，精心安排，以显示作为东道主对贵宾的尊重。

宴会座次排列，是宴会礼仪中最为重要的一部分。

中餐宴席桌次排列规则：面门为上，以远为上；居中为上，居右为上；临台为上，开阔为上。

桌次分布：以主桌位置作为基准；同等距离，右高左低；同一方向，近高远低；主位位置，各桌同向。

（二）饮酒

宴会的祝酒，既能表示对客人的尊敬，又可增添席间的热情气氛。用酒来表达对宾客的欢迎或谢意，不但是我国很多地区的传统风俗习惯，也是世界很多地区的人们增进友谊的一种方式。

敬酒、饮酒之乐除了品尝美酒带来的乐趣外，饮酒的气氛和场面更是一种享受，因此，文明饮酒便显得尤为重要了。主人在为客人斟酒时，常说“满上满上”，这个“满”不是指满到杯口几乎溢出来，而是指斟满八成就行了。在主人斟酒时，客人应该扶稳酒杯，说声“谢谢”以表示感谢。席间，向人敬酒，是为表示祝愿、祝福等，应率先端起酒杯，尽量用简洁的言辞抒发真诚的情感。喝酒讲究碰杯，碰杯时为表示对长者或尊者的敬意，自己的酒杯要略低于对方的酒杯。

情境链接 3-1-12：

情景 1：王宏是典型的北方人，性格豪爽，朋友众多，他的酒量大在朋友圈中是公认的。一次朋友宴请三位广东的客户，邀请他陪同，他很高兴，心想：“一定把客人陪好，否则，不够意思。”席间，不管客人酒量如何，他一个劲地劝酒。结果，三位客人，两人住进医院，朋友不但生意没有谈成，还支付了不少住院费用。

情景 2：小姜刚到新的工作岗位，工作热情高，性格开朗，领导非常器重。一天，部门来客人，领导要小姜作陪，小姜想一定好好表现一下。酒桌上，小姜敬客人、敬领导。有不喝酒的，小姜全部“代劳”，没多久，小姜就醉倒了。

中国人的好客，在酒席上彰显得淋漓尽致。人与人的感情交流似乎在敬酒时得到升华。很多人认为，在敬酒时，尽量让对方多喝点酒，自己才尽到了主人之谊 ，如果客人喝的很少，会觉得没有招待好而失落，其实这是不对的。聚会是为了增进感情，但每个人的酒量不一样，所以，切不该以喝多喝少来论感情。只要大家喝的舒服、尽兴便可，不应该出现把人灌醉的失礼行为。

(1)酒桌上应该摒弃“感情深，一口闷，感情浅，舔一舔”的说法，因为每个人的酒量都不同，所以喝得少并不代表感情浅。

(2)敬酒时，要注意先后、主次，也不能厚此薄彼，在没有特殊人物在场时，碰酒最好以顺时针为序。

(3)敬酒时，要把握“适度”原则。可以多人一起敬一人，非尊者或经授意，尽量避免一人敬多人。

(4)敬酒时，为表达自己的敬意，可根据自己的酒量多喝一些，但不能要求对方喝多少，一句“您随意”，较合适。

(5)相互敬酒时，若酒量有限，跟对方坦诚地说明即可，切不该逞能硬喝，或者找人“代饮”。

(6)敬酒时，应适当抒发感情。要言简意赅，绝不可长篇大论；要真诚、果断，切莫给人留下油嘴滑舌的印象；要注意不要酒后失言。

(7)酒后应该有适当的关怀，一杯酸奶、一杯热茶、一条热毛巾都显得体贴入微。

(8)中央“八项规定”出台几年后，全国多地陆续出台规定，公务活动一律不准饮酒，我们须严格执行。相关法律规定，对于劝酒致使他人受到损害，即使劝酒人没有主观过错，也应当承担相应的法律责任。故此，何时饮酒、如何饮酒以及不能过分劝酒的问题必须引起高度重视。

(三)席间禁忌

1. 饮食禁忌

在安排宴席时，还必须考虑来宾的饮食禁忌，特别是对主宾的饮食禁忌要高度重视。一定要询问清楚对方在饮食方面有什么禁忌，主要关注以下方面：

(1)宗教的饮食禁忌，绝对不能疏忽大意。

(2)出于健康的原因，一些人群对于某些食品也有所限制。比如，患有心脑血管、动脉硬化、糖尿病的人不适合过于油腻的食物，患有胃肠炎、胃溃疡等消化系统疾病的人不适合吃辛辣的食物等。

(3)不同地区，人们的饮食偏好往往不同。对于这一点，在安排菜单时要兼顾。比如，湖南人普遍喜欢吃辛辣食物，少吃甜食。而外国人和中国人的饮食差异更大，需特别注意。

(4)有些职业，根据相关规定，在餐饮方面往往也有各自不同的要求。例如，国家公务员在执行公务时不准吃请，在公务宴请时不准大吃大喝，不准超过国家规定的用餐标准，不准喝烈性酒。再如，驾驶员工作期间不得喝酒。要是忽略了这些，就很有可能使对方犯错误。

在隆重而正式的宴会上，主人选定的菜单也可以在精心设计后，发给每人一份，用餐者不但餐前心中有数，而且餐后也可以留作纪念。

2. 举止禁忌

情境链接3-1-13：

一位男士在酒桌上吃到高兴之时，以烟助兴，全然不顾及同桌有女士，特别是孕妇在场，周围的人很不高兴。几个人受不了，提前离开餐桌。

酒桌上更有甚者还将烟灰弹到碗里、盘子里，或者将烟头捻到剩余的饭菜里，弄得一片狼藉，让人大倒胃口。

如果对面的人一边吃饭，一边眉飞色舞地侃侃而谈，你是否担心他嘴里的饭菜渣也会“脱口而出”？现代一般的聚会或应酬，都少不了用餐的环节，除有关饮食方面的礼仪需注意外，对于整个交际过程中的细节亦应注意，以避免举止不雅观，给人留下不懂礼节的印象。

(1)进餐时应小张口，闭上嘴且静静咀嚼，避免边吃边说话，筷子、手指不能乱指。

(2)吸烟、用手抓食物、吸吮手指等都是不雅的行为。

(3)如果你想打喷嚏或擦鼻涕，应该立刻用餐巾遮挡住口、鼻部，同时转向侧面，免得引起别人不适。

(4)骨刺或其他无法吃掉的皮壳应用筷子从口中夹出放到自己的餐盘一角，不可随意放到桌面上。

(5)取菜、舀汤应使用公筷、公匙。喝汤时，先试温度，不可发出“嘶嘶”的声音。如果汤太烫(或嘴里的食物太热)时，不要吐出，应当尽快喝口凉水加以调和。

(6)喝饮料时要啜饮，勿作“牛饮”，啜饮前应先把口中食物嚼完咽下，并用餐巾擦拭嘴角，以免啜饮时在杯上留下痕迹。

(7)有不易食用的部分在食物上时，可用刀叉或筷子将其挑出放在盘边，如发现不明物在食物上，则不必动它，也无须大惊小怪，可告诉服务人员。

(8)席上如有女士，应等女士坐定后，方可入座。入座后姿势端正，脚踏在本人座位下，不可任意伸直，手肘不得放在桌沿或邻座椅背上。

(9)口中有食物时勿讲话，同席人口中正咀嚼食物时避免向其发问。在餐桌上不能只顾自己，也要关心别人，尤其要招呼两侧的女宾。尽可能选择与邻座的客人谈话，不应拉着嗓门和对面的人谈笑，不要唾沫横飞。

(10)避免在众人面前剔牙，若实在想清理一下牙缝，不妨起身到洗手间漱口，纵使不方便去洗手间，也应该用手或用纸巾掩口。

(11)餐前应擦掉唇彩，以免沾染到餐具和酒杯上，但不可在餐桌前补妆、卸妆，如必须，应到洗手间进行。

(12)进餐时应挺直而坐，不可显得勉强或不自然。用餐时，须把食物送进口中，而不是嘴巴低移就餐。

(13)个人用过的餐具，不要放在大家公共的食物上。

(14)当自己用完餐时，应将筷子放好，双手自然下垂，表示已吃好，但仍需稳坐，待大家都用完餐时一起起身离席。

(15)告辞。宴会完毕，便可以告辞了，这时应该对宴请方简短地表示感谢，切不可长谈，以免耽误人家送其他客人。

三、自助餐

之所以称为自助餐，主要是因其可以在用餐时充分调动用餐者的主观能动性，自己动手，以自助的形式，自主地在既定的范围内选用菜肴。自助餐具有如下几点优势：

(1)免排座次。正规的自助餐，往往不固定用餐者的座次，甚至不为其提供座椅。这样一来，既可免除座次排列之劳，还可以便于用餐者自由地进行交际。

(2)节省费用。因为自助餐多以快餐、冷食为主，一般不上高档的菜肴、酒水，所以可大大地节约主办者的开支，并避免了浪费。

(3)各取所需。参加自助餐时，用餐者可以自行取用自己偏爱的菜肴，一般不必顾及他人。

(4)招待多人。需要为众多的人士提供饮食时，自助餐不失为首选。它不仅可用以招待数量较多的来宾，而且还可以较好地处理众口难调的问题。

但自助餐也应遵循相应的礼仪规范，主要包括以下方面。

(一)取菜

情境链接 3-1-14：

王小姐在公司年会晚宴的自助餐上看到了小米海参粥，她非常高兴，因为海参毕竟是家里不常吃的食材，于是准备多吃点。随即她用餐盘端走了四碗。可她刚吃完第二碗时就发愁了，觉得自己已经差不多吃饱了，多拿的该怎么办。结果她灵机一动，悄悄地把其他几碗粥里的海参挑出来吃了，又将几碗粥偷偷地送回了餐台。你对她的行为有何感受？

用自助餐时，取菜应当多次少取、循序渐进，以保持文明，也避免浪费。

1. 排队取菜

在就餐取菜时，大家应自觉地维护公共秩序，排队选餐。在取菜之前，先要准备好餐盘。轮到自己取菜时，切勿在众多的食物前犹豫太久，应尽快使用公用的餐具稳妥地将所选的食物装入自己的餐盘内，然后迅速离开，以免让身后的人久等。

2. 循序取菜

在用自助餐时，首先应该了解合理的取菜顺序，然后循序渐进。按照常识，取菜标准的顺序依次是：冷菜、汤、热菜、点心、甜品和水果。因此，在取菜前，最好先全场了解一下菜品情况，然后再去取菜。

3. 量力而行

参加自助餐时，遇到了自己喜欢吃的东西，可以适当放开去吃。不限量，保证供应，其实这正是自助餐大受欢迎的原因。不过，应当注意的是，在根据本人的口味选取食物时，要量力而行。切勿为了吃得过瘾而过多地取用食物，结果自己“眼高口低”，力不从心，从而导致食物的浪费。在享用自助餐时，原则上应是多次少取，避免浪费。

4. 避免外带

几乎所有的自助餐都有一条不成文的规定，即不允许在用完餐后，打包带走一些。很多人以为在用完自助餐后随手带走一盒酸奶、一个苹果或一根雪糕并没什么，但可能这也是不符合规定的。

(二)送回餐具

自助餐强调的自助，指的是全过程的自助，不但要求就餐者取用菜肴时以自助为主，而且还要求其善始善终，在用餐结束之后，自觉地将餐具送至指定之处(某些有服务人员收回餐具的情况除外)。

情境链接 3-1-15：

小刘刚刚参加工作，一次参加行业会议，主办单位安排自助餐，饭菜很合小刘胃口，他不管三七二十一，一阵“狂扫”后，心满意足地离去，留下桌上一片狼藉。他走后，别人会如何看他？

在一般情况下，自助餐要求就餐者在用餐完毕之后、离开用餐现场之前，自行将餐具整理到一起，然后一并将其送回指定的位置。在庭院、花园里享用自助餐时，尤其应当这么做。不允许将餐具随手乱丢甚至任意毁损。在餐厅里就座用餐，有时可以在离去时将餐具留在餐桌之上，而由服务人员负责收拾。虽然如此，亦应在离去前对其稍加整理为好，不要弄得自己的餐桌上杯盘狼藉，不堪入目。自己取用的食物，以吃完为宜，如果有少许食物剩了下来，也不要乱丢、乱倒、乱藏，而应将其放在适当之处。

（三）照顾他人

情境链接 3-1-16：

姚先生天生一副热心肠，在一项工程开工典礼上他见到自己的老朋友非常高兴。中午主办单位安排了丰富的自助餐，姚先生热心地将老朋友按在座位上，告诉老朋友别动，一切由自己代劳。随后，姚先生按照自己的喜好，经过精心挑选，为老朋友端来了满餐盘丰盛的食物。老朋友看着姚先生，摇着头，一脸苦笑。

参加自助餐，在自己选用的同时，可适当照顾他人。对于自己的同伴，可向其提出一些有关选取菜肴的建议。不过，不可以自作主张地为对方直接代取食物，更不允许将自己不喜欢或吃不了的食物“处理”给对方。

在用餐的过程中，对于其他不相识的用餐者，应当以礼相待。在排队、取菜、寻位等环节要主动谦让，不要目中无人、蛮横无理。

（四）积极交际

在商务交往之中，依照惯例，自助餐大都被安排在各种正式的商务活动之后，作为其附属的环节之一，而极少独立出来，单独成为一项活动。也就是说，商界的自助餐多见于各种正式活动之后，用作招待来宾的项目之一，而不宜以此作为一种正规的商务活动形式。

情境链接 3-1-17：

赵谨参加工作多年，工作踏实认真，经验丰富，几乎每年都参加行业内的相关会议，但同行的人却很少认识她。每次会议一般日程很紧，但都安排自助餐，让大家交流沟通，但赵谨用自助餐时，都是挑几样自己爱吃的，找个角落，吃完就走。

一般来说，自助餐的场合也是与其他人进行交际的很好机会。在参加所在行业、企业主办的自助餐时，情况就更是如此。所以，在享用自助餐时，不应该自己躲在僻静之处一心一意地埋头大吃，或者来了就吃，吃了就走，而不同其他在场者进行任何形式的正面接触。

在参加自助餐时，可适当地进行积极的交际活动，与老朋友们叙叙旧，多结识几位新朋友，何乐而不为呢！

情境任务2　住宿礼仪

知识目标：学习了解住宿礼仪的基本规范

能力目标：在各种住宿环境下，都能有令人愉悦的表现

素质目标：能在享用“住”的服务的同时，自然地展现出良好的文明修养

◎ 典型实例

在四月的一天上午，某男生公寓的管理老师正在进行寝室内务、公共卫生、公用设施检查。他已经检查到四楼的最后一个房间了。在此之前，他为同学们整齐的内务和清洁的公共卫生而欣慰。当打开四楼最后一个房间时，一股令人窒息的气味扑鼻而来，老师马上打开窗户换气。他看到鞋架上堆满了四季的鞋，从冬天的棉鞋到夏天的凉鞋，散发着异味。再一细看，三号床的枕巾和褥单脏得失去了本色，书柜后面塞满了塑料袋，而且书桌底下堆放着两个方便面箱，卫生间的地上摆放着几个泡满了脏衣服的洗脸盆……

思考：人的一生有多少时间在床上度过？如何让这生命中宝贵的时光能够温馨、舒适地度过？

一、学生公寓

大学生公寓是学生在大学生活阶段的“家”，是同学们休息、生活和学习的主要场所。同学们有一半以上的时间要在公寓里度过。所以，大学生公寓是大学生的“第一社会，第二家庭，第三课堂”，每一个大学生都有责任把“第一社会”的风气搞好，把“第二家庭”的生活过好，把“第三课堂”的课上好。在同学们的“家”里，没有过多的约束，没有过多的限制，相对而言，没有过多学校的教育、管理，是同学们个性、心理、行为表现最直白的地方，是自由的空间。这个“家”和我们自己的家又有许多不同的属性，“家庭成员”没有血缘关系，维系家庭稳定的因素主要是友情和成员的自我约束。这个“家”除了自己的床位以外，都是公共的，就算自己的床位这一小块私人空间，其好坏对于他人的生活和学习等也有直接的影响。公寓生活中，同学之间的交流多，来访的同学多，所以，公寓还是同学们在校期间人际交往密集的地方。因此，在公寓中，维护正常的生活秩序，遵守基本的道德规范，传承公寓中同学们长期共同生活积淀的文化，建设“家”一样的温馨氛围，创造文明的生活和学习环境是非常重要的。同学们需要进行自我教育、自我约束，并遵守一定的礼仪规范。

[视频学习9：宿舍礼仪]

公寓礼仪是指公寓住宿人员（大学生）为维系正常生活而要求大家在公寓应该遵守的最基本的行为准则和礼仪规范。懂得、掌握并遵循公寓礼仪，不仅可以极大地促进我们养成良好的行为习惯，陶冶高尚的道德情操，提高个人的修养，还能够建立亲密的同学友情，从而建立和谐健康的人际关系。公寓礼仪主要包括公寓内务礼仪、公寓公共礼仪、公寓安全礼仪三部分。在公寓礼仪中，尊重、遵守、适度、自律四原则更加重要。

阅读

东汉时期有个叫陈蕃的人,他年轻的时候很想干一番大事业,立志要“扫除天下”。可是,他从来不肯动手把自己家里的环境打扫干净。当时就有人批评他说:“一室不扫,何以扫天下。”同样,如果一间学生宿舍里床铺乱糟糟、地上很脏乱,就说明住在这里的学生缺乏劳动和卫生习惯,自己的这点儿劳动都做不好,如何为社会做更多的贡献?

(一)公寓内务礼仪

公寓内务礼仪是指同学们在寝室内自己的内务方面应该遵守的礼仪规范。公寓内务虽然是自己的“私事”,但公寓、寝室是公共场所,所以要遵守如下原则:一是符合本学校公寓管理方面的相关标准;二是适应本寝室同学们的生活习惯;三是保持寝室整体的美观效果;四是保持自己的整洁舒适。

1. 内务标准

情境链接 3-2-1:

某职业学院公寓内务标准如下:

被:要求干净、平整、有棱角,全寝室的被子薄厚相近,枕头放在被子的内侧。

床单:要求干净、平整、无褶,每侧三个床的床单侧面成一条水平直线。

桌面:要求清洁干净,无灰尘(包括桌面、书架、衣柜顶部),桌上物品摆放整齐一致,桌下无物品乱放现象。

个人物品:要求卫生清洁,摆放有序,衣物、鞋等放在自己的衣柜里、书桌下或床下(有公共鞋架的寝室放在鞋架上,每人只限两双)。

高校公寓管理中,大都制定具有本校特色的公寓内务标准。一般,在新生入学阶段通过军训对新生内务进行强化训练,通过日常的监督检查加以巩固,使同学们在日常生活中形成符合标准的整理内务习惯。

寝室是同学们集体生活的地方,空间不大,只有每个成员内务整洁,整个寝室才会令人感觉舒适惬意。如果大家都不注意个人内务卫生,乱堆乱放,没用的物品也不及时清理,整个寝室的环境就不好。长此以往,不但同学们的生活自理能力得不到提高,无法养成良好的生活习惯,影响自己和其他室友的身心健康,而且其他同学也不愿到“家”做客,交流的机会减少,不利于人际交往能力的提高。

同学们在公寓内务中应该做到以下方面:

(1)建舍如建家。个人物品分类摆放,整齐有序;无用物品及时清理,尽量留出较大活动空间;被褥、服装、鞋袜保持干净,摆放整齐、美观。

(2)讲究个人卫生。杜绝以下现象:不洗鞋、袜,堆在鞋架上、塞到暖气或床底下;枕巾、床单、被罩又脏又破;衣物随处乱放;无用物品不及时清理等。

2.个人生活习惯

情境链接3-2-2：

王明在初中就学会了吸烟，已是一个有着几年烟龄的“烟民”了。所以，进入大学后，虽然校规严禁吸烟，王明还是抵不住烟瘾，只是改在寝室偷偷吸烟了。同寝同学只能非常反感地被动吸着二手烟。

张阳睡眠少，夏日午休时通常是听音乐或洗衣服来代替睡觉，超大的音乐声和哗哗的水声都严重影响了寝室同学的午间休息。时间一久，他的人际关系略显紧张。

任强没有好的个人卫生习惯。他不爱洗澡，内衣换得也不及时。在夏季，他身上有一股汗酸味，使得寝室同学都不愿回屋。

刘力向来不拘小节，并认为这是男子汉的豪爽。在寝室，他洗脸通常用清水一抹，并随手扯条手巾一擦，也不管是不是自己的。室友吴刚在这方面比较讲究，用一些洗面奶、日霜等洗化用品，对此，刘力总是用“女人味”来评价。

李明和女朋友感情很好，如胶似漆，除了在一起的时间以外，只要有空，两个人就视频、语音聊天，有时聊天至半夜，丝毫不顾及室友就在身边。

同学们来自不同的地区、不同的家庭，生活习惯也不尽相同。但集体生活要求个人的生活习惯以不影响别人的生活为前提。这样，个人才会成为受欢迎的家庭一员，才能有健康和谐的人际关系，才能适应集体生活。上述情境中的同学，存在吸烟、个人卫生习惯不好、说话口无遮拦、不拘小节和打扰同学休息等问题，都会影响寝室同学的和睦相处。如果几年的大学集体生活还不能使同学们养成好的生活习惯、善于理解别人、互相适应，那么，走向工作岗位乃至将来组建家庭，都可能会存在更多不适应。

情境链接3-2-3：

暑假刚刚过去一个月，女生公寓某寝室的五名同学就来找公寓管理老师申请调寝室。其原因是她们刚回校一个月，寝室六名同学有五名身上都起了红色的皮疹，全身刺痒难以忍耐。她们分析应该是寝室有蚂蚁或其他的什么小虫子。老师问：“你们是不是不常洗澡或者不常换内衣？”几名同学很激动，其中一名同学说：“我们基本上两天一洗澡，天天换洗内衣。”老师又问：“我怎么没看到你们出来晾衣服？”女同学说：“都是贴身的衣服，怎么好意思拿出去晾？”老师听了同学们的情况，基本知道了她们起皮疹的原因，于是建议她们去医院看一下，回来再研究调寝室的事。几人去了医院，经医生诊断，她们患了荨麻疹。

讲究卫生是每个同学都应有的良好生活习惯，这几名女同学勤换洗内衣、勤洗澡，本来是好的卫生习惯，但在室内晾晒衣物就有问题了。寝室湿度过大，长时间生活在潮湿的环境中容易患荨麻疹、股癣、皮炎等皮肤病。此外，没有让阳光直接照射衣物，不能有效利用阳光中的紫外线杀菌。

同学们在公寓的个人生活习惯应该做到以下方面：

(1)保持个人良好的生活习惯，改掉不良习惯，尊重理解别人的生活习惯。如果同学在某方面与集体生活不适应或有违大学生文明礼仪，应委婉善意地指出并帮助其改变。

(2)忌以自我为中心，认为个人生活习惯与他人无关，是个性的表现，如吃完水果的果皮丢在地上，书桌经常布满灰尘，脏衣服长时间浸泡不洗，洗过的衣物晾晒在室内阴暗处等。

生活习惯代表着个人的生活方式。良好的生活习惯不仅能促进个人的身心健康，而且也对个人的未来发展有着直接的影响。大学生精力旺盛，又处于长身体、长知识的阶段，良好的生活习惯是确保顺利、成功度过大学阶段的一个重要基础。为了达到身心健康的目的，从一进大学起，就该切实重视这个问题，培养良好的生活习惯，并防止不良生活习惯的形成。

阅读

辽宁农业职业技术学院畜牧兽医系
毕业生获大成公司青睐

畜牧兽医系五名同学经人介绍到大连大成公司实习。这家公司在员工管理方面要求非常严格，起初公司领导对专科生并不十分看好。经过一段时间观察，公司领导发现这五名同学专业基础扎实，肯于吃苦，生活很有规律，适应工作环境非常快，比有些本科学校的学生乃至研究生表现更好。于是，在学生实习期满后，公司正式录用了这五名同学。这五名同学的优秀表现赢得了公司的青睐，也给学院的毕业生树立了良好的形象。当年，大连大成公司、铁岭大成公司、大石桥大成公司共在学院聘用了一百多名毕业生。大成公司还与学院签了校企合作协议，成为学院的校企合作单位。

公司董事长陈福狮先生来学院时特意讲到，他聘用这么多学生，看重的是这些学生有良好的生活习惯。他第一次到员工宿舍就发现，辽宁农业职业学院毕业的学生早晨很早起床，室内卫生相当好，被子叠成“豆腐块”，个人内务整洁规范。陈董事长说：“当我看到‘豆腐块’时就知道我找到了好员工。”

(二)公寓公共礼仪

公寓公共礼仪是指同学们在公寓内公共场所应该遵守的礼仪规范。公寓的公共礼仪要遵守如下原则：一是符合本学校公寓管理方面的相关标准；二是体现本公寓的文化；三是促进公寓、学校的精神文明建设。

1. 娱乐

情境链接 3-2-4：

周六晚，学生公寓某寝室内聚集了十几个人：地中间围坐了四个人在打扑克，其中一人在吸烟，边上还有好几名观众。一名同学把平时藏在衣橱里的低音炮放在了窗台上，将声音开到最大；其他几名同学都戴着耳麦正组队玩网络游戏大战，时不时地相互大声喊话，地上散落着果核、食品袋等。

这时，公寓管理老师来到了寝室，他们很惊慌，不知所措。大部分同学目瞪口呆地站在一边，只有少数同学表示了歉意，承认了错误，将老师送到门外。在这样的“家”生活能舒适吗？能养成好的生活习惯吗？

同学们的业余时间多是在公寓度过的，理所当然地会有一些娱乐活动，但娱乐也要有准则，要适度，不能影响自己的休息，更不能影响别人的休息和学习。上述案例中的同学有的在娱乐中吸烟，影响自己和他人的健康，有的听音乐音量过大、打电子游戏喊话，影响他人休息，有的随手扔垃圾，破坏公共环境，这些都是不文明的行为。

情境链接 3-2-5:

一个周六晚上，在某学生公寓三楼的一个寝室，寝室六名同学中有四名请假回家了，剩下的关、李两名同学没事干，因为天气炎热无法入睡，关同学订了外卖，要了好多啤酒，两个人把酒言欢，声音很大，非常扰民。几瓶下肚后，两个人都开始晕晕乎乎，李同学顺手就将空瓶子从窗户扔出，结果很快就被同学举报到公寓管理老师处，两名同学受到了相应的校纪处分。

同学们进行娱乐活动的目的是放松自己，但娱乐活动应该高雅、有品位，不能选择赌博、饮酒这类不适合学生身份的活动，这些活动极易成为违反校规校纪行为的导火索。近年来大学生出现诸如此类的违纪案例很多，希望同学们引以为戒。

情境链接 3-2-6:

张涛是网络专业的学生，学校为了方便同学们进行专业学习，允许该专业的学生在寝室使用电脑。但问题是张涛及其同学的电脑主要用在了玩网游上，他们几乎利用了所有能利用的时间组队“网战”，以至于公寓老师走进寝室都全然没有察觉。

当下，大学生们对网游的热衷达到了痴迷的程度，这也是令广大教师和家长头疼的主要问题之一。同学们必须清醒地认识到，网游会轻易地让人上瘾而且很难走出来，进而浪费同学们的大量时间和金钱，其真正浪费的是同学们的青春、前程甚至是生命。

同学们在公寓娱乐中应该做到以下方面：

(1)公寓是集体生活的空间，娱乐活动应有度，把握好时间；娱乐活动应高雅、有益，在寝室可以下棋、练书法、画画等；娱乐时应不忘健康、不忘礼仪、不忘修养。

(2)忌娱乐时间不当或过长，影响别人的休息和学习；不过分迷恋娱乐，不因娱乐而耽误学业；不进行低级庸俗的娱乐，如赌博、拼酒等不健康的娱乐活动；娱乐中不因兴奋忘乎所以，出现打闹、打架等失礼甚至违纪行为。

2. 聊天

情境链接 3-2-7:

晚上就寝熄灯后，从一扇开着的窗户里，传出了嘻嘻哈哈的说笑声。“老三，今天班会上你看团支书那个目中无人的轻狂样，不就是辩论赛得个第一名吗！找机会一定煞煞他的威风。”“算了算了，别提这些没劲的事。你说大一那个女主持人靓不靓，我要追她，帮忙出点主意。”“大哥，你说今天那场球，输得太窝囊，就怪杨子没守住门，找机会一定再赛一场……”

上述案例中，熄灯已很长时间了，热火朝天的谈话还在继续，可这样的聊天是不适宜的。

首先，谈话聊天的时间不对。年轻人白天运动量大，晚间应该保证充足的睡眠，才能保证第二天学习精力充沛。像这样的睡前卧谈，可能会引起大脑兴奋，影响睡眠质量，造成休息不足。另外，有些话题也不健康，如不是为同学取得的成绩高兴，而是对别人的进步不屑一顾，甚至产生妒忌；恋爱好像是儿戏，漂亮是第一前提；在谈话中，不以名字相称，而以老三、大哥等相称，并不恰当。

情境链接 3-2-8：

某高校女生寝室，小莉起床后，拿起自己的暖瓶倒了一杯水准备刷牙。让她非常气愤的是，她暖瓶里的热水又一次被换成了凉水。她忍无可忍，向公寓管理老师报告了情况。老师经过认真排查和细致分析，觉得同寝室小艳同学比较可疑，于是找到小艳同学。通过做思想工作，该同学承认是她做的。原来，在多日以前的一次聊天中，小莉说小艳心事太重，这样下去就是强迫症，小艳听后特别不高兴，随即二人发生争执，后经其他室友劝解，两人表示都是同学，吵完了就没事了。但小艳同学总觉得受了委屈，咽不下这口气，出于一种报复心理，做出了上述不道德的事。查明事情真相后，公寓管理老师对小艳同学予以诫勉谈话，并进行专门的心理疏导，小艳同学深表忏悔，并向小莉同学真诚道歉。

上述情境中两名女同学因聊天发生矛盾，其中一名同学产生了报复心理，造成不好的后果。所以，在集体生活中应该谨言慎行，以免对他人造成无意的伤害。

同学们在公寓聊天应该做到以下方面：

(1)选择合适的时间，不影响自己和他人的休息；话题健康向上，融知识性、高雅性于一体，使人上进；话题要恰当，分寸要得当，要有艺术性，达到调节气氛、沟通感情的目的。

(2)忌以下不道德的行为：在午休或就寝时间天南海北地“神侃”；话题内容低俗；不尊重同学，拿同学缺点开玩笑；对同学恶语中伤；因聊天发生矛盾而进行报复等。

3. 使用公共设施

情境链接 3-2-9：

公寓管理老师周末晚上检查寝室时发现：一个男生寝室的窗户滑道被烟头灼烧出了“疤痕”；一个刚浇过水的花盆放在书桌上，渗出的水流到了桌面上；卫生间的马桶没冲净；马虎清扫的地面东一道、西一道的；有一位同学在准备夜宵，用小电热锅煮了满满一锅方便面。

公寓是住宿学生的家，作为公寓大家庭的成员，在享受公共设施给大家生活带来方便的同时，有义务去爱惜和精心使用，使这些设施能在这个流动的大家庭中发挥最大的效用。爱护公物也是一个人的基本公德。

而上述案例中提到的寝室，同学们没有把寝室当成家去爱护和建设。值日生值日不认真，公共卫生不好；成员公共意识不强，欠缺良好的卫生习惯，坐便用后没有及时冲净；吸烟本来就危害很大，已经违反大学生守则，吸烟后还将烟头按在窗户滑道里，不爱惜公共设施。上述种种行为着实需要反思。

阅读

文明不能仅仅挂在嘴边

口香糖是一种特别受欢迎的休闲食品，除了有健齿的作用，人们更多的是用它去除口腔的气味，从这种意义上说，食用口香糖迎合了文明的潮流。可是，有些人在快乐地嚼完口香糖后，随地乱吐，随处乱扔，不仅给他人带来了麻烦，更破坏了美好的环境。

阳光灿烂的日子，去街上逛逛，一不小心踩上了黏糊糊的口香糖，走到哪里黏到哪里，嫌脏又不愿动手清除，很是影响心情；周末休息，去公园放松一下，扶着栏杆照张相，结果抓了一手口香糖，心里很别扭。这些烦心的事情几乎谁都遇到过，而且大家都会不约而同地去斥责这种不文明行为，有些人还会将责任归结到环卫工人、公园管理人员的身上，怪他们没有及时清理。然而，这时候大家不妨扪心自问：自己嚼过的口香糖真的做到了不乱吐乱扔吗?

情境链接 3-2-10：

冬天的一个下午，某男生寝室刘同学准备打壶热水洗头发。排在前边的王同学打满自己的水壶，又接着给其他同学打，一连打了好几个暖壶。结果轮到刘同学的时候，热水器里的水就不热了。刘同学很生气，与王同学理论，而王同学丝毫没有歉意，还声称他愿意给谁打就给谁打，水不开就等着！这使得刘同学忍无可忍，跑回寝室拿出自己的水果刀在王同学的脸上、腹部和后背连扎了八刀，随后扔下水果刀跑出房间。有同学发现情况后立刻向公寓管理老师报告，老师带着同学们首先用干净纱布为王同学堵住伤口止血，同时打 120 救护车，然后打 110 报警。老师组织同学把受伤的王同学送上救护车到医院抢救，然后安排学生干部去找刘同学。由于抢救及时，王同学脱离了生命危险。几天后，刘同学的父亲带着他到公安机关投案自首，并对王同学所造成的伤害给予 10 万元的经济补偿。刘同学也受到了法律的制裁。

使用公共设施时，要做到相互谦让和理解。合理使用公共资源是大家共同享有的权利，故不能独自占用资源，给其他人带来不便，产生不必要的矛盾，甚至酿成严重的后果。

同学们在公寓使用公共设施应该做到以下方面：

(1)爱护公共设施。使用好、保护好宿舍中的家具物品；在使用水龙头、洗衣机、晾衣架等公用设施时，应尽量礼让他人；在使用中要小心谨慎，不能故意破坏；讲究公共卫生，分工合作，保持宿舍清洁卫生；对宿舍进行适当美化，营造家一样的温馨氛围。

(2)忌以下现象：不爱护公物或故意损坏公共设施，如鞋往墙上踢，球往墙上拍，字往家具上写，烟头往窗框里按等；忘记值日或值日不认真；养宠物；就寝后仍使用视频语音通话；在宿舍中吸烟、喝酒；不讲究公共卫生，瓜果纸屑随地乱扔，向窗外扔杂物、泼水；便池、洗面池全是污渍。

阅读

语言是一个人道德情操和知识水平的反映，是人们的心灵之窗。古人云：言，心声也；书，心画也。在大学生的“卧谈会”上，因为无所顾忌，所以很容易出现语言不文明的现象。有的同学语言粗俗野蛮，稍不满意就出口不逊；有的同学语言庸俗，爱谈男女私事，给同学起外号、开不健康的玩笑等。语言粗野低俗，是与大学生的身份极不相称的。大学生在宿舍待人应谦恭有礼。早晨与同学、老师见面宜问一声“早晨好”，晚上就寝前可相互道声“晚安”。在宿舍里如能坚持使用文明礼貌、诙谐的语言，成员之间的关系就容易和睦融洽，生活也会感到舒心、温暖。

（三）公寓安全礼仪

公寓安全礼仪是指同学们在公寓内的安全防范方面应该遵守的礼仪规范。公寓的安全礼仪，不仅是自己的“私事”，也是大家的“公事”。因为公寓安全不仅涉及同学们自己的财物和公共财产安全，而且与大家的生命安全相关，所以必须高度重视。

1. 增强防范意识

情境链接 3-2-11：

某校学生第八公寓，近日许多寝室同学的手机、现金被盗。失盗的同学向管区派出所报了案，派出所立刻出动警员勘查失盗现场。勘查发现盗窃者目的明确，只拿现金和手机；盗窃方式相似，门窗完好如初，没有被砸、被撬痕迹；盗窃目标准确，哪个抽屉有现金，谁的手机放在哪，盗窃者非常清楚，别的东西基本不动。警员分析认为，这是一起典型的内部盗窃案件，嫌疑人锁定在第八公寓内失窃寝室及周围的同学。警员们对相关同学一一进行了详细询问，并做了笔录。经排查和细致的分析，警员发现楚某行径可疑。警员们随即对楚某身边的同学展开相关调查，同学们也纷纷表示楚某最近表现极为反常，经常借钱，不知道为何原因。警员对楚某进行传讯，专业的审讯使楚某很快对自己所犯错误供认不讳。原来，楚某本是一名品学兼优的学生，大一就被系里选定为入党积极分子，大二时担任院学生会生活部部长。前一段时间，他想换一部手机，又不愿给家里增添负担，就用了校园贷，结果一发不可收拾，滚雪球式的利息让楚某东挪西借，无奈之下他又办理了另一份校园贷来“拆东墙补西墙”，结果越陷越深。当把家里寄来的学费都搭进去之后，楚某就采取了非正常手段弄钱，走上了犯罪道路，最终受到了法律的制裁。

大学生在校期间学习任务十分繁重，学习时间非常宝贵，一个稳定的校园环境和生活环境对大学生顺利完成学业至关重要。公寓是大学生活的重要场所，也是犯罪分子经常下手的地方。保护好公寓以及每个同学的财物安全，是保证大学学习和生活的重要安全活动。因此，防止公寓被盗，保护公寓安全，需要全公寓的同学共同关心，共同努力。年轻人热情好客很正常，但不可违反学校公寓管理规定留宿他人。在假期中，留校的少数同学喜欢带社会上的朋友和外校的同学进校玩，若不加强安全管理，容易发生盗窃案件。

同学们要养成随手关门、锁门的习惯。当下，学生们觉得公寓都安装有监控，所以大家都放松了警惕，经常不锁门，丢东西现象也经常发生。尽管公寓安全技术防范措施不断健全，但是我们仍然不能忽略人防。去水房、上厕所、串门聊天或出去打饭时不锁门，睡觉时不锁门等，都会留下安全隐患，一时大意往往追悔莫及。要做到换人换锁，不能留宿他人，并且不要把钥匙借给他人，防止钥匙失控，寝室被盗。

2. 遵守公寓安全管理规定

情境链接 3-2-12：

一天上午，某公寓管理老师检查卫生，走到三楼，突然看到一个寝室门缝里冒出浓烟，也闻到了棉制品燃烧的气味。老师赶紧打开寝室的门，发现四号床的被子起火，寝室门一开，有风吹进来，被子上的火苗更旺了。老师立刻到配电室切断寝室电源，带领同学们用走廊的灭火器将火熄灭。同学们又用了很长时间，才把寝室的卫生搞好。事后，四号床的同学承认，自己用了电褥子，早晨急着上课没切断电源，使用时间过长造成这起事故，好在老师及时发现，否则后果不堪设想。

学校根据有关法律、法规结合各自实际，都会制定安全管理方面的规定和措施，如学生在公寓内不准使用违禁电器、不准私拉电线、不准存放易燃易爆物品和管制刀具等。其目的是保障同学们的人身安全，所以同学们本着对自己负责、对生命负责的态度，应该严格遵守。上述案例中的同学就是因为违反了学校公寓的安全管理规定，险些酿成大祸。

情境链接 3-2-13：

某大学女生公寓，一楼所有窗户均安装有防盗钢网纱窗。可是有的寝室安全防患意识淡薄，私自将纱窗从内部打开方便取外卖，久而久之，钥匙也弄丢了，干脆就不锁了。一天早晨，一楼某寝室因失盗而报了警，寝室六名同学的六部手机全部丢了。通过学校监控录像可清晰地看到，一名中年妇女在凌晨 1:30 左右从窗户进入室内行盗，然后从学校翻墙而出。警方根据各段监控线索展开追踪，遗憾的是最终也未能将失物追回，几名同学损失巨大。

女大学生寝室安全问题尤为重要。女同学更应该规范遵守公寓安全管理规定，提高安全意识，做到防患于未然。

此外，女同学晚上睡觉时要记着挂好窗帘。住一楼的同学更要注意睡前锁好门窗，防止偷盗和偷窥。学校一定要给女生公寓一楼安装防护栏杆。

3. 保护消防安全设施

情境链接 3-2-14：

冬天的一个晚上，某技工学校男生公寓晚 10 点准时响起了熄灯铃，同学们很快进入梦乡。大约凌晨，该公寓 404 寝室冒出浓烟，醒来的同学赶紧大声呼喊“着火了”。于是，一些同学顾不得穿衣服，爬起来就往楼下跑。可 4 楼的安全指示灯被人打碎，黑暗中大家根本找不到方向，几名同学撞得鼻青脸肿才跑到楼下。还有一些同学赶紧组织起来救火，有的同学去取消火栓，有的同学去取灭火器。取消火栓的同学拉开消火栓门时发现，消火栓的铝合金枪头不见了。好在楼层的 4 个灭火器还好用，同学们拿起灭火器及时熄灭了火。

事后大家才知道，这是学校搞的一次安全演练。在演练总结会上，同学们仍心有余悸。如果真的有突发事件，打碎的指示灯和没了枪头的消火栓可能真的要酿成大祸。但酿成大祸仅仅是指示灯和消火栓的事吗？

爱护公寓楼内一切消防安全设施是同学们的责任和义务。任何个人都不得损坏、拆卸消防安全设施。突发事件来临之时，这些设施是应对险情的重要保障。特别是火灾发生或断电时，能见度降低，只能看到安全指示灯和安全出口的标志，所以说，这些设施也是“生命线”。公寓要定期对这些设施进行检查和维护，有损坏情况及时修好或更换。同学们也要特别爱护消防安全设施。

阅读

一天夜晚，北京某大学一栋女生宿舍楼249号宿舍传出爆炸声，紧接着一名女生冲出宿舍边跑边叫“失火了！”。很快，浓烟弥漫了二层楼道，并迅速向整栋楼蔓延。楼内的女生们慌忙撤离。很多女生逃离火场时还穿着睡衣，有的连鞋子都没来得及穿就光脚跑了出来。“什么都看不清，只看见安全出口的指示牌！”三层和四层的40多名女生手拉着手缓慢摸索前进，由于断电，能见度很低，最后集体退到水房等待救援。

除水房外，三层和四层的少数宿舍也有被困女生。四层宿舍一被困女生垂下床单，但长度只到三层，根本无法安全攀下。

火灾发生10分钟后，消防队赶到现场灭火。他们到时，火势正处于猛烈燃烧阶段，三个窗口冒出滚滚浓烟，明火从发生爆炸的249号宿舍蹿出，烧毁了对面宿舍的大门。消防员拿着强光灯，挨个房间破门，大喊“有没有人”。他们在三层和四层水房一共发现了40多名被困女生，让女生们弯下腰，捂好湿毛巾，跟消防员走。其中，有一名没有毛巾的女生慌得直哭，消防员赶紧把自己的呼吸机给她戴上。又过了10分钟，这些被困女生全被转移到安全地带。

后经消防队近两个小时的扑救，大火被扑灭。受此影响，6间宿舍的30名女生昨夜被分流到其他宿舍借宿。火因疑为电脑爆炸。据初步统计，249号宿舍被焚毁，另有5间宿舍不同程度损坏，万幸的是没有人员受伤。

二、宾馆住宿礼仪

情境链接3-2-15：

小东在高考结束后，如愿以偿地考上了重点大学。父母为了庆祝，特意在暑假带着小东去香港旅游。这可是小东长这么大第一次出远门，再加上迪斯尼乐园的巨大诱惑，小东格外兴奋。在短短的5天时间里，小东玩得很尽兴，买了很多纪念品。结束了香港之行，小东和父母愉快地踏上了归途。可是，负责整理小东房间的服务员却十分头疼。小东住过的房间一片狼藉：地上满是杂物、包装袋、瓜子皮，雪白的床单上也留下了小东的鞋印；洗手间里，地面满是水渍，洗手池旁边也全是垃圾。在各类旅行接待地有不少像小东这样的游客，他们只顾自己住得舒服，认为有服务员清理卫生，就毫不在意地“糟蹋”房间，享受“自由时光”。

不论是出差或是旅游，入住酒店、宾馆是常有的事情。酒店、宾馆虽然只是我们旅途中一个暂时歇脚的驿站，但有一些必要的规定和礼仪是我们一定要注意的，能反映出个人的良好修养。

[视频学习 10：酒店礼仪]

1. 提前预约

外出旅行要提前通过网络或电话等渠道预订房间，这是礼仪，既方便自己，又利于酒店的管理。尤其是在旅游旺季出门，这一项工作更加重要。如果我们比预订时间晚到达，为避免预订被取消，应尽快用电话通知酒店。相应的，如果我们的行程有变，要取消房间，有礼貌的做法是及时打个电话或在网上取消订单，这样酒店就可以把房间分派给别人使用了。

2. 入住登记

到达酒店或宾馆，首先应该到前台登记，要出示身份证或其他证件，如护照等。如果带了大量行李，请服务人员帮助搬运行李，应礼貌地表示感谢。

登记后去房间，应接受客房服务人员的安排。

3. 人际关系

在酒店或宾馆内休息，要充分尊重管理、服务等人员，正确处理与同住室友或接待客人的人际关系，这对你的旅途安全、质量大有帮助，而敬人、自律正是对这一礼节的高度概括。

(1)服务人员　对于酒店或宾馆的服务人员，应注意平等相待，处处尊重其人格。出入时，当服务员为自己开门或问好，应予以回应，表示感谢。保安人员因职责所在，往往会对每位入住宾客进行一定的问询，此时应予以配合，不应怒目而视、口有微词，或者拒绝配合、扬长而去。在总服务台登记客房或咨询问题时，不要趾高气扬、咄咄逼人。搭乘有人服务的电梯时，应清晰地报出自己欲去的楼层，并随后道一声“谢谢”。有服务员到自己房间取送行李时，应对其表示谢意，不要不屑一顾或提出过高要求。当客房服务员在客人方便的时间进入客房打扫卫生、送矿泉水或水果时，应表示欢迎，并且道谢。

(2)同屋室友　有些时候，我们外出可能与家人、同事同住于一间客房之内。与他人同住一间客房时，不仅要符合有关规定，而且要注意相互适应，相互理解。切勿过于自我，目中无人。

与配偶一起住宿时，要相互关心，相互爱护，不要吵吵闹闹，影响他人休息。

带小孩一起住宿时，要对其多加监护，免得损坏宾馆设施或造成自伤。不要在客房内怒斥孩子使其大哭大叫，也不要让孩子自己跑出房门，东跑西窜。

与长辈一起住宿，对对方要多加照顾，使用客房设备、用品时，应请长辈优先。在作息时间上，应充分尊重长辈的习惯。

与同事一起住宿，最重要的是要互谅互让，尊重对方。有事要彼此商量，作息时间应大体保持一致。

(3)来访客人　所住客房倘若不是公司、企业用作办公的场所，一般不提倡在客房内接待来访的客人。若有必要，可在宾馆大厅或咖啡厅接待访客。当然，偶尔在客房内见一见来访的客人，也是允许的。但有以下几点事项必须注意：

①在客房内接待的客人数量不宜过多。若数量太多，人声鼎沸，会破坏宾馆的安静，影响他人。

②在客房内待客的时间不宜过久，否则大家彼此疲劳，还会让外人产生误会。

③不要让来访的客人在客房内留宿，这一般是不允许的。

④最好不要在客房内接待普通关系的异性客人。如确有必要，最好不要关闭房门，时间也不要长于半小时，以免他人误会。

4. 遵守规章

每个酒店或宾馆为做好服务管理，一般都制定有自己的规章制度。入住酒店或宾馆以后，一定要首先了解这些事关个人利益的规章制度，并且认真地、自觉地加以遵守。

5. 爱护公物

对酒店或宾馆内的公共设施，要倍加爱护，不要故意损坏。若不小心损坏了，要主动说明，并进行赔偿。对于酒店或宾馆提供给客人免费使用的物品，也要尽量节约。不要在离开宾馆时带走不允许带走的物品。在客房内吃水果、糖果、点心之后，不要将果皮、残渣随意丢在地上，要收拾起来放到垃圾桶里。

6. 注意安全

酒店或宾馆的每个房间门背后，通常都张贴着宾馆内部构造示意图。一定要抽出时间对此有所了解，记住应急通道的具体位置，以供发生紧急情况时逃生之用。

三、民宿礼仪

情境链接 3-2-16：

黑龙江的张先生和他太太老两口退休后，想找一处气候温暖、适宜养老的地方安度晚年。经多方考察，最后选择了一座气候风景宜人的四线海滨旅游小城，花费了大半积蓄购买了一处一楼带小花园房产，养老定居。起初他们非常喜欢自己的新住所，出门不远就到海边，还有公园。但是好景不长，他们的邻居将自己闲置的住所改为民宿用来增加收入。但是部分游客晚上喝酒、打牌、唱歌直至深夜，不加注意的噪声使得原本睡眠就很浅的老两口休息不好。他们多次找到邻居、物业公司，甚至直接与游客进行交涉，可是问题一直没有得到有效解决。民宿为在外旅居人员提供了家一般的温暖，近年来备受青睐。但必须要提醒旅居人员的是，在自己享受快乐的同时，不能为别人带去不必要的烦恼。

当今，旅游时就住民宿不仅能节约成本，还能更好地了解当地风土人情，是人们比较青睐的一种住宿方式。民宿礼仪是指在就住民宿时需要遵守的行为规范。

1. 预订沟通

预订民宿时为保证安全和服务质量，要选择正规的网络预订平台，并提前预约；如实填写身份信息，预订房间后尽量不要随意退房。要注意房源的周边环境，优先选择适合自己旅游路线的民宿，以往住宿客户的评价是值得参考的重要因素。与民宿提供方提前沟通，告知就住人数、时间以及其他需求。有些民宿不提供毛巾、牙刷等用品，所以应在平台上事先清楚所提供的条件，决定是否需要随身携带生活用品。

2. 安全排查

民宿，顾名思义类似百姓的自家居所，其安全保障可能不如星级酒店那样系统和完备，所以在入住前应做好公共设施及安全隐患排查。这既是对自己及同住他人负责，也是对房主负责，故不失为一种礼仪。

3. 爱护公物

要做到像使用自家的家具、电器等基础设施一样，保护好民宿内的公物，如不慎损坏，应主动告知并按价赔偿。应设身处地地为房主着想，己所不欲，勿施于人。

4. 保持卫生

选择民宿很重要的原因可能是想找到家的感觉，所以在享受舒适放松的氛围时，也不要忘了要像保持自家清洁一样保持民宿的环境。要自觉清理产生的垃圾，分类放到指定的位置。要保持厨房厨具的卫生，在珍惜服务人员劳动成果的同时也能保证自身卫生安全，何乐而不为呢？

5. 保持安静

民宿一般都在居民区，所以别忘了保持安静，切忌喧哗。就住时应入乡随俗、相互理解，不与邻居发生不必要的争端。平时保持安静，不影响他人正常休息。

四、露营礼仪

情境链接 3-2-17：

张明家居住在公园附近，这一直是他们一家人很开心的事情，因为空气好、热闹、锻炼还很方便。可是最近，一种现象令张明一家特别烦恼。近几年人们的生活条件越来越好了，私家车也越来越多，许多人家甚至都开上了房车。每到周末好多家庭都组织自驾游玩，而张明家旁边的这个公园，因为有山有水环境幽雅而备受青睐。游玩者流连忘返，有的干脆直接安营扎寨，在这里露营。露营时有些人吵吵闹闹到很晚，严重影响了周边住户的休息。此外，最让大家接受不了的是他们走后，公园一片狼藉，垃圾遍野，大家怨声载道。

野外露营可以锻炼人们的意志力，提高团结协作意识，近年来逐渐受到户外活动爱好者的欢迎。大家走到户外，融入自然，应该有意识地遵循野外露营的基本礼仪规范，也就是这里所说的露营礼仪。

1. 露营准备

露营前必须准备齐全所需的物品，如工具、食物、药品等，以防不时之需。在野外，需要谨慎选择扎营的位置，寻找安全、避风、干燥、平整的地段，切忌随意在存在安全隐患的地方露营，以免发生危险。

2. 遵守公德

野外露营大多为多人组团一起行动，入营后应自觉遵守基本的规则和社会公德：要相互理解，友爱和谐，夜晚严禁在营区大声交谈或打闹，以免影响其他露营成员的正常休息；未经允许不拉开队友帐篷，以免惊扰他人。

3. 保护环境

野外露营时，要尽量保持自然生态的原貌，不伤害野生动物，爱护花草树木，不破坏自然植被。撤营时垃圾废物要带走，放到指定存放垃圾处，如因特殊情况无法带走时，也要找到合适的放置位置，方便他人清除。

4. 注意安全

时刻注意人身安全：夜间不擅自外出；慎用野外天然水源；切勿摘食不认识的植物果实；尽量避免使用明火，以免引起火灾；如果遇到危险情况，要及时拨打求助电话或是打出 SOS 警报（如手电筒的“三短三长三短”开关灯）。

情境任务 3 交通礼仪

［视频学习 11：交通礼仪］

知识目标：了解、掌握交通礼仪的基本规范

能力目标：能够在出行中有文明得体的行为

素质目标：以现代人的文明标准享受现代交通工具的便捷

◎ 典型实例

一个周末的晚上，乌云密布，狂风呼啸，眼看一场大雨即将来临。在某市的一个公交站台，众人盼望的最后一班车终于来了，车还没有停稳，人们就蜂拥而上。突然，一个小伙子大吼道：“你没长眼睛啊，看看我的鞋……”“对不起，先生。”另一位小伙子急忙说。“哼！一声对不起值多少钱？我这双鞋是刚刚花了一千多块钱买的！才穿了一会儿就被你踩了……”“真的很对不起，是我不小心，请原谅！”“少废话！快点擦干净！”被踩的那人气势汹汹、毫不留情。“唉！小伙子消消气。”旁边一位年迈的阿姨，边说话边从兜里拿出纸巾缓慢地俯下身来：“阿姨给你擦，都不是故意的，大家互相谅解点！”“别别别，阿姨，我错了我错了，谁都不用，我自己擦。”小伙子非常不好意思地说。“不不不，是我的错，还是我来擦！我来擦！”踩人的小伙子随即俯下身，却一把被被踩的小伙子扶了起来……

如何理解交通安全在于守则、礼让？

一、行路

情境链接 3-3-1：

有这样一个笑话，说的是查理太太驾了一辆新型的敞篷车在公路上行驶，才 5 分钟就已经状况百出、横冲直撞，最后撞倒了迎面走来的一个男人。查理太太下车向男人抱歉地说：“真对不起，先生，这完全是我的错，是我驶错了路线，您伤得不重吧？”那男人苦笑道：“不，太太，这是我自己的错。”说着从地下拾起两枚撞落的牙齿，“因为我在 300 m 之外就看见你了，当时我是来得及爬到树上去的。”

这虽然是个笑话，却在告诉大家，无论是步行还是驾驶其他交通工具，只要在路上，就必须

维护交通秩序、遵守交通规则，因为这是最基本的安全保障，要对自己和他人负责。

走路不但要遵守交通规则和基本的交通礼仪，而且在不同的条件下还要遵循各自不同的具体要求。

(1)在道路上行走时，要自觉地走人行道，不要走行车道，还应自觉让出专用的盲道。无人行道时，应尽量选路边走。

(2)在道路上行走时，按我国惯例应自觉走在右侧一方，而不逆行左侧一方。

(3)在道路上行走时，一般不要多人携手并肩前行，那样会阻碍别人行走。

(4)在道路上行走时，保持一定的速度。不要行动太慢，以免阻挡身后的人；不要在路中间停留、休息或与人长谈。

(5)过马路要走人行道、天桥或地下通道，要看红绿灯并服从交警指挥。不能闯红灯、翻越隔离栏或在马路上随意穿行。

(6)乐于助人。有人问路时，应真诚相助，不要不理睬。向他人问路，要有礼貌。遇到老弱病残者有困难时，应主动上前帮助。

(7)礼貌谦让。通过狭窄的路段时，应请他人先行。在拥挤处如果不小心碰到别人，应表达歉意；如果不小心被别人碰到，应予以包容原谅。

二、骑自行车

自行车是大家经常使用的一种交通工具，它方便、安全、节能、环保。我国曾被誉为“自行车的王国”。但是，很多人对骑自行车要讲究的文明礼仪却常常不够注意：

(1)自觉遵守道路交通安全法规、交通信号和交通标志。

(2)礼让行人，红灯不越线，黄灯不抢行。

(3)骑车时，不勾肩搭背、相互追逐、曲折行驶，不在市区骑车带人和带超长、超宽物品。

(4)拐弯前先做手势示意，减速慢骑。

三、乘坐公交车

情境链接3-3-2：

广州的周小姐一大早乘公交车上班，看到一个孕妇座位还空着便坐了下来。说来也巧，过了两站就上来了一位孕妇乘客，正好站在她的面前。她心里犹豫了一番，是让座还是不让，让的话，她还有好多站会很累，不让的话，自己坐的又是孕妇的座位。结果她以这个孕妇很年轻、没问题来劝慰自己，最终也没有让座。而她下车后一会儿，却发现公交车没有启动，那个孕妇走下车向她招手，另一只手里拿着一个公文包，这时她才发觉自己的公文包落在了车上。当把包交到她的手里后，孕妇微笑着挥挥手又上了车。顿时，周小姐心里五味杂陈，感觉自己是那么的自私和渺小，那位孕妇是那样的善良和崇高。

公交车不仅是日常生活中常见的交通工具，同时也是重要的公共场所之一。很多人尤其是上班族及学生，几乎每天都需要乘坐公交车，所以在公交车上人与人之间的礼仪非常重要。有的人可能因为一早挤公交车就心情不好，对同车的乘客不友善，也影响了其他人的心情。我们应掌握一定的乘车礼仪，以保持愉快的心情。

1. 着装整齐

在公交车上的着装也要干净整齐。另外，当车上人很多时，容易产生摩擦挤压现象，所以女士尽量不要穿领口过低、下摆过短的衣服，避免出现令自己不愉快的事情。男士也尽量不要穿背心、拖鞋上车。

2. 遵守秩序

乘公交车时，要自觉遵守交通秩序。车停稳后，应依次排队上车。上车时，要礼让他人，对老人、孕妇、病人、残疾人以及妇女、孩子，要主动帮助。上车后应主动投币或刷卡。下车提前准备，在下车的前一站，要向车门靠近，不能上车后就等在门口。下车准备时，如需他人让路，应有礼貌地先打一声招呼，或说“借光”“劳驾”，不要默不作声地猛挤猛冲，更不该发脾气，或出言不逊。

3. 方便他人

雨雪天上车后，应把雨伞、雨衣等雨具放入塑料袋中，或提前抖掉身上的雨水和雪花，以免弄湿其他人。对已经湿了的物品，应妥善处理。不把腿伸在过道上。有人从身前通过时，要主动相让。

四、乘坐地铁

情境链接 3-3-3：

小张和小王是同事，在一起合租房子，每天早晨也一起乘坐地铁去上班。这一天，小张慌忙地在地铁口小摊上买了一个鸡蛋饼准备到地铁站里吃，问小王要不要。小王说：“我可不要，上地铁站里吃，我可受不了那么多异样的眼光！”

地铁是当今社会人们本地出行较普遍的交通工具，既经济又方便快捷，能有效地缓解地面交通拥挤问题。作为地铁乘客，应该自觉维护公共设施，遵守公共场所秩序，体现交通文明礼仪。

1. 候车守秩序

按秩序在黄色候车带内侧（站台侧）排队候车。车停稳后依次登车；到达终点站全部下车，不在车厢或车站内逗留。候车时注意照看好小孩，不在站台边缘与黄色安全线之间行走、放置物品。不在车站、列车内互相推挤，防止掉下站台或被列车挤伤。当列车关门的提示警铃鸣响时，停止上下车。乘车时手不扶车门或挤靠车门。

2. 不携带违禁物品

不携带可能危及乘客人身安全和影响地铁设施安全的物品，如易燃、易爆、有毒等危险品。

3. 自觉维护车站和列车整洁

不在车站内涂抹、刻画、张贴；不在车站及列车内吸烟、随地吐痰、吐口香糖、乱扔果皮和纸屑等废弃物；不攀爬、跨越或钻越围墙、围栏、栏杆、检票闸机。

4. 尊老爱幼

尊老爱幼是中华民族的传统美德，乘坐地铁时要对老人、小孩给予特别的关爱和照顾，做到孕妇优先、老人优先、儿童优先、女士优先。

5. 发生意外保持镇静

发生意外情况应保持镇静，听从地铁工作人员的指挥，不擅自打开车门强行下车，不狂拥乱挤，制造混乱。

五、乘坐出租车

出租车是非常便捷、舒适的一种交通工具。随着人们生活水平的提高，打车已经成为一种普遍行为。多家出租车公司竞争的运营局面，给广大群众打出租车带来了方便。在方便的同时遵守相关礼仪也是非常必要的。

1. 打车

在过去，打车基本都是到路边招手。而当下人们广泛应用各种互联网平台打车，方便快捷，这就要求我们讲究诚信，不能同时间约多辆车，下车时及时支付订单费用。另外，应充分考虑出租车司机的情况，对某些不可控的问题，应予以谅解。如果有出租车等候站，就应该进站打车，避免随意打车影响交通。在机场、车站等场所等候出租车时，应该到指定区域排队。出租车如果是按顺序前行，应选择等在前面的车辆，以免打乱出租车本身的等候顺序。当路边没有出租车等候站时，不在各种路口，尤其是有红绿灯的路口及附近的黄色分道线区域叫车，也不在路中间打车。在上下班高峰期或遇上雨雪天气难打车时，不与别人争抢出租车，应该自觉遵守先来先上的规则。

2. 乘车

乘坐出租车时，要尊重司机，使用礼貌用语；上下车关门时要用手，不要用脚把门踢上；不把淋湿的雨伞或带泥的行李放在座位上；不吸烟；不要因为赶时间而催促司机。

六、驾驶私家车

情境链接 3-3-4：

有一位老人在马路上行走，当他要过马路时，一辆私家车突然在他面前紧急刹车，愤怒的司机探出头来吼道："下次小心点！"老人回答："怎么，你还想再来一次？"这位司机的言语有失礼貌。

随着生活水平的提高，越来越多的人购买了私家车。当您开车上下班或出门游玩时，不仅要遵守交通规则，还要注意自己的行为举止是否文明。驾驶私家车应注意以下礼仪：

(1)自觉遵守道路交通安全法规、交通信号和交通标志。

(2)保持车身整洁。

(3)不抢道，不抢行，不斗气，不进行急转、来回穿插、别车等危险动作，遇车队、非机动车或行人时，主动礼让。

(4)雨天驾驶或行过路面积水时，应缓慢行驶，防止把水溅至路人身上。

(5)夜间会车时，应主动转换成近光灯。

(6)不向车窗外吐痰或抛掷杂物。

(7)在允许或指定区域停放车辆。

(8)在没有明确禁鸣喇叭的区域，也应尽量少按、轻按喇叭，不应长时间按喇叭。

七、乘坐普通火车

普通火车也是人们熟悉的交通工具，因为铁路网发达，长、短途都可，而且比较经济，所以乘坐火车出行仍是很多人的选择，乘坐火车礼仪也是我们必须了解的。

1. 文明上车

乘坐普通火车，应预先购票，持身份证进入候车室和检票上车。在候车室等候检票要排队；在站台上，待火车停稳，方可在指定车厢前排队上车。不能拥挤，更不能从车窗上车，或是从车厢下穿行。

2. 按票就座

车票因购买顺序和价格的不同对应不同的座位，如卧铺与座席、硬座与软座，有无空调等，所以乘客应按票面指示座位就座。

3. 友爱助人

发现有老人、孩子、病人、孕妇、残疾人无座时，应尽量挤出地方请其就座，或酌情让出自己的座位来给对方。

4. 得体交际

上车后，如遇邻座打招呼问好，应予以积极回应。与邻近的乘客交谈，要注意话题和分寸。当他人兴致不高或准备休息时，应避免打扰。有人跟你交谈，不要置之不理；与异性交谈，更要注意身份和形象。

在火车上，大家彼此要相互关心，相互照顾。别人行李拿不动时，应给予帮助。有人晕车或病了，应多加体谅。他人帮助了自己，要表示感谢。

5. 下车

在到达目的地的前十分钟，应开始准备下车，以免仓促之间手忙脚乱，坐过了站，或下车时落下了行李。

在下车前，应与邻座道别，在非必要情况下不应主动要求与之交换地址或电话号码。遇上乘务员，应主动说一声“再见”。

八、乘坐动车或高铁

动车和高铁因其乘车环境舒适、速度之快而成为当今人们经常选用的交通工具，为出行带来了极大方便。很多人出远门都不一定再选乘飞机了，因为乘坐动车或高铁也能节省很多时间，而且车上的环境并不逊于飞机，费用又相对较低。那么我们如何文明乘坐动车或高铁呢？

1. 买票和上车

当下，动车或高铁，除特殊情况要到人工售票窗口购票外，一般都可以通过互联网购票，并且一般可以不用取票，通过扫描二代居民身份证进站上车即可，方便快捷。如果通过自动售票机购票或取报销凭证，就要求大家文明排队，不要插队，在特别着急的情况下，要取得排在前面的所有人的同意才能插队。上车时不要拥挤，避免磕碰。另外，高铁车门与站台之间会有一条小缝隙，提行李上车时要格外注意。

2. 配合安检

乘坐动车或高铁时，安检过程会比较严格，比如管制刀具、烟花爆竹、易燃易爆物品等都是禁止带入的。另外，有些规定和要求在乘坐动车或高铁前要了解，比如高铁可以带白酒，不过有一定的限制，不能带散装白酒；酒精度数在50度以下的白酒，携带数量上限为六瓶装的一箱，度数如果高于50度，旅客只能携带两瓶；如果超过可携带的白酒数量限制，可到相关部门办理托运。在过安检时如果带有这些物品，请提前取出，将允许携带的物品放到安检传输带上自动通过安检，人走过安检机后配合安检人员进行人身检查，然后提取自己所带物品，迅速离开安检区域，避免造成人员阻塞。

3. 对号就座

乘坐动车或高铁时，看清座位再坐。有的乘客在乘坐动车或高铁时，慌慌张张地没看清自己票上的座位号，有时甚至坐错车厢，坐到了别人的座位上，这会造成不必要的麻烦，可能还会引起争执。

4. 保持安静

在动车或高铁上接打电话、与同伴聊天，都要注意自己的音量，不要吵到别人。每个人都不希望被别人打扰，那就要做到将心比心，不要影响公共环境。

5. 请勿吸烟

动车和高铁密封性很好，在车里吸烟会引起烟雾报警使列车制动，是违法行为，会受到相应制裁。另外，在动车或高铁上脱鞋子和袜子也是极其不文明的行为。

九、乘坐船舶

要想使自己的乘船旅行一帆风顺，使自己同萍水相逢的其他乘客相处融洽，就必须遵守有关的乘船礼仪。

1. 遵守安全规则

乘船旅行，安全第一。乘坐客轮时，要具有安全意识，遵守安全规则，这样才能更大程度地保障旅途平安。

上船，一定要按先后次序排队，下船，要提前做好准备工作。与尊长、女士、孩子一起上下船时，应请他们走在前面，或者以手相扶。

2. 对号入座

按买到的座号、铺号入座，不要争抢、占据不属于自己的座席，也不要随便同不相识者调换座号或铺号。

如果买的是不对号的散席船票，上船后要听从船员的指示、安排，前往指定处休息，不要任意挪动或是自己选择地方。

3. 举止文明

进行自娱活动时，如观看视频、听音乐、打扑克等不得妨碍他人，影响别人休息。

在乘船的整个过程中，要始终自觉地维护环境卫生，保持环境整洁。

在船上与其他乘客聊天时，要多选择轻松愉快、彼此乐于接受的话题。

十、乘坐飞机

情境链接 3-3-5:

情景 1：据报道，一位旅客从海南乘坐飞机飞往上海，在飞机上由于烟瘾发作，便偷偷地躲在洗手间内吸烟，过完烟瘾后，竟将烟头随意丢在废纸箱内。该旅客从洗手间出来，乘务员闻到他身上有一股浓烈的烟味，便立即到洗手间内查看，发现杂物桶内已开始冒浓烟，于是迅速取来灭火设备及时将火扑灭，才避免了一场大祸。飞机在上海机场落地后，该旅客被警员带走，听候处理。

情景2：一次在航空公司的班机上，一位乘客有些发烧，空姐对她关怀备至，不但提供热水和退烧药，还提供了一条毛毯。可是在下机时，这位乘客觉得毛毯不错，竟偷偷地装进了自己的包里，结果被空姐发现了，追要了回去。这位乘客的行为确实有失修养。

随着人们生活水平的提高和交通事业的发展，飞机已成为现代人日常生活中一种重要的交通工具。乘坐飞机要遵守相关规定，互相礼让，注意礼仪。

1.按时登机

买了机票后应检查机票上的名字与身份证名字是否相符，航班号、起飞时间是否准确无误。同时仔细阅读"旅客须知"，并最好在起飞前90分钟到达机场办理登机手续。登机手续在飞机起飞前30分钟（有的是45分钟，甚至60分钟）停办。若不按时办理登机手续，将作误机处理。

2.遵守物品携带规定

乘坐飞机对携带物品的种类和数量都有严格要求，管制刀具、利器，易燃易爆物品，带腐蚀性、毒害性、放射性物品，带有强磁场的器材等是严禁随身携带或托运的，应自觉遵守。

3.遵守行李托运规定

随身携带大件行李，如果行李架放不下，可能随处乱放，容易堵塞安全通道和紧急出口，飞机一旦发生紧急情况，会影响旅客的疏散。因此，为了保证飞行安全，应将大件行李托运。

4.禁止吸烟

《中华人民共和国民用航空法》明确规定"旅客严禁在飞机上吸烟"，在飞机上偷偷地吸烟是很不负责任的行为，一不小心，将会留下严重的安全隐患，因此，坚决不能吸烟。

5.小心行走

上了飞机，身上背着行李要小心行走，以免摇晃的袋子打到坐在过道两边的人身上。

6.系安全带

落座后，为了你的安全着想，要系好安全带。某航空公司一执行国际航班任务的大型飞机，正平稳地飞行在晴空万里的太平洋上空。突然，飞机遇到湍急气流，飞行高度在瞬间急剧下降，未系安全带的乘客面对突如其来的变故都受到不同程度的伤害，而系好安全带的乘客无一受伤。因此，乘飞机旅行时，一定要树立自我保护意识，不论是飞机起飞、降落，还是在高空平稳飞行时，都要系好安全带。

7.细听解说

当乘务人员为大家解说逃生方法时，要认真细听，不要因为自己已经非常了解，就毫不在意地与旁人大声喧哗，影响他人聆听解说。

8.文明就座

如果坐在三个人一排的位置上，看报时不要把报纸展开来看，手臂与手肘尽量不要占用旁人的空间，以免造成他人不便。在座位上睡觉时，注意别把头歪到别人的身上。坐在经济舱里，不要把座椅大幅度地向后仰，因为这样会影响后面乘客的起坐和阅读。另外，在飞机上不论你穿着如何，切忌把鞋子脱下来。

9.友善交谈

邻座的人如果在埋头工作，就不要主动找他谈话，以免造成打扰。如果你本人遇到这种情况，可以明确地说："真是抱歉，我有些工作要赶着处理，谢谢！"然后你就可以全神贯注地做事。当然，在用餐的空当，与邻座乘客交谈，也是一种礼貌及有人情味的表现，但不要大声喧哗，以免破坏机舱内的安静气氛。

10. 尊重空姐

对空姐的热情问候与服务，有教养的客人会回礼和表示谢意。飞机上不能供应酒，如果本来知道却仍然要求空姐提供，就是不礼貌的行为。空姐的任务是要使机上的每个人在旅途中舒适愉快，有任何紧急危难时能做出适当的处置，因此，不应有事没事就不停地呼唤空姐，使其忙碌不堪。

11. 行为自律

一定要时刻注意乘机文明礼仪，不要贪小便宜，将飞机上不允许带走的物品（如毛毯、杂志等）带下飞机，以免造成不良影响甚至有损人格。

阅读

不宜乘坐飞机的人

随着人们生活水平的提高，因出差、旅游、探亲、访友等乘飞机的人越来越多。但医学研究认为，以下人员不宜乘飞机：传染性肝炎、活动期肺结核、伤寒等传染病人；心功能不全、心肌梗死、心肌缺氧及严重高血压病人；脑栓塞、脑出血、脑肿瘤类病人；肺气肿、肺心病等患者；做过胃肠手术的病人，一般在手术10天内不能乘坐飞机，消化道出血病人要在出血停止3周后才能乘飞机；血红蛋白量水平在50克/升以下严重贫血的病人；耳鼻有急性渗出性炎症及近期做过中耳手术的病人；严重癫痫及各种精神病人；临近产期尤其是妊娠35周后的孕妇。为了你的身体健康及生命安全，请务必小心谨慎。

学习情境4

掌握书写感染人的求职材料礼仪

◎ 情境导入

学生简历准备漏洞多

面试官：简历是自己做的？

学生：对，我自己设计的，加入了一些元素，让简历更美观一点。

面试官：确实挺好看的，但是内容好像单薄了一点，有没有发现自己在简历里少了一些信息？

学生：……

面试官：你多大了？

学生：21岁。我忘写年龄了。

面试官：你倾向于哪个岗位？

学生：我觉得我的能力可以胜任任何岗位。

面试官：我们想招聘网络编辑，你了解网络编辑与平面编辑的不同吗？

学生：以前实习时做网络编辑，主要是转载，对两者区别没有深入了解。

点评：不少学生在应聘前并没有做好充分准备，比如简历制作过于简单或烦琐。面试官问得比较多的是学生职业目标和职业生涯规划，从学生的回答来看，不少人对自己应聘的岗位不明确，因而也不能在自我介绍中有针对性的回答。部分学生没在简历或面试中表明自己的目标岗位，可能是害怕失去企业其他岗位的机会，其实不必如此。

◇ 学习目标

掌握求职材料的基本形式、内容及要求，学会撰写一套完整清晰、富有吸引力的求职材料，使用人单位第一时间客观了解求职者的知识水平、文化修养、工作能力和工作态度，进而使求职者脱颖而出。

◇ 学习建议

1. 积极参加校内举办的电子简历设计大赛，通过比赛，进行学生之间的学习和交流。

2. 以小组为单位相互评价各自的求职信。

再好的产品,也需要好的营销;再优秀的人才,也需要自我推销。大学毕业生在开始职业生涯之际,也毫不例外要推销自我。推销自我的第一步就是给用人单位递上求职信和简历等求职材料。用人单位在没有见到求职者之前,往往通过这些求职材料来进行第一轮筛选。因此,求职材料是关系到毕业生求职择业是否成功的一个重要环节。求职材料是毕业生踏入社会前制作,并用以展现给用人单位的"名片",这张名片的质量决定毕业生是否可以在众多应聘者中脱颖而出。

求职材料通常包括毕业生推荐表、个人简历、求职信,还有各类佐证材料。毕业生推荐表是学校为毕业生特制的求职材料,要求毕业生在填写时要认真仔细,字迹端正,内容真实,不能弄虚作假。个人简历和求职信是毕业生自行设计并展示个人特色的材料,是毕业生获得用人单位面试机会的最主要渠道。求职材料中的佐证材料包括在校期间获得的各种证书,如获奖证书,英语、计算机、普通话、职业技能鉴定等各种技能等级证书,以及发表的文章和取得的成果等。在这几种求职材料中,个人简历和求职信最具有挖掘和展示个人优势的空间,继而给企业留下深刻印象,使个人从众多求职者中脱颖而出,获得企业的青睐。

情境任务1　简历礼仪

知识目标:掌握简历的基本构成和制作简历注意事项

能力目标:能根据不同求职目标制作一份富有吸引力,并合乎礼仪规范的简历

素质目标:重在平时积累,不断充实自己的大学生活,具备简历的核心竞争力

◎ 典型实例

在某市不久前举行的几场招聘会上,很多大学生的简历上都写着丰富的实践经历和社团主席、社长、班长等惹眼的职务。即使没有注明曾任何种职务,也会含糊地写着"××组织负责人"。曾在学院学生会做干事的小许,意外地发现同班一个平时宅在寝室打游戏的同学,简历上居然写着"曾任学院学生会副主席""成绩优秀""高分通过四(六)级""能熟练操作计算机"。"担任学生会某部门重要职务"这类内容似乎已经成了大学生求职简历中的"必备"内容。针对这种情况,某电子公司的人力资源总监王某说,从企业的角度来看,招聘人才的要求是成绩优秀、实践丰富而又诚实可靠,用作假的方式求职令用人单位难以接受,如果发现简历有造假,绝不会聘用造假的学生。

求职简历是一个人的简要经历,是对个人基本情况、经历的记载和陈述,一般是按时间顺序,系统、全面地把个人基本情况、求职目标、学习经历、工作经历、特长等充分表达出来。它比求职信的容量稍大,求职信只求引起招聘者的注意和兴趣,要进一步在书面上反映自己的情况就要借助简历。所以,简历一般作为求职信的附件,呈送用人单位。

情境链接 4-1-1：

一次校园双选会上，某公司收到了几十份应聘者的简历。次日，公司对应聘者进行筛选的时候发现，有多份简历因为没有附照片而无法对号入座。两位负责人经过反复回忆，最终将无法判断的几份简历搁置。

情境链接 4-1-2：

小周是浙江某财经学院国贸专业即将毕业的学生，正忙着投简历找工作。一天晚上，微博上流出一份阿里巴巴员工福利的邮件。看到这一微博的小周，立即将自己电子版的简历截图后，直接留言给阿里巴巴官方微博。除了阿里巴巴，他还留言给短趣网的人事总监。

杭州飞来投资管理有限公司董事长魏任斌经常给大学生讲创业课，他的微博很多大学生都知道。说到微博求职，他说他每天能收到十几二十份留言。“有空时我会去看那些留言，看到言辞恳切、能力的确比较强的，我会转给公司的人力资源处，让他们去联系，但我不会自己给这些学生回复。”多数企业负责人开微博，为的是了解社会信息和各种行业信息，对于没有需求的微简历可能并不在意。

这两个情境说明，求职简历的制作和递送，无论是内容还是形式都非常重要。

简历对我们争取面试机会有何意义？

一、简历的基本结构和内容

1. 个人资料

简历的第一部分通常是个人资料，包括姓名、性别、年龄、学历、毕业学校、所学专业、家庭地址、电话号码等。个人资料应该放在简历的最前面，以方便用人单位和你及时取得联系。

2. 求职目标

简历的第二部分应该注明应聘的职位和目标，让用人单位一目了然，你的求职意向正是他们所急需的。

3. 学习经历

简历的第三部分是受教育程度，如毕业的学校、专业和时间，这部分以大学经历为主。对于所学课程，可以列上几门最主要的、有特色的专业课及学习成绩，一些公共课、基础课不必写上。

4. 工作经历

简历的第四部分是最重要的部分，即工作经历。对于初出茅庐的大学生，工作经历可以改为社会实践和实习经历，包括在学校和班级所担任的职务、勤工助学、课外活动、义务工作、参加各种各样的团体组织、实习经历和实习单位的评价等。这部分内容要写得详细些，指明你在社团中、活动中做了哪些工作，取得了什么样的成绩。通过这些，用人单位可以考查你的团队精神、组织协调能力等。

5. 个人成就以及特长和兴趣

简历的第五部分是你在大学期间所获得的各种奖励和荣誉。特长和兴趣最好也列出两三项，让用人单位就此了解你的工作、生活态度。

在简历写作过程中，上述这些基本内容必须完整，而且层次分明，有利信息要重点陈述。

总之，个人简历的写法并不千篇一律，形式也不止纸介质一种。

情境链接 4-1-3：

在谈到企业家如何看待新生代大学生求职时，中华英才网总裁张建国提出，简历就如职场的敲门砖。什么样的简历是好简历呢？简历的内容要注意分类，实习情况、学习情况、资格证书情况必须一目了然，企业看一份简历通常不会超过半分钟，你要在很短时间内把自己的亮点展示出来。吉利集团人力资源总监李信忠提到，有些学生简历中加入个人艺术照，他认为，除非你是公认的帅哥美女，并且你应聘的职位和外貌是有关系的，否则最好不要加艺术照。至于有同学在简历的封面上加上精美图片，甚至把自己创作的诗歌印在上面，他认为，展示自己的文采和个性固然好，但也有不少企业会觉得这样做是哗众取宠，可能就把你淘汰了。

二、简历的特点及格式

简历具有规范性，即格式要规范，不可随心所欲、天马行空；具有客观性，即内容必须实事求是、绝不能弄虚作假；具有简明性，即内容扼要，简历最好压缩成一页纸，如果经历很丰富，非写不可，也不要超过两页，同时设计时应使两页的内容展现在一个平面上；具有针对性，即内容和形式都要根据应聘单位的性质、工作性质和个人的实际情况而定。在这里我们介绍一下简历的几种格式。

1. 通用式（时序型）

这种求职简历使用报流水账的方式，按时间顺序来排列。尤其在"教育背景""工作经历"两部分中按照先后顺序排列，不可有遗漏。对于高职毕业生来说，教育背景一般从高中写起；工作经历可改为实习经历或社会实践。这是最普通也是最直接的简历样式。它的优点是不受申请职位的限制，通用性强，清晰、简洁，便于阅读。缺点是针对性不强，命中率可能要低些。

对于在大学期间就有过很多职场实践经验的毕业生来讲，有许多职业指导和招聘专家认为通用式是简历格式的一般选择，因为这种格式能够显示出持续和向上的职业成长全过程，它通过强调工作经历实现这一点。通用式简历以倒序的方式罗列你曾就职的职位，从最近的职位开始，然后再回溯。区分该格式与其他格式的一个特点是在罗列出的每一项职位下，你要说明你的责任、该职位所需要的技能以及你最突出的成就。招聘者关注的焦点在于时间、工作持续期、成长与进步以及成就。

2. 功能式

在确定简历格式时，同学们要扬长避短，不要以弱敌强。如果你缺乏与正在申请的职位相关的工作经验，那么就不要使用时序型的通用式简历。不妨试试功能式或复合式的简历格式，这样，你可以把与此职位最相关的经验和技能放在最醒目的位置。

功能式的求职简历往往在开头就注明求职目标，并在简历中主要强调自身的技能、能力、资质以及成就，然后整个求职简历围绕这一主题展开。在简历中，这些内容往往并不与某个特定的工作单位联系在一起，职务、在职时间和工作经历也不作为重点，以便突出强化个人的资质。这种格式的焦点完全在于你所做的事情，而不在于这些事情是在什么时候和什么地方做的。因此作为高职院校的大学生，同学们在使用这种格式的简历时，除了注意简历的基本内容外，还应详细说明求职者申请某一职位的基础及过去所有的经历中与该职位相关的部分，包括取得什么成绩、解决什么问题、获得何种奖励等。功能式简历的特点是针对性强，突出那些与应聘职务相关的内容，可以说与所申请的职位一一对应，但这种简历不能通用。

情境链接 4-1-4：

【中文简历范例一(功能式)】

个人简历

个人概况：

姓名：××× 性别：男 年龄：23 岁

联系电话：×××××××× E-mail：××××@××.com

工作意向：网络管理员。

外语水平：获得国家大学英语水平六级证书，具有较强的阅读能力。

主修课程：Windows 操作系统及编程、网络与通信、单片机、UNIX 操作系统等。已取得了 CNE 的证书，能熟练应用 Office 和数据库等软件，能独立维护电脑，使之能安全稳定的运行。

奖励情况：

2017—2020 年获国家奖学金一次，学院一等奖学金两次。

学院计算机大赛一等奖一次。

担任职务：学院计算机协会会长。

3. 复合式

这种简历是通用式和功能式的综合运用。求职者可以按时间顺序列举个人信息，同时刻意突出个人优势。复合式简历能最直接地体现求职者的求职目的，突出个人的能力与素质。这种格式提供了最佳选择——首先扼要地介绍求职者的市场价值(功能式)，其次列出求职者的工作经历(通用式)。这种强有力的表达方式首先符合招聘的准则和要求——推销求职者的资产、重要资信和资质，并且通过专门凸显能够满足潜在行业和雇主需要的工作经历来加以支持。而随后的工作经历部分则提供了曾就职的每项职位的准确信息，它直接支持了功能部分的内容。

这种综合型格式很受招聘机构的欢迎。事实上，它既强化了通用式的功能，同时又避免了使用功能式而招致的怀疑。当功能部分信息充实，有阅读者感兴趣的材料，而且工作经历部分的内容又能够强有力地作为佐证加以支持时，尤为如此。

三、简历的写作技巧

1. 巧用有效信息，弥补工作经验不足的劣势

一般来说，招聘单位都要求应聘者有一定的工作经验，应届毕业生在这方面处于劣势。化劣势为优势的办法，就是在简历写作中，将自己在校内外的活动、兼职工作经验、培训、实习及专业认证、兴趣特长等信息有效组织起来，以此来展示你的能力和潜质。例如，相当丰富的社

会实践经历；在全真生产环境中实践实习的经历；大学期间的创业经历；高水平的外语或计算机应用能力；担当主要学生干部，具有较强的组织协调能力；成功策划过大型活动的经历等。用实践补经验，消除工作经验不足的劣势，打动招聘者。

2.精心加工，制作一份卓有成效的求职简历

简历制作设计应简短、清晰、美观。内容安排上，要把招聘主考官想要看的内容写在前面，把不太重要的内容放在后面。要逆着时间顺序列出相关的学历和工作经历。对经历中的重要内容可以改变字体，如用大号的字体书写自己曾经拥有的职位和各种证书的名称，以求醒目，使主考官一眼就能看到。另外，用词和书写要规范。

3.灵活设计、具体问题具体分析

侧重点与用人单位一致。分析不同单位对求职者考查的侧重点，可以有的放矢地写简历。如由于各个国家的经济、文化背景不同，欧美人侧重于考查人的学历、专业技能、语言能力；韩国人、日本人侧重于考查求职者的贸易业务能力与敬业精神。再如，生产性的企业强调求职者的专业技能；贸易性的公司则强调求职者的外贸知识。所以，最好不要把一份简历复印成好几十份，送给不同国家、不同行业的企业。应该具体对象具体对待，灵活设计出各种侧重点不同的简历。

4.突出实践活动与专业能力

在简历中应列出求职者所参加的社团活动以及所得到的实际锻炼。例如，你曾任某高校学生会的文艺部长，主持过较大型的文艺晚会；你曾利用假期游览祖国的大好河山，实地做了不少考察、调查；你曾到一家实习单位实习，承担了一部分重要工作，获得领导的一致好评，也增长了不少知识和经验等。此外，还可以用描述的语气说明学校培养了自己哪方面的能力，今后自己在哪些方面能做得很出色。注意应将招聘单位感兴趣的部分列出来。

写自己的成就时最好用定量化的语言，简历中的具体数字和所列举的事实越多，传达的信息越明确，越有说服力，见中文简历范例二。

情境链接 4-1-5：

【中文简历范例二(通用式)】

个人简历

个人概况：

姓名：××× 性别：× 年龄：22岁

联系电话：××××××× E-mail：××××@××.com

求职目标：花卉生产见习技术员

教育背景：

高中：2014.9—2017.7 ××高中

大学：2017.9—2020.7 ××学院××专业

主修课程：园林植物生产、植物生长与环境、园林工程、园林企业管理与经营等。取得花卉初级工职业资格证书。

语言及计算机能力：良好的英语阅读和会话能力，通过英语四级考试，熟练应用Windows10操作系统、Office办公软件并获得计算机二级证书。

实践与实习：在校期间系统参加了园林植物栽培技能训练、园林绿地规划设计技能训练。从大一第二学期起，到园林系花卉基地住宿，四个寒暑假都没回家，协助老师进行基地日常管理，进行生产实践，初步掌握了观赏植物生产技术和园林植物病虫害防治技术，具备了一定的园林管理技能。同时，也磨炼了自己的意志和吃苦精神。

获奖情况：在校期间每学期均获得学院奖学金(一等奖二次、二等奖一次)，并获院优秀学生干部称号一次。

个人简历

<table>
<tr><td>姓名</td><td>王××</td><td>性别</td><td>女</td><td rowspan="5">照片</td></tr>
<tr><td>出生年月</td><td>××××.××.××</td><td>民族</td><td>汉</td></tr>
<tr><td>籍贯</td><td>辽宁海城</td><td>毕业院校</td><td>××学院</td></tr>
<tr><td>政治面貌</td><td>共青团员</td><td>专业</td><td>电子商务</td></tr>
<tr><td>学历</td><td>大专</td><td>邮编</td><td>××××××</td></tr>
<tr><td>联系电话</td><td>182××××××××</td><td>电子邮件</td><td colspan="2">××××@qq.com</td></tr>
<tr><td>现地址</td><td colspan="4">辽宁省××市</td></tr>
<tr><td>个人经历</td><td colspan="4">在校期间担任校学习部干事，系团总支副书记，组织院系活动多次(如创新创业大赛、主持人大赛等)，有很强的文字功底。2019年6月在××实习，负责仓储拣货、复核、打包、办公室文员等工作</td></tr>
<tr><td>专业介绍</td><td colspan="4">培养掌握计算机信息技术、市场营销、国际贸易、管理、法律和现代物流的基本理论及基础知识，具有利用网络开展商务活动的能力和利用计算机信息技术、现代物流方法改善企业管理方法，提高企业管理水平能力的创新型复合型电子商务高级专门人才</td></tr>
<tr><td>主修课程</td><td colspan="4">办公软件应用　　计算机基础　　现代物流管理</td></tr>
<tr><td>计算机水平</td><td colspan="4">熟练掌握办公软件(Word,Excel,PPT)，Photoshop软件操作和熟悉DW软件</td></tr>
<tr><td>获奖情况</td><td colspan="4">获得过省技能大赛二等奖，学校奖学金</td></tr>
<tr><td>所获证书</td><td colspan="4">有助理电子商务师证书、物流信息化管理证书和平面设计证书</td></tr>
<tr><td>求职意向</td><td colspan="4">销售人员、技术工作、客服、文秘</td></tr>
<tr><td>自我评价</td><td colspan="4">本人性格热情开朗，待人友好，为人诚实谦虚。工作勤奋，认真负责，能吃苦耐劳，尽职尽责，有耐心。具有亲和力，平易近人，善于与人沟通。有较强的组织能力、实际动手能力和团体协作精神，能迅速地适应各种环境，并融入其中</td></tr>
</table>

个人简历

照片

姓　名	×××	出生年月	2000.01
民　族	汉族	身　　高	180 cm
电　话	182××××××××	政治面貌	中共党员
邮　箱	7×××××××××@qq.com	毕业院校	辽宁农业职业技术学院
专　业	电子商务	学　　历	专科在读

技能证书

普通话二级甲等；

大学英语A级；

全国计算机二级

所获荣誉

在校期间曾获：优秀团干部、优秀团员、国家励志奖学金、校克业奖学金、校级奖学金、挑战杯辽宁省三等奖、大学生创新创业二等奖

教育、工作背景

2018.09—2021.07　　辽宁农业职业技术学院　　电子商务

2019.03 至今　　校志愿服务队

校内实践

2018.09 至今　　担任班级团支书

工作：帮助协调老师与同学之间大小事务，发送通知、统计表格等

2019.09 至今　　担任院学生会团总支副书记

工作：举办院级各类活动，例如模特大赛，协助团委老师工作

在以上列举的求职简历中我们可以看到，每一名同学的设计思路和设计侧重点都不相同。学生们在设计个人简历的过程中，可以根据自身要求和岗位要求设计个性化、有针对性的个人简历。（注：以上简历由于个人隐私问题，隐去了相关个人信息，但学生们在设计个人简历时，需填写完整信息）。

四、简历写作注意事项

1. 不要太长

每到招聘的时候，一个企业，尤其是大企业会收到很多份简历，工作人员不可能对每份都仔细阅读，一份简历一般只用1分钟就看完了，再长的简历也超不过3分钟。所以，简历应尽量简短，一页纸就足够了。有的学生把中学经历都写了上去，除非你中学时代有特殊成就，一般来说，学习经历应该从大学开始写起。同时简历上不需要附厚厚一摞成绩单、荣誉证书的复印件，只需列出所获得的比较重要的荣誉。如果企业感兴趣，会要求求职者在面试时把这些带去。

2. 不要有“水分”

求职简历一定要按照实际情况填写，任何虚假的内容都不要写。即使有的人靠含有“水分”的简历得到了面试的机会，但面试时也可能会露出“马脚”。

3. 不要过分谦虚

简历中不要"注水"并不等于把自己的一切,包括弱项都写进去。有的同学在简历里特别注明自己某项能力不强,这就过分谦虚了。实际上,不写这些并不代表说假话。有的求职学生在简历上写道:"我刚刚走入社会,没有工作经验,愿意从事贵公司任何基层工作。"这也是过分谦虚的表现,会让招聘者认为你什么职位都适合,其实也就是什么职位都不适合。

4. 要写上所求的职位

求职简历上一定要注明求职的职位。每份简历都要根据你所申请的职位来设计,突出你在这方面的优点,不能把自己说成是一个全才,任何职位都适合。不要只准备一份简历,要根据工作性质来有侧重地表现自己。如果你认为一家单位有两个职位都适合你,可以向该单位同时投两份简历。

5. 文字、排版、格式上不要出现错误

如果简历上出现错别字或是在格式、排版上有技术性错误,以及简历被折叠得皱皱巴巴、有污点,这会让用人单位认为你连自己求职这样的事都不用心,那工作就更不好说了。

6. 不必做得太花哨

现在求职学生的简历普遍讲究包装,做得很精致、华丽,有的连纸张都是五颜六色。除非应聘美术设计、装潢、广告等岗位,一般来说简历不必做得太花哨,用质量好一些的白纸就可以了,简历过分标新立异有时反而会带来不好的效果。

7. 言辞不要过于华丽,要简洁直白

"我希望这样一个人生,它在经历了无数场风雨后成为一道最壮丽的彩虹……请用您的目光告诉我海的方向……"这样的语言出现在求职简历中,显得过于华丽,形容词、修饰语过多,不够简洁、直白。

8. 不要寄附件

当你邮寄简历时,不要把你学习成绩单的复印件、推荐信或奖励证明复印件等一并寄出,除非你被特别要求这样做。如果你已获得面试机会,可以带上这些材料去参加面试。

五、就业云平台简历填写步骤

当前,网络招聘、应聘得到政府、社会大众的广泛认可和应用,因此,除校园网络就业平台和企业独立网络就业平台外,还出现了各大专业招聘平台,如国家 24365 大学生就业服务平台(24365 智慧就业)、智联招聘、58 同城等。就业平台均需在线投递简历,填报信息、投递方式基本相同。应该注意的是,由于简历中涉及大量个人信息,在线上投递简历时,一定要在正规网站和平台填报。

(1)注册　首先需要在网页中注册身份,一般情况下,就业云平台需要认证个人身份信息,主要包含姓名、身份证和个人邮箱,通过姓名和身份证认证学生信息,通过个人邮箱将个人简历通过情况通知到个人,方便快捷。

(2)登录个人中心　注册后,需要在网页上登录,并进行下一步个人简历填写。

(3)个人简历填写　按照平台提示步骤认真准确、实事求是地进行个人简历填写。在就业平台填写简历时,需要注意标注为"*"的信息栏,此为必填项,如果忘记填写,则不能进入下一部分的填写。

(4)保存填写内容　每一部分的填写完成后一定要点击保存,避免填写后信息遗失。

(5)信息提交　各部分填写完成后,选定求职公司,点击进入公司招聘职位网页进行简历投递。

六、英文简历的书写

应聘外企的关键环节之一是准备一份完美的英文简历。英文简历不是中文简历的译本。一般而言,一份能够积极展现个人特色、优点以及潜力的英文履历容易得到主试者的青睐。进行英文简历准备时应注意以下几个原则:

1. 做到有的放矢,具有针对性

当你决定应聘某一外企的某个职位后,要认真阅读该企业招聘广告上所列的每项要求,并且将自己的学历、能力与兴趣逐一与之比较,做一张 balance sheet(权衡表)。例如:一则关于 marketing management trainee 和 job requirement 是这样写的:

We are looking a competent person to fill the captioned position:

University graduate majors in Marketing Management.

Prepared to develop career in the commercial field.

Outgoing personality with different levels.

Good knowledge in PC operations—Proficiency in written and spoken English/Mandarin.

对此则招聘广告,你可相应地考虑自己的条件,写下与上列各项对应的内容:

University graduate with major in Marketing.

Having actively participated in Business club's activities and learned accounting and management.

Good in communication with people from all works of life.

Skillful in operating words, Excel, Lotus 1-2-3, etc.

Fluent in English and studied advanced level of Mandarin.

这个方法的好处是,让求职者清楚了解该职位是否适合自己,自身条件又是否切合企业要求。

2. 重点在前,突出优势

一份英文简历应符合外国人的阅读习惯,求职者应将自己最大的优势写在前面,富有针对性,突出优点,使招聘者一眼可见。同时按照外国人的礼节,不过多涉及个人信息。

3. 勇于表现个人风格,不拘泥于形式

外企更加注重职员的创新能力和活力,英文履历没有所谓的固定形式,你必须衡量自身以及职务需求,打造最能凸显优势的内容呈现方式,并且格式要自行设计。履历本身的整体独创性往往也会成为列入评分的项目之一。

4. 不过度修饰词句

对于工作经历较少的大学生,在英文简历中不必过于修饰英文词句,应简单朴实并充分挖掘个人优势。可以适当使用"successfully""effectively"等有冲击性的形容词来强调你对工作的热诚,千万不要为了表现英文能力而硬挤出过于艰涩的文章。

5. 注意英文简历的搭配

一份英文简历应搭配求职信(求职信的书写将在后面有更详细的说明)。求职信兼具自我推荐的作用,是英文履历不可或缺的搭档。除此之外,英文简历一般并不需要贴上照片。

【英文简历示范】

RESUME

Changchun Yan

Dept. of Accounting University of International Business and Economics.

Beijing,China 100028

Personal Data

Sex：Female.

Birth date：6/18/1978

Birthplace：Jiangsu Province

Objective

To serve an enterprise with foreign investment as a junior accountant.

Qualifications

College education in accounting,involving of computers.

Education

1997—2001 Department of Accounting,University of International Business and Economics.

Courses included：Principles of accounting fundamentals of Bookkeeping.

Cost Accounting Management Accounting.

Corporate Finance Financial Management.

EDP Accounting Foreign-oriented Financial statements Industrial Accounting Analysis Accounting.

Rewards

College Scholarships in 1999 and 2000.

Summer Jobs

Accountant trainee at Xingye Foreign Trade Corporation（Beijing）Ltd. In 1999 and 2000.

Date of availability：July,2001.

References:Will be provide upon request.

七、投递电子简历时的常见问题

(1)无法通过邮件标题了解学生的基本信息,影响岗位分类。(潜在想法:Pass,该同学不能按规定做好工作,不具备做好未来工作的能力。)

(2)邮件正文没有抬头。(潜在想法:Pass,该同学对他人不够尊重,情商较低,不能胜任该工作。)

(3)对邮件正文不重视。(潜在想法:Pass,该同学面对工作缺乏认真的态度,不能胜任该工作。)

(4)学生马虎大意,忘记上传个人简历附件。(潜在想法:Pass,该同学工作缺乏细心,不能很好地完成工作内容。)

(5)个人简历格式杂乱。(潜在想法:Pass,该同学缺乏基本的使用工作软件的能力,不能胜任该工作。)

情境任务2　求职信礼仪

知识目标:学习求职信的基本写法

能力目标:根据用人单位重点考察的内容,能够撰写一封得体的求职信

素质目标:具备相当的求职材料撰写素养

◎ 典型实例

1482年,31岁的达·芬奇离开故乡佛罗伦萨,来到米兰。他给当时米兰的最高统治者米兰大公路德维柯·斯福查·莫罗写了封求职信,希望谋得一个军事工程师的职位。这封求职信就是著名的《致米兰大公书》——

尊敬的大公阁下:

来自佛罗伦萨的作战机械发明者达·芬奇,希望可以成为阁下的军事工程师,同时求见阁下,以便面陈机密:

我能建造坚固、轻便又耐用的桥梁,可用来野外行军。这种桥梁的装卸非常方便。我也能破坏敌军的桥梁。

我能制造出围攻城池的云梯和其他类似设备。

我能制造一种易于搬运的大炮,可用来投射小石块,犹如下冰雹一般,可以给敌军造成重大损失和混乱。

我能制造出装有大炮的铁甲车,可用来冲破敌军密集的队伍,为我军的进攻开辟道路。

我能设计出各种地道,无论是直的还是弯的,必要时还可以设计出在河流下面挖地道的方法。

倘若您要在海上作战,我能设计出多种适宜进攻的兵船,这些兵船的防护力很好,能够抵御敌军的炮火攻击。

此外,我还擅长建造其他民用设施,同时擅长绘画和雕塑。

如果有人认为上述任何一项我办不到的话,我愿在您的花园,或您指定的其他任何地点进行试验。

向阁下问安!

达·芬奇

评析：米兰大公收到此信后不久，就召见了达·芬奇。在短暂的面试后，正式聘用达·芬奇为军事工程师，待遇十分优厚。

达·芬奇这封短短的求职信为何能够产生这样好的效果？分析起来不难发现，他的求职信有以下两个优点：

一是针对对方需要。米兰大公当时的处境可谓强敌环伺，他要击败意大利的敌对城邦和消除来自北欧和西亚的威胁，就不能不大力发展军事制造业，因此急需这方面的人才。达·芬奇深切地了解他的需要，于是有针对性地设计了求职信。达·芬奇是个多才多艺的人，在绘画、歌唱、医学、哲学和其他领域都拥有很高的造诣，但在这封求职信中，他只详细描述了自己在军事工程方面的技能。通过这些细致的介绍，他生动而含蓄地告诉米兰大公："我清楚您的处境，我会帮助您打赢战争！"而对自己的其他能力，达·芬奇则在信中一笔带过。这封详略得当、针对性很强的求职信，无疑给米兰大公留下了深刻印象，信中所述的种种军事技能，对于他来说，也堪称雪中送炭，因此他毫不犹豫地给了达·芬奇面试的机会。

二是语气充满自信。在求职信中，达·芬奇一连使用了六个"我能"，一项一项，有条不紊地列举自己军事工程方面的才能，语气坚定，而且他敢于在信中声称："如果有人认为上述任何一项我办不到的话，我愿在您的花园，或您指定的其他任何地点进行试验。"这是何等的自信！这份自信当然来自他对自己实力的清醒认识，而且显然也感染了见多识广的大公，既激起了他的求贤若渴之意，也引发了他的好奇之心。大公很可能会这样想：此人既然敢口出豪言，想来有些真才实学，给他个面试机会又何妨？

求职信是应聘者为谋取工作而向用人单位寄送的自我推荐的书信，是应聘者与用人单位进行沟通的重要工具，也是大学毕业生自我推荐的重要手段。精心构思、认真推敲，书写一封优秀的求职信，用流畅的文笔尽情地展示自己的思想、观念、个性、知识水平、文化修养、工作能力和工作作风，使一个适合用人单位所需的你跃然纸上，打动你未来的上司，将为自己成功应聘乃至聘用后的工作创造良好的开端。

一、求职信的作用

求职信是用人单位详细了解求职者的重要渠道，是求职者引起对方注意的重要手段，是用人单位决策者决定取舍的第一依据。对于正在谋职的大学毕业生来说，求职信可称得上是迈向人生事业阶梯最重要的一封信。

求职信对于一个即将走向社会的大学毕业生来说，它的撰写不受时间、地点的限制，也不会受到他人的干扰，可以避免许多人在面谈时因紧张而出现的逻辑不强、表达不清等现象。大学毕业生利用求职信可以尽情施展才华，把自己最完美的一面展现给用人单位，给对方最需要的信息，以此打动招聘者。另外，写求职信的过程，也是求职者一个客观审视自我的过程，包括审视自己的求职目标是否科学合理。做到知己知彼，无疑会大大有助于自己成功求职。

求职信既经济又方便。一名大学毕业生可以同时向多家用人单位寄出求职信，与用人单位迅速建立联系；同时，它可以越过许多中间环节，直接到达决策者的手中。

撰写一封得体的求职信并不简单。可是如果一个人连一封求职信都写不好，他就不能有效地向外界宣传自己，得到工作的机会就相对少些。所以，撰写一封能打动招聘者的求职信需要技巧和不断的练习。那么如何写好求职信呢？

思考：为什么说求职信是第一份自我推销材料？

二、如何撰写求职信

情境链接 4-2-1：

尊敬的××种子公司领导：

您好！

贵公司拟通过我院毕业办招聘一批种子生产、市场营销人员的信息，令我欢欣不已。贵公司是我院长期以来的校企合作单位，你们的经营理念、企业文化等，使贵公司成为种子行业中的一面旗帜。能够到贵公司工作，是我这个农业职业技术学院种子专业毕业生心仪已久的。

我今年 20 岁，男，身体健康，精力充沛。

三年前，我怀揣理想，带着父老乡亲的期望，从辽西一个偏僻的山村来到辽宁农职院求学。除努力学好各门理论课，学习成绩优秀，具备扎实的专业基础知识，积极参加专业实习、实践外，我与另一同学还主动承担了校内种子基地的生产管理工作。业余时间，我几乎都在基地，掌握了扎实的实践动手能力，也培养了自己的责任心和吃苦耐劳的品质。

此外，我还自修了市场营销学、会计学基础、食用菌栽培等课程，能够胜任相关的工作。在校三年期间，我曾担任系学生会团总支副书记，并且积极参加各种公共活动，培养了较强的组织、协作、沟通能力，于 2018 年 7 月 1 日光荣地加入中国共产党。怀着对未来的信心和施展才华的渴望，我相信自己较强的逻辑思维和实际操作能力，将是把理论知识转化为实际业绩的有力保证。

我在此冒昧自荐，期望成为贵单位的一员，充分发挥自己的聪明才智。如果能够得到贵单位的青睐，我一定会以不断学习、积极进取的精神竭诚为贵单位服务，与贵单位共同发展，共创美好未来！

我期待着您的佳音。

此致

敬礼！

×××

××××年×月×日

评析：本文在进行自我介绍时，能针对所申请的岗位特点，做到有的放矢，针对性强。行文简洁，表述得当，突出了自身的优势。但缺少介绍自己的成绩和综合素质的内容。

（一）知己知彼，百战不殆

在动笔之前，你需了解相关信息，并进行认真思考。如了解用人单位的要求，分析自己应聘的优势、劣势等。先知己知彼，然后趋利避害，有的放矢。一般写求职信应着重考虑以下五个问题：

(1)你为什么想到该单位就业？你对它的了解有多少？你了解产品、任务、企业文化、目标、宗旨等一切与你自己的背景、价值观和目标相关联的内容吗？

(2)用人单位需要的是什么？在你期望得到的职位中，什么样的技能、知识、素质、经历是最重要的？

(3)你写求职信的目的是什么？是想获得一个具体的职位？还是一次面试的机会？

(4)你能为用人单位或职位带来什么？如果你是针对某个具体的职位而写此信，那么你所列的优势应该就是招聘广告上所需求的；如果不是针对具体的职位，就按通常所需知识和经历来考虑。

(5)如何把你的经历与职位挂钩？列举出曾经取得的两项具体成绩。

当你对以上问题考虑成熟之后，就可以动笔写求职信了。

(二)结构明晰，详略得当

情境链接 4-2-2：

尊敬的*先生/小姐：

您好！

我是一名刚刚从××学院会计学专业毕业的大学生。我很荣幸有机会向您呈上我的个人资料。在投身社会之际，为了找到符合自己专业和兴趣的工作，更好地发挥自己的才能，实现自己的人生价值，谨向各位领导做一下自我推荐。

作为一名会计学专业的大学生，我热爱我的专业并为其投入巨大的热情和精力。在四年的学习生活中，我所学习的内容包括从会计学的基础知识到运用等许多方面。通过对这些知识的学习，我对这一领域的相关知识有了一定程度的理解和掌握。此专业是一种工具，而利用此工具的能力是最重要的，我在与课程同步进行的各种相关实践和实习中，具有了一定的实际操作能力和技术。

我知道计算机和网络是当今时代的工具，在学好本专业的前提下，我对计算机产生了巨大的兴趣，掌握了 Office、金蝶财务、用友财务等相关应用软件和 FoxPro、VB 语言等程序语言。

我正处于人生中精力最充沛的时期，我渴望在更广阔的天地里展露自己的才能，我不满足于现有的知识水平，期望在实践中得到锻炼和提高，因此我希望能够加入你们的单位。我会踏踏实实做好属于自己的一份工作，竭尽全力地在工作中取得好的成绩。我相信经过自己的勤奋和努力，一定会做出应有的贡献。

感谢您在百忙之中所给予我的关注，祝您的事业百尺竿头，更进一步！热切期盼您的回音。

此致

敬礼！

×××
××××年×月×日

评析：本文较全面地介绍了自己的专业知识、实践能力，重点突出、条理清楚、表述得当，给人一种稳重、做事一丝不苟的印象。但介绍自己的成绩、能力，缺少具体的事例，若有能说明自己成绩的奖励证书之类，最好在求职信中点明。

求职信与一般的书信格式大致相同，即包括称谓、正文、结尾、致敬语、落款。

1. 称谓

称谓即对读信者的称呼。对读信人的称呼要礼貌，要明确收信人。对于已明确用人单位负责人的，你可以称“尊敬的××先生/女士(或经理、主任等)”，注意这里是收信人的真实姓名。有人以为直书人名不礼貌，但如果你写的是“尊敬的主任先生”，而所聘部门的主任又恰巧不止一位的话，那你的信可能就因目标不明而无人认领了。对于用人单位负责人不明确的，可写成“尊敬的人事负责同志”“尊敬的××公司领导”等。称呼顶格书写在第一行，以示尊敬和有礼貌。称呼之后应该有问候语“您好”，再接正文。

2. 正文

正文是求职信的主体部分，这一部分应写清楚以下几个方面：

(1)简明介绍个人的基本情况。一般是姓名、年龄、性别、就读学校、所学专业。如果应聘的是国家政府机关单位，可加上政治面貌、曾担任过的职务等。此时，一份简明扼要的个人简历，可以为求职信提供更多的信息和佐证。

(2)写明你要申请的职位和用人消息的来源。用人单位往往为多个岗位招聘人才，因此要写清楚你要应聘的具体工作岗位，否则对方将无法回复。如果不知道对方需要什么样的人才，可以自己说明希望获得哪一类工作岗位。为了扩大求职范围，可以附带说明，表示除某类工作外，还愿意并能胜任何种工作。

同时还要说明你是从哪里得到的招聘信息，并阐明你对该单位已具有初步的印象，表示出希望到该单位从事某方面工作的愿望。例如：“我写此信应聘贵公司招聘的××职位。我很高兴从我院毕业生就业工作办公室得知你们的招聘信息。我在×××院校学习×××专业已×年了，即将圆满毕业，我一直期望能到贵公司工作。”“得知贵公司目前在招聘×××。贵公司的一名员工，我的校友传递给我这一令人高兴的信息，我渴望到贵公司工作，现寄上简历。”

(3)重点阐述自己胜任工作的条件。这部分的目标就是自我推销，要直奔主题，主要是向对方说明自己的知识、经验、专业技能、与工作要求相符合的特长、性格和能力。在介绍时，要力求简明，关键是要突出自己的个性和长处，不落俗套，起到吸引和打动对方的效果。

3. 结尾

结尾主要强调你的愿望和要求。要感谢领导阅读你的求职信，把你想得到这份工作的迫切感尽情表达出来，请用人单位尽快答复并给予你面试的机会。同时写清楚你预约面试的可能时间范围，并标明与你联系的最佳方式。需要注意的是，在表示面试的愿望时不要给对方施加压力，也不必过于谦虚，求职信自始至终要保持谦和有礼、不卑不亢的态度。例如：“我希望您能感到我是该职位的有力竞争者，并希望能尽快收到您在百忙之中给予我的面试通知。”

4. 致敬语

信的最后不能忘了问候对方。致敬语得体，会使对方感到你很有修养。通常可用“祝工作顺利”或“此致敬礼”。

5. 落款

落款含署名和日期两部分。在求职信的落款处，应署上你的名字(留下联系电话)及求职的日期。

若有附件，应在信的左下角注明，如“附1. 个人简历”“附2. 获奖证明”等。

(三) 篇幅简短，生动翔实

求职信一般以1～2页为好。篇幅过长，对方没有时间去看，太短又说不清问题，也显得没有诚意。围绕自己的长处去写，突出那些能引起对方兴趣的"闪光点"，如专业知识、工作经验、特长、个性特点等，使其了解你的能力、优势之所在。多举具体事例、成果。比如，你担任过学生干部，不要光写头衔，更重要的是写你在这个职位上做了哪些工作，有什么效果；说自己成绩优秀，用曾获得过的国家奖学金、某某企业奖学金来证明就更有说服力；说自己有一定的社会经验，不如说何时何地参加过假期社会调查、社会实践活动等；说自己组织能力强，不如说曾策划并筹备了某次欢送毕业生晚会；说自己表达能力强，不如说曾获演讲赛一等奖；说自己写作能力强，不如说自己在某某刊物上发表过几篇文章；说自己兴趣爱好广泛，不如说自己会某种乐器或擅长某项运动等，用事实说话。

三、英文求职信写作技巧

改革开放以来，许多外企进入国门。外企以它独特的人文环境和可观的薪水吸引着求职者。现在，我国已成为世贸组织的一员，众多外企抢滩中国市场。因此，作为一名有志于闯荡职场的求职者来说，为应聘外企做好准备，学会写一封得体的英文求职信是十分必要的。

(一)英文求职信的写作要点

英文求职信写作与中文求职信基本相同，但由于语言、文化的不同，也带来了某些差异，需要注意以下几方面。

1. 语言要规范

要按英文规律书写，文法、标点和拼写要准确无误。公司的老板大多认为，注重小节的人对重大的事务也会谨慎行事。其实，求职信字里行间蕴藏着一个人的嗜好、鉴别力、教育程度以及人格特性，一个人做人做事是否谨慎，是可以从一封求职信中看出一些细节来的。

2. 要有信心

给外企写求职信不要流露出不自信。外企忌讳的是不自信，这与中国传统的"谦虚是美德"不同。在写英文求职信中，不必太谦虚，应充分强调自己的长处和技能，对自己较重要的经历和实践要进行较详细的叙述。

3. 要突出讲工作思路

在写英文求职信中，要注意写"怎么干"，这比"干什么"更重要。因为外企重视的不是你的身份，而是你如何在所聘职位上发挥自己的才能。

4. 留意底薪

有的用人单位让应聘者提出希望的待遇，你要做出良好的判断，写出你觉得可行的最低薪水。刚开始就业的人应知道，与其寻得一份只顾眼前的高薪工作，倒不如找一份待遇尚可而有发展的工作。

5. 称谓要恰当

在外企称谓中，男性可称呼"Mr"(先生)，女士可称呼"Miss"(小姐)、"Mrs"(夫人)等。如果判断不清对方婚否，可用"Ms"(女士)来笼统地称呼女士。另外，也可以根据收信人的身份，用学位、头衔等常用词的缩写加收信人的姓，如 Dr. Liu(刘博士)、Prof. Zhang (张教授)。如果对收信人的性别、姓名、职务或其他资料掌握不多的话，则只写负责人的职位和公司或者机构的名称即可。

(二)英文求职信的表达艺术

英文求职信的第一段应说明写信的缘起、目的，用下列语句较恰当：

In applying for the position of sales manager I offer my qualifications, which I believe will meet your exacting requirements.

Your advertisement in this morning's Journal for an adjustment manager prompts me to offer you my qualifications for this position.

In your advertisement for an accountant, you indicated that you require the services of a competent person, with thorough training in the field of cost accounting. Please consider me an applicant for the position. Here are my reasons for believing I am qualified for this work.

求职的人不得不提到希望待遇时，可用以下类似的句子：

I hesitate to state a definite salary, but, as long as you have requested me to, I should consider 6 500 a month satisfactory.（我对待遇总是迟迟无法定个确切数目，但既然您要我说明，我认为月薪 6 500 元就满意了。）

I feel it is presumptuous of me to state what my salary should be. My first consideration is to satisfy you completely. However, while I am serving my apprenticeship, I should consider-a month satisfactory compensation.（我不敢冒昧说出起薪多少。最初我仅想要如何工作得好，使您满意。在试用期间，月薪即可。）

应征函或自荐函的结尾用语，试用下列句子：

If my application has convinced you of my ability to satisfy you, I should welcome the opportunity to talk with you, so that you may judge my personal qualifications further.（读完此信后，倘您认为本人可补缺，我愿和您一谈。）

学习情境 5

学会展示素养的面试礼仪

◎ 情境导入

某次校园招聘会,A 公司招聘的销售岗位非常火爆。小秦和小赵通过良好的表现,都进入了复试。复试之后,小秦通过考核,被 A 公司录取,小赵则被宣布淘汰。小赵不解,鼓起勇气,敲了面试经理的门。在得到回应后,他进入屋内,向面试官客气地询问:“经理您好,我一直很仰慕贵公司,也查阅了很多贵公司的资料,对于贵公司的销售培训和企业文化都很欣赏,非常想加入贵公司。可是这次我落选了,我想问一下,是为什么。即使不能加入贵公司,也希望能得到我被拒绝的答案,这样我好在接下来的面试中得以改正,谢谢您!”

面试官很意外,马上就高兴地回答了小赵:“我们公司是传统行业,这次招聘的是销售岗位,因此对于员工的职业化要求比较高。小秦是着西装面试的,你是很随意的。西装比较职业化,但职业化不一定就是西装。可是你的着装太随意,给我们的感觉不是很重视这份工作。因为你们都通过了初试,我们就认识了。小秦在复试的时候,显得很亲切,和我们握手,落座都很得体。而你还是很陌生,没有和我们握手,当然这不算失礼,但是在亲和力上和小秦比就差了些。你们在专业知识的考核中不相上下,都很优秀。可是小秦在不会的问题上,显得很谦逊,要询问我们答案,然后他做了记录,把这次面试也当作一次难得的学习机会。这样的学习、工作态度,非常重要。”小赵脸红了,没有过多解释,很礼貌地说:“谢谢您的指导,我会在接下来的日子里改正自己,并努力做到更好。明年我会再去贵公司面试,我一定要加入您的公司”。面试官笑了:“小赵,你对我们公司如此执着,同时你知错就改、求学上进的态度感动了我,因此,我欢迎你加入我们公司!”

◇ 学习目标

了解面试礼仪,懂得面试礼仪在于平时修养,从现在、从身边的每一件小事来加强自己的修养,使得自己在面试中能得以自然地展现,为成功面试奠定基础。

◇ 学习建议

1. 以小组为单位模仿面试现场。
2. 积极参加校系举办的模拟招聘会。
3. 参加一次校园招聘会,并认真地进行总结。

面试是一种经过组织者精心设计，在特定场景下，考官与应聘者线下或线上“面对面”交谈，观察、考评应聘者的知识、能力、经验等有关职位要求的一种活动。面试给用人单位和应聘者提供了双向交流相互了解的机会，从而使双方都可更准确地做出决定。

面试是选拔人才的重要环节，面试的成功在一定程度取决于求职者面试前的精心准备。对多数大学生来说，由于面试经历少，面试时往往紧张，不知所措。了解面试的内容和方式，不仅有助于求职者面试成功，也有助于日常自我提高。

[视频学习12：塑造完美面试形象]

情境任务1　面试前充分准备的礼仪

知识目标：了解面试前准备的礼仪要点
能力目标：在面试前相关事项准备充分
素质目标：使求职礼仪成为日常良好修养的自然体现

◎ 典型实例

一个大专生成功面试微软的故事

在2008年，王志考上了一所高职院校的软件技术专业。大学期间，他不仅努力学好功课，还经常参加学校社团组织的活动，并且多次获得荣誉称号和奖学金。

在2010年的暑假，当时还在读大二的王志就被一家网络公司录用了。学校考虑到他的实际情况，还特批他边上班边上学。在工作期间，王志不仅利用业余时间把学校的功课做好，还努力认真地投入工作当中。正是他认真学习的态度、积极努力的表现和出色的业绩，让他很快就得到公司上下人员的赏识。在一次项目验收中，原本是要求他辅助同事给几百名客户演示自己开发的软件。但是在演示过程中，同事因紧张而表现失常，差点就要以演示失败告终了。此时，王志站了出来，以他流利的语言，用很清晰的思路又把项目的设计完整地阐述了一遍，顿时博得了在场人员的热烈掌声。也正是因为此次的表现，王志被破格提拔为项目主管。

进入微软工作一直都是王志的梦想。为了这个梦想，他毅然辞掉了已经干得很不错的工作，为此得到了周遭许多人的不解，但是王志丝毫不为所动。2011年5月中旬，王志给微软亚洲研究院发出了求职信。一周后，他接到了微软亚洲研究院给他打来的电话。6月11日，王志在上海的微软亚洲研究院参加了复试。他先是以流利的英语和面试人员进行交流，接着又用中文详细讲述了自己在原公司担任的项目角色、开发经验和技术技巧等。面试人员听完之后，在黑板上给他出了几道数据结构和算法的题目，他当场就准确地做了出来，答题时间仅为10分钟。不出所料，王志最终被微软正式聘用。

思考：王志成功应聘微软的故事给你的启示是什么？

一、清晰面试的主要内容、方式

(一)面试的主要内容

1. 仪表风度

面试官会了解面试者的体型、外貌、气色、衣着举止、精神状态等。研究表明,仪表端庄、衣着整洁、举止文明的人,一般做事有规律、注意自我约束、责任心强。

2. 专业知识

面试官会了解面试者专业知识掌握的程度是否符合所要录用职位的要求,所提问题更接近空缺岗位对专业知识的需求。

3. 工作实践经验

面试官一般根据查阅应聘者个人简历所了解的情况,对应聘者的有关背景及过去工作情况进行提问,以补充、证实其所具有的实践经验。

4. 表达能力和应变能力

面试官会看应聘者是否能将自己的思想、观点、意见和建议顺畅地用语言表达出来,包括表达的逻辑性、准确性、感染力等;对于突发问题的反应是否机智敏捷、回答恰当;对于意外事项的处理是否得当等。

5. 人际交往能力

在面试中,面试官通过询问应聘者经常参与哪些社会活动、希望同哪些类型的人打交道、在各种社交场合所扮演的角色,可以了解应聘者的人际交往倾向和与人相处的技巧。

6. 创新能力

在面试中,面试官会提出一些开放性问题,如"如何举办一场别开生面的新年晚会"或"如何在一个已被占领的市场中打开局面"等,要求应聘者给出解决方案,考察应聘者的创新能力。

7. 工作态度

对于工作态度,面试者一是要了解应聘者对过去学习、工作的态度;二是要了解应聘者对现报考职位的态度。在过去的学习或工作中态度不认真,对做什么、做好做坏无所谓的人,在新的工作岗位也很难说会勤勤恳恳、认真负责。

8. 求职动机

面试者会了解应聘者为何希望来本单位工作,对哪类工作最感兴趣,在工作中追求什么,以判断本单位所能提供的职位和工作条件能否满足其工作要求和期望。

(二)面试的方式

目前常见的面试方式有线下、线上两种。线下方式是人们熟悉的传统的"面对面"。线上方式是依托迅猛发展的网络,符合省时、高效的需求又避免舟车劳顿,通过屏幕进行的"面对面"。随着钉钉、腾讯会议等平台交互功能的不断完善,线上面试得到了广泛应用。特别是2020年新冠疫情出现后,应届毕业生求职面试几乎都在线上进行。面试方式灵活多样,常见的有以下一些类型。

1. 按出场人数分类

(1)一对一面试　面试官与应聘者一对一是最常见的面试方式,通常用于第一次面试。面试问题较有规律，求职者的注意力也容易集中，面试对求职者造成的压力也较轻。

(2)多对一面试　两个或两个以上的面试官共同面试同一个应聘者。采取这种面试方式多是出于节省时间的考虑，招聘单位可以在很短的时间完成多项面试内容，几个面试官一轮下来就可以对面试者进行现场综合评定。但这种情况容易造成紧张气氛，应聘者要保持沉着冷静，注意谁是最主要的一位面试官，目光应主要集中于该人身上，但也不能忽略其他人员，要和在场每个人进行良好的目光交流。

(3)小组面试　面试官同时考察一组人，这时考官的人数是不确定的。这么做的目的通常有三个：一是可以横向比较面试者，大致了解每个人的特点；二是考察小组成员的团队合作精神；三是节省时间，因为招聘工作时间紧，常常来不及一个个面试。基于前两种原因，这种面试会配有程序化的设计，往往会要求大家分析案例，或者要求大家共同参与一个小游戏。

有些同学对于这种小组游戏式的面试感到很拘谨，不知如何应对。其实，这样的小组面试也没有什么特别困难的，只要在群体中表现得当就可以了，那就是既积极活跃，又不抢尽风头，对别人构成压力或威胁，使人觉得你是集体中的一员，容易相处，并能为公司做出贡献。

2. 按面试中面试官采取的方式分类

(1)模式化面试　由面试官根据预先准备好的询问题目和有关细节逐一发问，其目的是获得应聘者全面、真实的材料，观察应聘者的仪表、谈吐和行为，以及沟通意见等。

(2)问题式面试　由面试官提出一个问题或一项计划，请应聘者解决或完成。其目的是观察应聘者在特殊情况中的表现，以判断其解决问题的能力。

(3)讨论式面试　即面试官海阔天空地与应聘者交谈，让应聘者自由地发表议论，尽量活跃谈话气氛，在闲聊中观察应聘者的能力、知识、谈吐和风度。

(4)压力式面试　由面试官有意识地对应聘者施加压力，针对某一问题做一连串的发问，不仅详细，而且追根问底，直至无法回答，甚至有意刺激应聘者，看其在突如其来的压力下能否做出恰当的反应，以观察其应变能力。

(5)综合式面试　面试官通过多种方式综合考察应聘者的才能，如用外语会话以考察其外语水平，要求即兴讲一段话以考察其演讲能力等。

在实际面试过程中，面试官可能只采取一种面试方式，也可能同时采用几种面试方式。

3. 非常规的面试方式

现在有不少用人单位在面试时还大量地采用一些非传统、非常规的面试方式。

(1)“不考即考”测试　就是在没有言明或没有任何迹象表明是在面试的情况下，面试就已开始了。

情境链接 5-1-1：

有一次，大学毕业生牛勇前往某公司应聘。他到场后，发现除自己是高职毕业生外，其余都是本科毕业生。当他与最后20多名候选人进入会议厅准备接受公司经理最后面试时，经理迟迟没有出现。人群逐渐出现骚动，大家开始窃窃私语，后来互相交流，高谈阔论。这时候小牛走到人群前，和大家说：“同学们，我们都是来应聘的，以后或许都是同事。即使不能在一起，这也是难得相识的机会。与其各自谈话，不如共同交流，加深认识，或许以后在职业生涯中互相帮扶，成为好朋友呢。”接下来，小牛组织大家逐个做自我介绍发言，并随机做了采访，把经理没来的这段时间规划得井井有条，同学们很欣赏小牛，也很配合小牛。而这一切也都被公司经理看在眼里。可想而知,小牛被顺利录用了。在接下来的培训和工作中,小牛一直被重点栽培,后来成为这一批新员工中最出色的一位。

点评:现代企业越来越看重员工的主动性和融入团队的能力,如果平时有这方面的锻炼,无疑会为求职乃至工作助力。

情境链接 5-1-2:

某知名企业招聘。所有的简历初审合格者,被通知在同一天下午来面试。那天,20多位求职者坐满了会议室。这时候,该企业人力资源经理捧着材料走进屋里。该经理问:"同学们,会议室的电脑、投影仪,怎么打开?我这有U盘,我需要给大家介绍一下公司。"说完后,有一名同学自告奋勇,来到前面,帮助经理处理电脑、投影仪的事情。另有一名同学询问经理,是否需要分发材料。还有一名同学询问,是否还有其他工作需要帮忙。

点评:应聘时,一定要克服不好意思的心理。有时候招聘单位不熟悉现场环境、设备,是需要帮忙的。积极主动、热情善良、行动力强,这些优秀的品质都会在面试官眼中留下好印象,会给自己在面试中加分。

(2)明暗结合测试 就是在当面测试的同时进行暗中的测试。

情境链接 5-1-3:

某企业到一所大学中去招聘毕业生,考官要求学生就"从我做起,从小事做起"进行两分钟的演讲。许多学生侃侃而谈,言辞动人。演讲结束后,考官说,请就你们演讲中提到的观点,在你们的日常生活中找出来3件事,进行一下佐证。结果,有的同学能够找出来,有的同学则显得比较窘迫。

点评:任何企业,对员工的品质要求都是比较高的。对于表里如一、言行一致的人员,更愿意招聘,更愿意相信这样的人是会讲诚信的。诚信,永远是最好的品质之一。千万不可夸夸其谈、好高骛远,更不能胡乱吹嘘、不负责任。

(3)设计路障测试 就是在应聘者面试时必经的道路上或在面试过程中故意设计一些有路障的题目,通过观察应聘者经过路障时的各种表现来测试应聘者的素质。

情境链接 5-1-4:

考官要求应聘者用最快的速度跑到楼顶大厅观察,然后尽快返回,描述自己的所见所感。楼道里有的地方横着拖把,有的地方堆放着杂物。一些应聘者只顾上楼,见了拖把一脚踢开,或者横跨过去,只有少数人弯下腰来将拖把或杂物拿开。考官们跟在应聘者身后,给那些俯身扶好拖把或清除杂物的应聘者加了分。

点评:我们虽然是求职,但是永远记住,为人是最关键的。而考官设计的各种考核中,人品永远是重中之重的。在利益面前的表现,最能反映一个人的真正品质。因此一个人有爱心,肯付出,就会为自己加分。

(4)情境式面试 考察应聘者的意志、吃苦耐劳的精神,常是企业招聘面试要出的题。

情境链接5-1-5：

有一家外企要从应届高职毕业生中招一批员工，面试时，要求应聘者顶着烈日，跑到近郊的一座山上再返回。测试结果，有的应聘者投机取巧，未跑到目的地就返回；有的应聘者虽跑到目的地，但在返回途中搭乘出租车；也有的应聘者按规定跑到目的地后再跑回。

点评：类似这样的考核，重点考验员工是诚实守信还是投机取巧。踏踏实实地工作，强大的执行力，永远是最基本，也是最重要的职业素养。

情境链接5-1-6：

在雨中打伞。面试时，要求应聘者冒雨到附近指定地点然后返回，但只有一半的应聘者发到伞。应聘者在这场面试中出现这样的情况：有的有伞应聘者主动与无伞应聘者搭档，风雨同伞；有的无伞应聘者则与有伞应聘者协商合用一把伞；还有的有伞应聘者只顾自己不顾别人，独自撑一把伞。

点评：团队协作，肯付出，肯帮助同事，愿意分享，在利益面前能合作，保持良好的道德修养，是企业最为看中的品质。这样的员工才具有培养价值，未来才能被委以重任。

毕业季是毕业生求职择业的高峰期。如果把专业、实习经历等看作求职硬实力的话，礼仪则是求职的软实力。其实在投递简历那一刻开始，作为职场新人，求职找工作的整个过程都已经处在"礼仪"的标准下，被面试官用来在各个候选人之间相互对照。面试礼仪不单纯指言谈举止和着装打扮，这些是最容易想到的细节。从简历撰写、投递，接听面试电话，再到后面的面试、复试等，在一个小环节上出现纰漏，就可能会对求职的全局带来影响。

面试官在刚开始面试的时候，不太可能对应聘者有比较深入的了解，所以会凭直觉对求职者进行判断。如果求职者一开始没有表现出很好的求职礼仪，那么面试官就会认为他对面试不够重视，可能从第一印象开始就有些抵触，接下来的面试也就很可能会带有主观情绪。职场新人一定要提前做好相关准备。

二、知己知彼

（一）清晰认知自我

清晰认知自我就是实事求是地评价自己，通过职业测评等途径，客观、正确地认识自己的兴趣、性格、能力、职业价值观等，明白自己想做什么和能做什么，社会又允许做什么。只有清晰认识自我，才能不断完善自我，提高就业竞争力。

（二）了解招聘单位、应聘岗位的现状

一个人对于自己要面试的单位一无所知是很严重的问题。面试官提问的出发点往往与招聘单位有关。一般而言，面试官不太愿意录用那些对他的单位一无所知的应聘者。当面试官问到相关问题时，如果应聘者一脸茫然，不仅表现出他对于这场面试的不重视，也表现出他对这个职位、这个公司的不重视，更严重的是，让人觉得他不是个脚踏实地、做事有准备的人。相反，如果在面试时应聘者对招聘单位的情况比较了解，说明他重视这个单位，将来工作会有较高的积极性。所以，无论是什么职位，只要你提出了申请并赢得了面试机会，都应该好好地珍惜和准备。这不单单是对别人的尊重，也是对自己的尊重，为自己负责。

了解单位性质、业务范围、发展情况和工作岗位对知识、技能、素质的具体要求，如公司创立的年代、总公司所在地、公司规模、公司产品及企业文化和发展目标等，也利于有针对性地展示自己的所长，在面试时可迅速地进入状态。

你可以通过如下渠道了解情况：学校职业导师以及就业指导服务部门的教师、亲友、单位的工作人员、招聘单位官网等。

（三）了解面试官的心理

谁都希望在面试时留给面试官一个良好而深刻的印象，以增加录取的可能性。作为应聘者来说，了解对方的心理特征，做到“明明白白他的心”，就能变被动为主动。因此，先了解面试官在主持面试时的心理状态和注意点，有准备、有针对性地参加面试，会提高应聘的成功率。

面试官有三个基本心理特征：考官最初印象形成、录用压力下的考官心态、考官对非言语信息的关注。

考官最初印象形成对应聘者的面试结果影响很大，国外有学者研究后得出结论，至少有85％的考官在面试真正开始前，已根据应聘者的应聘资料对其产生了最初的印象。最初印象还包括考官刚见到应聘者时形成的印象，这对面试的过程和结果都有着重要的影响。如果考官对应聘者的最初印象是消极的，那么根据心理学的原理，应聘者要改变这种印象将是很困难的。了解了考官的这一心理特征，应聘者就应当认真注意自己的形象和言行举止，以免因为自己的穿着打扮或面试开始时的不当举止给考官留下糟糕的印象。

录用压力下的考官心态是指考官面临完成招聘任务压力时的心态。考官的录用压力对应聘者来说是个机会。有人曾做过试验：将人力资源经理分成两组，告诉其中的一组，他们离完成招聘任务的指标还相差很远；而对另一组的人说，他们已快完成招聘任务了。结果，被告知离招聘任务相差甚远的那组，对应聘者面试的评价要远高于另外一组。当然，应聘者较难知道考官的录用压力，但是，在面试中，考官可能无意识地流露出这种情绪。考官认为你的回答是正确时，他会面露微笑，或轻轻地点头。不失时机地把握考官的录用压力，及时地对接暗示，并沿着这条路走下去，你就可能达到目的。

考官对非言语信息的关注不仅是指关注应聘者的穿着打扮，更强调的是关注应聘者在面试时的眼神、面部表情。有研究表明，那些善于用眼神、面部表情，甚至简单的动作来表现自己情绪的应聘者，其成功率远高于那些目光呆滞、羞涩腼腆的人。

三、充分准备

（一）准备好面试时可能会用到的物品

携带身份证、个人简历、学校统一制作的推荐表、大学期间成绩单、各种证书等，以便面试官查阅，并注意把这些文件有序地整理好，以免临场慌乱，造成第一印象不佳。值得注意的是，用人单位可能只要求了应聘者的简历，而没有要求其他详细资料，所以上述材料除了原件以外，还应多备几份复印件，如有必要就留一份详细的资料，以便使面试官有一个更为全面的了解。当然，还要准备好笔和便笺，用来做记录或进行可能的笔试。特别要检查手机是否携带，以方便联系、查找地图等，但在面试时要将手机调成关机或静音状态。

(二)面试前对可能提及问题的准备

面试前对可能提及的一些问题要做好准备,这些问题包括可能要你回答的问题和你想提出的问题两大类。由于第二类问题因应聘职位而异,这里主要讨论第一类问题。面试前,面试官往往以询问求职者的有关情况作为面试的切入点。预测考官可能提出哪些问题,准备一个简短的自我介绍腹稿是必要的,以便将自己较完整地介绍给对方。所提问题还可能包括你的工作和学习的成就,兴趣爱好,家庭情况,学校生活经历,与朋友、家人的关系等。对这些问题,应做一个书面准备,切题、简短,并熟记于心。这样做会使你在面试时语言表达思路更加清晰,应答更加自如。

面试中应聘者的提问也十分重要,因为它能表明应聘者已经掌握了什么,应聘者在关注什么,让人觉得应聘者真的在关心用人单位的发展情况。对这类问题也应准备,但有一个范围,即只能询问有关用人单位发展与岗位要求方面的事,避免提出那些可能引起对方猜疑和反感的问题,更不能介入用人单位的矛盾中去。

(三)积极的心理准备

随着大学毕业生人数的不断攀升,加之世界经济、政治和新冠肺炎疫情形势的综合影响,就业形势正日益严峻。一个招聘岗位经常出现数人甚至数十人同时应聘的现象。有的人心理素质比较差,担心自己能力不够或面试发挥不好而不被录用,患得患失,无法将自己优秀的一面展示出来。所以,做好心理准备至关重要。

1.建立自信

自信是求职者在面试时必备的心理素质,也是面试成功的先决条件。试想,一个自卑胆怯、对自己缺乏信心的求职者,在面试时战战兢兢,怎么会被用人单位录用呢?当然,由于第一次参加面试或性格比较内向,面临重要的场合难免会产生紧张。所以,要做到知己知彼,以克服紧张,增加自信。

2.要有不怕失败的平常心

2021年我国高校毕业生达到909万人,2022年将过千万。同时新冠肺炎疫情在全球的蔓延,使我国大学生面临严峻的宏观经济形势和疫情叠加的就业压力。这种形势下,期望在求职过程中没有竞争地获得一个就业岗位、就业之初高位高酬、步入社会如鱼得水,这些都是不现实的;相反,求职屡次受挫、就业之初低起点低薪酬、进入社会诸多不适,这些都是不可避免的。所以,我们要充分重视求职,从专业技能、人文知识储备、人际交往、表达能力、创新能力的提高,到爱岗敬业、吃苦耐劳等必备素质的培养,厚积而薄发。同时,要怀着一颗平常心,将就业中的挫折视作人生必经的磨砺,是我们成为一个职场中人必须要经历的过程。这样,我们在面试中,就不会过多地计较得失,不会因为遇到突如其来的情形而不知所措,及时调整好自己的心态。

3.克服几种不良的心理状态

(1)迎合心理　具有这种心理的人特别注意别人对自己的看法,把别人对自己的评价视为高于一切。在面试中常常会不失时机地向面试官恭维几句,在回答问题时也往往顺着面试官的弦外之音而进行,希望以此来博得面试官的好评。事实上在大多数情况下,这种做法的结果往往适得其反,它非但不能得到考官的青睐,而且还会减损他们对于应聘者真实素质的评价,因而是不可取的。

(2)羞怯心理　每个人都存在不同程度的羞怯心理，只是那些性格较内向、平时不太喜欢社交的人表现得更加明显。在面试中，羞怯心理较强的应聘者往往比较在意自己的一言一行，尽量使之符合以前所学的各种规范和要求，目的是给考官留下一个较好的印象。但由于过分专注于自身举止和言语的选择与表现，无法集中精力回答问题，在一定程度上影响自身能力的正常发挥。一旦意识到自己的表现没有达到预期，应聘者便会产生一种自责心理，与之相伴随的是心情更趋紧张，由此形成一个恶性循环，最后应聘者只能带着诸多遗憾而离开考场。因此，对于需要参加面试的人来说，事先有意识地加强社交方面的训练是很有必要的。

(3)自卑心理　自卑是一个人由于某种生理或心理的缺陷而产生的轻视自己的心理，主要表现为忧郁、悲观和孤僻。自卑心理使得求职者缺乏竞争勇气，缺乏自信心，走进招聘会就心里发怵，不敢迎接挑战。参加招聘面试，心里就会忐忑不安，可能出现脸红、出冷汗等种种过度紧张状况，在这种状况下，应聘者的真实水平是无法发挥出来的。求职者一旦中途受到挫折，更缺乏心理上的承受能力，甚至觉得自己确实真的不行，丧失自信。在激烈的竞争中，这种心理障碍是走向成功的大敌，必须认真加以克服。

情境链接 5-1-7：

“见了面试官，如履薄冰，手脚不知往哪儿放，头不敢抬，眼睛也不看人，低着头在那儿等过关，本来平时都能回答的问题，面试的时候脑子一片空白，还出现答非所问的现象。”性格腼腆的刘小佳，每次去应聘，都是输在面试上，每次回来都懊恼不已。越是这样，就越是影响到她下一次面试的心态，随着面试失败次数的增多，刘小佳不知不觉就产生了自卑心理，慢慢失去了信心，甚至不敢再投简历。

点评：刘小佳的问题是自卑心理问题。所以第一步要解决心态问题，让她能充满自信地去参加面试。

情境链接 5-1-8：

在某高职院校的毕业生供需洽谈会上，一公司同时发出了多个实习岗位的招聘公告，某应聘者在现场投递简历时表现出明显的犹豫，在问及具体职位时回答“都行”。

点评：“都行”容易被认为是“都不行”。尤其在听完所有职位的详细说明之后如果依然无法做出选择，很容易让人怀疑你缺乏决断能力。

(四)面试前的修饰

曾有人说，当你想通过电话给对方留下好印象时，你最好整整齐齐地穿戴起来。为什么呢？因为当你外表良好时，感觉也良好。你心里踏实，充满了自信，说话也就有底气，而这种感觉是可以传递给对方的。日常生活中，我们也会遇到这样的情形：在某些场合，突然感到自己的穿着很别扭，与周围的人或环境格格不入，于是举手投足不无窘态，只盼着尽快离开。在面试的时候，人的心情不免紧张，对类似的心理障碍更应防患于未然。尽管面试主要考察应聘者的内在素质，但实践证明，应聘者以什么样的形象亮相往往会带来不同的效果。再者，在人际交往中，仪态端庄、衣冠整洁体现了个人对他人、对社会的尊重，表现出一个人的精神状态和文明程度，在面试时当然也会被作为衡量综合素质的标准之一。所以，在面试前首先请将你的外观整理到最佳水平。

1. 须发

面试是很正规的场合，千万不要将你的头发弄得古里古怪。发型要符合应聘岗位要求，保持头发整齐、干净、自然，能够显露出你的整个脸庞。也许你会说出发前做到这些都没问题，但那还不够。当你到达面试地点时，也许头发会有些散乱。所以，别忘了再稍微整理一下头发。

男生在面试前要彻底修一次面。修面时小心不要伤着皮肤，下巴或颈部的伤痕不仅影响面容美观，而且会弄脏衬衫的衣领。

2. 服饰

国外有职业咨询专家曾说，要是你有意争取一个薪资相当的好职位，在服装上花精力是划得来的。招聘单位当然注重你有多少本事，但同样也注重你的外表。虽然许多人都知道第一印象很重要，但在第一印象中要有好的表现则不容易。服饰是构成第一印象的重要因素之一。一个大方优雅的外表能给考官留下良好的印象，所以重视自己的衣着，在面试一开始就会让考官对你形成一个良好的评价。

对于参加面试的毕业生，装束既要体现学生的清纯和质朴，又要体现将要走进职业岗位的郑重和端庄，所以我们在准备面试服装时，应注意选择与职业岗位相协调的正装。

情境链接 5-1-9：

有一家企业要招聘一名总经理助理，人事经理向总经理推荐了一位女士。他们对该女士的修养、学识、风度都大加赞赏。当总经理亲自面试这位女士后，却没有录用她，原因在一个小细节。她说："那位女士来我这里的时候，穿着昂贵的时装，而戴的手套和鞋子却有点脏，一个不注重细节的人是不适合这个岗位的。"

(1)装束搭配要恰当　男生可以选择西装，女生则可以选择套装。这样选择的好处就在于既可以表示出你对这份工作的看重，对招聘单位的尊重，又可以使自己显得成熟、稳重，更具有职业化气质。同时还要注意色彩的搭配。职业装一般是以黑、白、灰等较暗的颜色为主的，然而这些暗淡的颜色常常会让人觉得没有生气与活力。合理的色彩搭配可以调节这种令人不悦的感觉。例如，如果是深色的外套，则可以选颜色亮一点的衬衣；而如果外套的颜色比较浅，则要选择深色或白色的衬衣进行调节。另外，男生在西装的搭配上必须要遵循"两单一花"的原则，即如果西装和衬衫的颜色都是单色的，则要选一条花领带进行调节。女生同样可以选用色彩亮一些的丝巾作为调节和点缀。但是，出现在你身上的色彩不要超过三种，也不要运用过于跳跃的色彩搭配。因为不管是怎样的工作，面试方都希望你能够严谨而负责地对待它，一个过于花哨的搭配会给人留下不严肃和天马行空的印象。

(2)装束要体现对面试单位的尊重　参加面试时，衣着上整洁、大方、得体，既能体现大学生良好的精神风貌和审美素养，也能体现其对面试单位的尊重。招聘单位给了应聘者一个机会，面试就是双方更真切地感觉对方，谋求走到一起的更大可能。因此，在面试时应聘者看重自己的装束是对招聘单位的尊重，也表明应聘者很在意这次机会，把面试当作一次郑重的活动。作为礼仪的体现，应聘者穿正式服装参加面试，还要注意穿着的其他方面。因为细节是礼仪最细致的体现。首先，服装要干净整洁。服装不必崭新，但是要洁净。其次，事先要检查服装整齐完好。像开线、褶皱、缺少纽扣等都是着装邋遢的表现，是在郑重场合的失礼。最后，面试者还应该在鞋子、袜子、发型等细节上多注意。千万不要穿一双黑色鞋子搭配一双白色袜子。

(3)装束要符合应聘岗位的工作需要　曾经有一位人事总监说过这样的话:“你不可能仅仅由于戴了一条合适的领带而取得一个职位,但是系错了领带却可能使你失去一个职位。”显然,这位总监谈论的并不是领带的问题,而是面试者的着装问题。合理的着装不一定帮您拿到职位,但糟糕的着装绝对会为您减分。

参加面试时如何装束,还要考虑应聘者应聘的具体职业岗位。举例说,会计和市场营销员,虽然都是经济类职业,但是营销人员的着装要求肯定比会计讲究。如果是计算机程序员,可能服装要求就相应淡化些。而工商、税务、银行业等工作中是需要穿职业装的,更看重应聘者体现在着装中的气质风度,这就要求面试者注意与服装相配的服饰打扮。

情境链接 5-1-10:

小王去某花卉公司应聘花艺技术员,她特意挑选了最喜欢的一件曳地长裙。公司要求她现场展示一下插花技术,当她用花材进行插花作品设计时,她的长裙与姹紫嫣红的鲜花相互映衬,产生了一种和谐的美感。在场的面试官纷纷轻轻点头。

(4)求职装束的禁忌　不要过于时装化或刻意盛装。尽管应聘者想表达对面试的重视和郑重,但是刻意盛装容易让人觉得应聘者把面试当成表演,误会应聘者华而不实。也不要过分随意,以平常心对待重要事固然有益,但是过分随意又如何向招聘单位表示尊重和礼貌呢?还要注意装束装饰不要过于扎眼。例如,有的男生课余时间参加摇滚乐队,所以留长发、戴耳环和鼻环,在面试中屡屡被面试官问及为什么这么打扮;有的女生把头发染成金色、红色;有的学生面试中穿设计怪异的衣裤。对于这样扎眼的打扮,考官也许不问,但是如果不是艺术类招聘,他会自然推断应聘者个性的怪异,同等条件下,容易落选。

3. 化妆

化妆对于女生来讲是必不可少的,但应该以淡妆为主,眼线、口红都不可过深,与人的肤色相协调为好,过浓则易给人以“妖艳”感,让人看了很不自在。用粉也不能太多,粉太多会往下掉,让人感觉较差。对男生来讲,化妆可有可无,但是,胡须必须刮净,鼻毛不能长到鼻孔外。无论男生女生,对香水的使用也应把握一个“淡”字,让人感觉自然。对于各种饰物,如耳环、耳坠、项链、戒指、手镯等最好不戴,即使戴也只能取其中一两件。男生有人喜欢在胸前挂上玉坠,也有人喜欢戴一个戒指,都应取下来为好。

情境链接 5-1-11:

一女生应聘某公司实习生,面试过程一直很顺利,面试临近结束的时候,面试考官终于忍不住对她说:“你下次面试的时候千万不要再喷这么浓烈的香水了。”

点评:应届生求职化妆以淡妆为主,风格自然就好。

当你经过适度修饰之后,来到用人单位,在面试前的几分钟里,不妨再最后检查一遍,力争不出差错。无论是服饰还是仪表的打扮,都应本着一个原则,即不要将自己打扮成一个“久经沙场,老于世故”的形象,而应该保持大学生的应有气质,这一点是非常重要的。曾经有一位女大学生,在面试前为了显示自己漂亮的形象,遂倾其所有,备上一套高档职业套裙。她的形象确实是很高雅的,但在面试现场,考官的心理反应可能是:“看来她的经济条件不错,是不是娇生惯养长大的呢？她能适应这一清苦的职业吗？”所以在打扮时，要对自己的学生身份有一个清晰的定位。

最后，手是人体中活动最多的部分之一，也常常是人们目光的焦点。这并不是说面试前要对手进行化妆，但把你的双手洗得干干净净，指甲修剪得整整齐齐，也是很有必要的。指甲一般与指尖等长，要刷净其中的油污。尽量不要美甲，特别是夸张的颜色和耀眼的亮钻更要避免。

(五)线上面试前准备

(1)房间光线充足。最基本的，要让面试官能看清你的脸。晚上面试的同学要尤其注意。如果家里有补光镜，放在电脑旁边补补光。

(2)可见范围干净整洁，尽量不要摆放物品。他人、宠物都不要出现。空白的桌子和空白的墙面是最好的。

(3)网络一定要通畅。建议大家尽量用电脑面试，因为手机可能有社交软件消息提醒或电话打进来，造成面试中断，影响非常不好。同时也要确保电脑的麦克风和音量。如果家里网速不好，这个时候就不要心疼自己的流量了。保持手机或电脑电量充足。

(4)熟悉面试平台操作，比如有的公司是在手机上预约。

阅读

自我推荐八要领

一、推荐自己要以对方为导向。

二、推荐自己要有自己的特色。

三、推荐自己要善于面对面。

四、推荐自己要有灵活的指向。

五、推荐自己要注意控制情绪。

六、推荐自己要善于利用简历或申请表。

七、推荐自己要灵活运用宣传手段。

八、推荐自己要知难而退，另找门路。

情境任务2 面试中得体的举止礼仪

知识目标：熟悉面试中得体的礼仪规范

能力目标：在面试中的所有环节都能很好地展示个人的礼仪素养

素质目标：通过面试促进优雅、得体的礼仪养成

◎ 典型实例

某公司人力资源部电话通知投递简历应聘的刘海同学前来公司面试。刘海一接到电话就表示自己在外地无法前往公司面试。人力资源部想跟刘海做进一步确认，询问他什么时候有时间能来公司进行面试，谁知刘海竟不耐烦地说："我跟你说了我在外地，没法去！"人力资源部表示理解，并说："你现在在外地，今天不方便的话改天也可以。"电话里的刘海几乎发火了："我说了在外地，没法去面试，是我表达有问题？还是你理解有问题？"接着就挂了电话。如此没有礼貌修养，如何能求职成功呢？

思考：不得体的行为举止对面试的影响有多大？

在整个应聘过程中，面试是求职者全面展示自身素质、能力、品质的最好时机，是具有决定性意义的一环。在应聘的几个环节中，面试也是难度最大的一环。

一、举止得体优雅

(一)守时诚信

守时是职业道德的一个基本要求。线上面试提前 5～10 分钟坐在电脑或手机前，随时准备接收面试人员的连线。传统面试提前 10～15 分钟到达面试地点效果最佳，可熟悉一下环境，稳定一下心神。在面试时迟到或是匆匆忙忙赶到，不管你有什么理由，也会被视为缺乏自我管理和约束能力，即缺乏职业能力，给面试官留下非常不好的印象。而且大公司的面试往往一次要安排很多人，迟到了几分钟，就很可能永远与这家公司失之交臂了。

如果路程较远，宁可早到 30 分钟，甚至 1 小时。城市很大，路上堵车的情形很普遍，对于不熟悉的地方也难免迷路。但早到后不宜提早进入办公室，最好不要提前 10 分钟以上出现在面试地点，否则聘用者很可能因为手头的事情没处理完而觉得很不方便。外企的老板往往是说几点就是几点，一般不会提前。当然，如果事先通知了许多人来面试，早到者可提早面试或是在空闲的会议室等候，那就另当别论。对面试地点比较远、地理位置也比较复杂的，不妨先跑一趟，熟悉交通线路，甚至事先搞清洗手间的位置，这样你就知道面试的具体地点，同时也了解路上所需的时间。

但求职者对招聘人员的迟到不要太介意，也不要太介意面试人员的礼仪、素养。如果他们有不妥之处，你应尽量表现得大度、开朗一些，这样有时会产生意想不到的效果。否则，招聘人员一迟到，你的不满情绪就流于言表，面露愠色，招聘人员对你的第一印象就大打折扣，甚至导致满盘皆输。因为面试也是一种人际磨合能力的考查，你得体周到的表现，自然是有百利而无一害的。

阅读

走正直诚实的生活道路，必定会有一个问心无愧的归宿。

——高尔基

企业在招聘员工时，除了要考查其能力水平外，个人品行是最重要的考核方面。没有品行的人不能用，也不值得培养。品行中最重要的一方面是诚信。那种既有能力又忠诚于企业的人，才是每个企业需要的最理想的人才。

情境链接 5-2-1：

小王去一家大公司面试，和他一起去的还有三个人：小李、小周、小陈。当他们到了面试公司一楼大厅时，看见门口有一个指示牌：请来×××公司的面试人员到二十楼进行面试。

他们四人一起向电梯门口走去，却见电梯门口写着：请面试人员走左边楼梯到二十楼面试，谢谢！小李说："真是的，面试还要这么为难我们，反正没人知道我们是来面试的，我们就坐电梯他们也不知道！走楼梯到二十楼人都会累死，哪还有精神面试。"小周、小陈都赞同，但小王有些犹豫了，后来小王还是决定走楼梯。小李他们三人都走进了电梯，小王走向楼梯。

小王一边上楼一边想，二十楼是挺难爬上去的，但当他走到二楼时，上面牌子上写着：×××公司面试人员请进！小王很顺利地应聘上。而坐电梯到二十楼的小李、小周、小陈从电梯一出来，就被告之"你们无法参加面试，请回！"原来，当初设置指示牌的是人事部经理，他是在考验应聘人员的诚实度。

(二)举止大方有度

1. 把握进屋时机

如果没有人通知，即使前面一个人已经面试结束，也应该在门外耐心等待，不要擅自走进面试房间。自己的名字被喊到，就有力地答一声"到"，然后再敲门进入，敲两三下是较为标准的。敲门时千万不可敲得太用劲，以里面听得见的力度为宜。听到里面说"请进"后，要回答"打扰了"，再进入房间。开门关门尽量要轻，进门后不要用后手随手将门关上，应转过身去正对着门，用手轻轻将门合上。回过身来将上半身前倾 30°左右，向面试官鞠躬行礼，面带微笑称呼一声"您好"，彬彬有礼而大方得体，不要过分殷勤、拘谨或过分谦让。

2. 专业化的握手

面试时，握手是重要的一种身体语言。专业化的握手能创造出平等、彼此信任的和谐氛围。你的自信也会使人感到你能够胜任而且愿意做这份工作。这是创造好的第一印象的最佳途径。怎样握手，握多长时间，这些都非常关键。因为这是你与面试官的初次见面，这种手与手的礼貌接触是建立第一印象的重要开始，不少企业把握手作为考察一个应聘者是否专业、自信的依据。所以，在面试官的手朝你伸过来之后就握住它，要保证你的整个手臂呈 L 形（90°），有力地摇两下，然后把手自然地放下。握手应该坚实有力，有"感染力"。双眼要直视对方，自信地说出你的名字，即使你是位女士，也要表示出坚定的态度。但握手不要太使劲，更不要使劲摇晃；不要用两只手，因为不够专业。而且手应当是干燥、温暖的。如果他/她伸出手，却握到一只软弱无力、湿乎乎的手，这肯定不是好的开端。

握手时如果长时间地拖住面试官的手，偶尔用力或快速捏一下手掌，这些动作说明你过于紧张，而面试时太紧张可能表示你无法胜任这项工作；如果轻触式握手，则显出你很害怕而且缺乏信心，害怕和缺乏信心则无法表现出你是个能干的、善于与人相处的职业者；如果在对方还没伸手之前，就伸长手臂去够面试者的手，表示你太紧张和害怕，面试者会认为你可能不信任他们。

(三)应对谦和流畅

1. 自我介绍

在求职面试中,自我介绍是其中的第一步。自我介绍时,应面带温和、友善的微笑。一开始,主要介绍自己的概况,如姓名、专业名称、家庭地址等。然后是实质性的自我介绍,要将你求职的愿望、打算、所具备的条件向招聘者做系统的阐述。如果应聘者较多,应及时送一份自荐信,请招聘者边看边听,以加深印象。如果招聘者已看过你的自荐材料,应重点介绍自己的优势和特长。自我介绍时,既不要过分谦虚,也不要过分炫耀自己的博学多才,否则适得其反。

2. 交谈得体

情境链接 5-2-2:

小刘平日为人处世比较得体。一次面试临近尾声时,考官对小刘的表现给予了正面评价,语言之中颇为欣赏。小刘听到考官对自己的评价,觉得职位要到手了,便兴奋地向考官表示,自己很幸运,遇到了伯乐……最后,面试结果却是遗憾的。

交谈是求职者与招聘者相互间心灵沟通的过程。面试一开始就要留心自己的身体语言,特别是自己的眼神,应全神贯注,始终聚焦在面试官身上,展现出自信及对对方的尊重。注意眼神的交流,这不仅是相互尊重的表现,也可以更好地获取一些信息,与面试官达成默契。正确的眼神表达应该是:礼貌地正视对方,注视的部位最好是对方的鼻眼三角区(社交区);目光平和而有神,专注而不呆板;如果有几个面试官在场,说话的时候要注视主考官,也要适当用目光扫视一下其他人,以示尊重;回答问题前,可以把视线投在对方背面墙上,用两三秒钟做思考,不宜过长,开口回答问题时,应该把视线收回来。

听对方说话时,要不时点头,表示自己听明白了,或正在注意听。同时也要面带微笑,但不宜笑得太僵硬,一切都要表现得自然。表情呆板、大大咧咧、扭扭捏捏、矫揉造作,都是缺陷。

说话时如果做些手势,加大对某个问题的形容和表现力度,是很自然的,可手势太多也会分散人的注意力,需要适度配合表达。不要用手比画一二三,这样往往会令人生厌。交谈很投机时,可适当地配合一些手势讲解,但不要频繁耸肩、手舞足蹈。有些求职者由于紧张,双手不知道该放哪儿,而有些人过于兴奋,在侃侃而谈时手舞足蹈,这些都不可取。切忌抓耳挠腮、用手捂嘴说话,这样显得紧张,不专心交谈。如果求职者为表示亲切而拍面试官的肩膀,这是很失礼的行为。

要采用规范的礼貌用语,彬彬有礼会使对方感到舒服、愉快,使气氛融洽;语言要形象、生动、富于情趣,谈话要情理交融,给对方一个精明强干、精力充沛的良好印象;如果遇到面试官提出古怪难答的问题,要沉着冷静,要意识到他是在考察你的适应性和处理随机问题的应变性。应聘者的讲话应该做到简洁、清晰、准确,要讲普通话。

3. 学习答题思路

在面试时,面试官一般会问到一些常见的问题,如果能够事先了解这些问题,并且懂得如何回答,那么就可以使自己及时有效地应对,这是非常有益于面试成功的。

(1)“请简单介绍一下你自己!” 很多面试都是从这个问题开始的。它实际上可诠释为:“告诉我,为什么我应该录用你?”面试官的用意有以下几个方面。一是让应聘者从最熟悉的自己谈起，可相对放松。二是借此全面了解应聘者的情况，尤其是个人素质，如价值观、人生观、特长和爱好等。三是考察应聘者的语言表达能力和逻辑思维能力，看能否在几分钟内简明扼要地介绍自己的主要情况。许多面试官都认为：如果一个大学毕业生连自己的基本情况都无法清晰地表达出来，那么很好地阐明其他问题就更难。如果应聘者思维混乱，对方很难整理出有意义的答案来。也不要问面试官你应该回答什么，如果由对方来告诉你一个话题，你将很被动。所以要事先准备两分钟的回答，前一分钟概括介绍自己的基本情况，后一分钟介绍自己有哪些能力使自己能够胜任这份工作。

(2)“请谈谈你的工作经验，好吗？”　大学毕业生除了一些简短的社会实践外，普遍缺乏工作经验。没有经验的大学生在回答这类问题时要注意多强调自己的工作能力和专业知识，强调这些能力和知识能够适应所应聘的工作岗位。例如，可以这样回答：“我今年毕业，对这项工作还没有什么经验。但是根据在学校时所学的知识，以及我在假期社会实践的体验，我自信有能力做好这项工作。”而有一些社会工作经验的人，则应多谈与这项工作有关的工作经历，如从事过的工作种类、使用过的仪器设备、对工作的认识等，强调这些经验对所应聘的工作有积极的作用。

(3)“你为什么要应聘这份工作？”　回答时注意说明你应聘这份工作是因为你具备胜任这份工作的能力。你阐述应聘的理由时必须强调自己能贡献什么，而不要强调自己能获取什么，应从用人单位的工作性质、工作意义、发展前景，以及有利于自己为单位多做贡献、能够发挥自己聪明才智等方面回答。让面试官认为你喜欢这份工作是因为你具有他们所要求的技能，而不是这份工作能给你带来什么。如能达到这种效果，面试官自然会另眼相看。还可以谈一些对这份工作的认识，但是，如果不是很了解，还是少说为好，以免出差错、闹笑话。切忌谈因为这个工作的待遇好、工资高、奖金多而选择它。总之，一要谈具备胜任这份工作的能力，二要谈自己能对单位的事业发展做出贡献。

(4)“你喜欢你们学校吗？你的老师怎么样？”　大学生对这个问题一定要持积极肯定的态度。这个问题往往是面试官考察应聘者的个人品格的题目。作为一个具有高度思想觉悟和良好道德品质的现代大学生，尊师爱校是其应有的品质。此外，人们普遍认为，一个不热爱母校、不尊敬老师的大学毕业生，也很难谈得上热爱就业单位，很难谈得上尊重单位的领导和同事，这种人是不会受到用人单位欢迎和赏识的。应充满激情地简单说明喜欢自己母校的原因。回答后一点时，应着重讲喜欢的老师对自己在学业和能力上的帮助和影响。

(5)“你在学校学了哪些课程？这些课程对所应聘的工作有些什么帮助？”　回答时注意只将所学过的重要课程以及与所应聘工作岗位有关的课程说出来就行了，不必面面俱到。可稍微详细地介绍一下与应聘岗位有关的课程，但不要强调这些课程会对今后的工作有极大的作用，只需强调打好了理论和技能基础就好。

(6)“你为什么选读此专业？”　这是一个可以让应聘者自由发挥的问题，也是大学生面试时遇到的非常普遍的问题。这是一个宏观的问题，如果回答得好，就能在面试开始时处于有利地位。这个问题主要是考察你对专业以及将来从事该项工作的态度，了解你对事业的远景规划，同时了解你在思想和行动上的能力，看你是否善于自己做出决定，了解你的学习动机和你的家庭对你的学习及未来工作的影响。一般来说，不管专业与工作有无关系，都不应回答不热爱专业、讨厌所学专业之类，可以谈谈除了热爱本专业之外，还热爱其他的一些相关的专业。

(7)“你有什么特长和爱好?” 对这个问题的回答要直接如实,不可过分谦虚,可适当地介绍自己在文娱、体育、书法、美术等方面的业余爱好和成绩。如某项特长与应聘工作有关,可以谈得详细一些,因为这项爱好可能对应聘工作有所帮助;如自己确实没什么突出的爱好、特长,一般也不应回答什么业余爱好也没有,可谈谈自己比较喜欢什么,比较爱好什么,以免给人以呆板的印象。

(8)“请你介绍一下自己的优点和不足。” 在面试中,这是一个常常被问及又比较难回答的问题,因为一般人都难以对自己有一个客观的评价,何况是自我评价比较高的青年学生。而面试官常常又以此来考察应聘者是否诚实,或者以此来观察应聘者会不会因为这个问题局促不安起来。一般情况下,要如实地讲出自己的优缺点,这并不会减少录用的机会。事实上,回答这个问题时的态度比回答这个问题的内容更加重要。介绍自己的长处时,不要过分谦虚,说自己还在学习阶段,没什么长处之类。如果你对自己的长处都毫无信心,又怎么能让别人对你有信心呢?可把优点整理成几条,并用简短的例子加以证明。也不要回答说自己没有缺点,因为金无足赤,人无完人。不过回答自己缺点时可以婉转表达:如你是性急的人,可以说自己有时耐心不够,所有的工作都恨不得一天就干完;如你是性格内向的人,可以说自己有时不够活跃,星期天也整天躲在宿舍里看书或干活,等等。此外,这正是你发表一分钟演说的好机会。在准备这个演说时,你可以参考你的个人简历。面试者可以从中推测你到底是个什么样的人,以及你到底可以做出什么成绩。

(9)“你曾犯过的最大错误是什么?” 这个问题如果能有所准备,也是完全可以回答好的。不论你说的什么,一个重要原则就是要对自己有利才行。例如,你可以把没有继续升入高一层次的学习当作一个错误,但如果即使没有继续升学,也能让你表现出色,那么这个错误反而更突出了你的长处。

(10)“你择业考虑的主要问题是什么?” 回答时注意应该多谈自己所应聘的那份职业对自己的职业生涯发展有利的一面,谈单位的氛围能够发挥自己的专业所长,符合自己的志向和兴趣。凡是与物质利益有关的条件,如工资、福利、环境等,最好少谈,即使面试官问到这个问题,也要把握好分寸,适可而止,不要让面试官觉得你对物质过度关注。一般可回答自己认识到待遇问题是次要的,而且要相信用人单位会按国家政策和单位的制度办事。一般来说,随着对单位贡献的逐渐增多,报酬和待遇也会慢慢提高。

(11)“你谈恋爱了吗?你如何看待大学生谈恋爱?” 面试官一般通过这个问题来考察毕业生的成熟程度和处理生活事务的能力,考察你的人生观和价值观。有的人在回答这个问题时大谈大学生谈恋爱的好处,如何可以相互促进学习,不会压抑人性等,这可能不够妥当。应从用人单位的角度思考问题,不特别强调某一种观点。

(12)“这份工作压力很大,你能承受得了吗?” 这个问题的答案与回答的技巧同样重要。在面试官提出这个问题时,不要急于表示什么压力也不怕。应先请面试官进一步说清楚这种压力指的是什么。也许这种压力真的很沉重,你不希望应对这种压力。即使是这种情况,你也不必直接说出,可以婉转地告诉对方,你在压力之下会表现得更突出,压力对你不会构成问题,你有多种方法应对压力。如果能有你经历过的承受压力的实例,那就更好。有一位应聘某公司的大学生,当面试官问到这个问题时,他平静地回答说:“我觉得没有压力就无法提高。”显然,该同学对压力的认识过于宽泛。

(13)“你最喜欢什么样的领导?什么样的工作?” 这是一连串问题,你要事先准备好你的回答。最好先回答说:“我喜欢我碰到过的每一位领导和每一项工作,因为他们当中的每一个都给了我一个专业上发展、提高的机会。”然后,再举例一二。

(14)“你觉得自己有足够的资格干这项工作吗?你觉得自己干这项工作是大材小用还是小材大用?” 如果你是个管理人才,对销售工作丝毫不感兴趣,而这项工作偏偏又是与销售有关的,那你就跟他们说实话吧!如果你觉得自己有能力干这项工作,那就向他们解释你以前都是如何成功地战胜各种挑战,成功地解决各种问题的。如果你对这项工作确实很感兴趣,那么不管情况怎样,你都应该说:“我相信我能干好这项工作。我觉得自己既不是大材小用也不是小材大用,它正好适合我干。”

(15)“你能为我们做些什么贡献呢?” 你在回答时可以先说说你的能力、知识、经验和为人处世原则,如果他们要求具体地谈,你可以从所学专业知识、身体素质、对工作的认真态度、吃苦钻研能力、在未来几年对事业的追求等方面做进一步的介绍。

(16)“你为什么选择我们公司?” 你应该按照面试官向你介绍的关于公司发展前途的情况,做出肯定公司的回答,进而将其作为愿意进公司的理由。当然,也可以说因为你喜欢这儿的领导,喜欢这儿的工作,或喜欢公司本身,等等。

值得庆幸的是,最后这个问题往往是在面试快结束时才提出的。如果面试官在提这个问题时表现出极大的兴趣,而且语气肯定,那么你十有八九已经被初步选中了。如果他只不过是出于形式才提出这个问题,那你就该做好落选的思想准备。所以,此时面试官说话的语气是很关键的。如果面试官问话时带着一种急切的兴趣,而你又对这个工作很满意,那你就可以回答说:“是的,我对这项工作很感兴趣,因为……你认为我有可能得到这项工作吗?”这样的回答不仅说出了你的心里话,同时也表达了你对成功的自信心。

(四)善于聆听

情境链接 5-2-3:

刘魁,人如其名,长得高大魁梧,而且性格也大大咧咧。面试时考官提出:“公司要你在一年之内打开辽南销售市场,你行吗?”他不假思索就说行。考官马上追问:“怎么个行法?”他一下子说不出来,陷入沉思。

上述应聘者这种草率的行为颇令考官反感,面试结果是可想而知的。

应届大学毕业生在面试中的一个通病就是喜欢过于表现自己。其实,面试除了要表现自己的才华,更要学会倾听面试官的意见。善于倾听,是面试成功的又一个要诀。倾听,首先要专心,面试时应聘者的身体应保持向面试官方向微微前倾,面带微笑,不时以点头或简短的“是”“对”等反馈表示对面试官话语的认同。其次要耐心,不要随便插话,如确需插话,应先征得对方同意,用商量的语气问一下:我提个问题好吗……最后要细心、要具备足够的敏感性,善于从对方的谈话中找出他没有表达出的意思。

(五)当问则问

情境链接 5-2-4:

一次面试快要结束时,面试官问求职者:“请问你有什么问题要问我吗?”这位求职者问道:“请问你们公司有多少员工,公司总部在哪?”

提问题也反映出一个人的水平。上例中求职者提出的问题在提交简历前就应该有所了解，在面试的最后才提问，显得求职者对公司不重视，也令人感到提问的水平不高。

面试官经常在提问题即将完毕时，给应聘者这样一个问题："我的问题问完了，你有什么要问我的吗?"通常会出现两种情形：一是不少求职者往往以为"时机已到"，便不着边际地频频发问；二是不少求职者往往显得很局促，不知该从何问起，也不知该说些什么，只是泛泛地提一些类似医疗、保险、上下班时间等问题，然后就是一句话："我没有什么要问的了。"这两种情形均显示出求职者较为缺乏经验和基本的自我意识。

事实上，面试者想对面试单位提的问题应该有很多，而在面试时不提则会给有经验的面试者留下你欠缺职业素养的印象。试想，面对就业这样的严肃事件，你都没有谨慎思考，那么你还能对该单位的工作抱着什么样的态度呢？其实，求职者问一两个有关工作岗位的问题即可。初试时最好不要提有关薪金、待遇的问题，而应该询问有关工作职责、企业发展之类的问题；复试时虽可讨论诸如薪酬福利、进修培训等与个人利益比较相关的问题，但一定要注意适度，凡是面试官介绍过的或已通过其他渠道了解的就不必多问。总之，在回答"你还有什么问题要问吗?"这样的问题时，既不能冷淡漠然，也不能急于表现，而应随机应变，适当提问。

(六)礼貌告别

面试结束，求职者应行礼、握手后再离开，离开时要先采用"后退步"的走法，然后转身离开。走出考场之前，需再次站在门前行礼再出去。

(七)注意细节

在交谈时要注意身体的小动作或者手势，避免出现不妥之处。说话时要和对方保持一定的距离，不能太靠近对方，如果离得太近，就容易把气哈到对方脸上，甚至把唾沫喷到对方脸上，这是令人不悦的行为。坐着时上身要挺直，头正对前方，双臂不可交叉，也不能跷起二郎腿，要避免一切不雅观的动作。双手保持自然放松，不要搓弄衣服、纸片、笔或其他分散注意力的物品。随身携带的皮包、物品等不要随意放置，应经同意后放于合适位置。

情境链接 5-2-5：

一次，三个毕业生同时面试一家公司的业务员岗位。他们进入人事部主任办公室时，主任上前请三位同学入座。当主任回到办公桌前一看，只见一位同学身体松懈地斜靠在沙发一角，另外两个同学端坐在沙发上等候面试。三位同学面试的第一印象孰优孰劣就一目了然了。

(八)线上面试

在视频面试中，和面试官有眼神交流是基本的礼仪。不要关注在镜头中的自己，要关注镜头里的面试官。面试中，如果想不出来某个问题，不要一直转眼睛。一些面对面交流时大家都感觉挺正常的动作和语言，会在视频里被夸张化，更易引起面试官的注意。要尽力避免用手托着下巴、玩头发、摸脸等小动作，这些会让你在镜头中显得更紧张。如果面试官那边的画面停住了，可以适当停下来询问一下，确认信号通畅再继续回答。自己不要一直滔滔不绝地说，而忽略了面试官的反应。虽然视频面试基本只能看到你的上半身着装，但是同样要全身准备，包括环境。

二、展示个性

部分用人单位的主管指出，用人单位对大多数应聘人员在面试时“就像小学生一样腰背挺直、表情严肃、态度认真、从不插话”的现象颇有异议。或许这与目前书刊中如何应对求职的大量文章有关，求职人员生搬硬套，未能深入理解，未领会其要旨。

书刊文章中介绍的经验究竟是否符合用人单位的需求呢？一位三资企业的人事科长直截了当地说：“我们不喜欢模式化的面试技巧。我觉得，人的个性应在面试中充分展现，千篇一律的面试技巧，我不敢苟同。如果有人在面试时自始至终微笑着注视我，我一定会后背发麻。”

某民营企业的老板则实话实说：“在面试中要自信，有礼貌，这是求职人员应该知道的最起码的要求和素质，但自信有礼的表现必须自然，而不应矫揉造作，例如，我们在招聘营销人员时就很喜欢既讲社交礼节又不拘小节的人，因为这种人随和而让人容易接近。”

一位颇富经验的人事主管认为：“求职人员应该把面试当作供需双方相互了解的机会，而不是考试，作为招聘人员，应尽量把公司的真实形象传达给求职人员，求职人员也应当尽量将个人的真实情况传达给用人单位。”

由此看来，求职者在求职过程中不卑不亢，充分展示自己的才华、涵养、个性，显示自己的真情实感才是理智的最佳选择。别忘了，面试中真实、自然的表现才是最具有感染力的。

阅读

面试秘诀

一、少说为妙

二、以静制动

三、随机应变

四、礼多为好

情境任务3　面试后善始善终的感恩礼仪

知识目标：学习面试后的礼仪要求

能力目标：在面试后能恰当运用感恩礼仪，做到善始善终

素质目标：通过面试后的感恩礼仪的学习和运用，进一步养成善始善终、善作善成的做事风格

◎ 典型实例

小侯毕业后投了十几份简历才获得面试机会，这家公司除了面试外，还在电脑上进行了1小时的测评。面试结束后，公司让他在两天之内等通知。第二天下午，心情急切的小侯打电话给公司说：“公司录不录取我没关系，能否把测评结果给我？”接电话的主管愣了一下，和蔼地告

诉他:"测评结果只是公司用来选拔人才的,不给个人。"小侯接着又补充一句:"公平起见,我个人认为测评结果应该公布吧。"

思考:小侯能面试成功吗?

许多大学生求职者只留意面试时的表现,而忽略了面试后的礼仪。实际上,面试结束并不意味着求职过程的完结,求职者不应只是被动地等待通知,还有一些积极的事情要做。

一、真诚地感谢面试官

情境链接 5-3-1:

同样是汽车运用技术专业毕业的小孙和小赵,应聘同一家汽车制造公司。小孙对自己的面试比较有把握,就蛮有信心地等录用通知了。小赵在面试时有的专业问题没答上来,他回来查阅资料,还是没弄明白。虽然小赵预计应聘的事没戏了,他还是给汽车制造公司打了个电话。首先,他感谢公司给了他一次面试的机会。其次,他表达对自己知识欠缺的遗憾,同时讲了自己查阅资料未果的情况,并且请教对方,自己该怎么弄明白这个问题。两周之后,小赵被录取而小孙落选了。

面试结束并不意味着求职过程的结束。为了加深招聘人员对你的印象,增大求职成功的可能性,对想抓住每个工作机会的人来说,面试后的两三天内,最好给面试官打个电话或写封信表示感谢。

1.通过电子邮件感谢

面试官对应聘者的记忆是短暂的。感谢信是你最后的机会,它能使你显得与其他求职者有所不同。如果平时是通过电子邮件的途径和公司联系的,那么在面试结束后,发一封电子感谢信,是既方便又得体的方式。

2.通过手机短信、微信或钉钉感谢

如果有面试方的手机号、微信号或钉钉号,可通过这些方式表示感谢。手机短信、微信或钉钉的开头应提自己的姓名及简单情况,以及面试的时间,并对面试官表示感谢。中间部分重申你对该职位的兴趣。结尾可以表示你对能得到这份工作的迫切心情。

二、耐心细致地打电话询问

情境链接 5-3-2:

某学院兽药专业学生杨红,因为已经应聘很多企业,都没有被录用,对自己失去了信心。每次应聘完,她总是急于知道面试结果,所以面试完当天就给所应聘公司打电话,问及结果。

不要过早打听面试结果。在一般情况下,用人单位面试结束后,都要进行讨论和投票,然后送人事部门汇总,最后确定录用人选,可能要等三五天。求职者在这段时间内一定要耐心等候消息,不要过早打听面试结果。面试结束之后的两周左右,如果还没有得到任何回音,就给负责招聘的人打个电话,询问一下面试结果。打电话询问面试结果时,有两个礼仪细节必须要注意：什么时候问；怎么问。

1.什么时候问

从礼仪角度来说，打电话最得体的时间应该是对方方便的时间。什么是方便的时间？以下时间之外的时间，都可以认为是方便的时间：工作繁忙时间、休息时间、用餐时间。因为询问面试结果是公事，所以应当在正常工作日的时间段内打这个电话。

工作繁忙时间一般是周一上午和周五下午，因为这两个时间段很多单位都有开例会的习惯。即使不开例会，因为周一早上是新的一周的开始，往往还处于适应期，而且还有工作上的事宜需要安排；周五下午又要面临周末，所以从心理上会“排斥”给自己添麻烦的事情。

休息时间一般是指工作日的中午一小时左右的时间，其他私人时间，特别是节假日时间、下班后的时间和用餐时间。在用餐时间给人打电话是不礼貌的，而且往往在这个时间打电话会找不到人，当然影响打电话的效果了。

2.怎么问

在电话里，同样的一句话，问的方式不同，虽不至于有不同的结果，最起码会给人不同的印象：或有礼貌，或显唐突。所以在通话的过程中，自始至终都要尊重自己的通话对象，待人以礼，表现得有礼、有节。

接通电话后，首先说一声：“您好！”接下来要自报家门，内容应该包括自己的全名、何时去面试的何职位，以便对方能及时知道你是谁。在电话中要表明自己对贵公司的向往和愿意为公司的发展做贡献。如果碰上要找的人不在，需要接听电话的人代找，态度同样要文明而有礼貌，要用上“请”“麻烦”“劳驾”“谢谢”之类的礼貌用语。留言或转告都不是询问面试结果的首选方式，可以打听要找的人什么时间在，然后到时候再打。

打电话的时候，最好固定一个位置而不是拿着手机随意走动；传到电话那端的必须是清晰、生动、中肯、让人感兴趣的声音，音量要适中，要注意发音和咬字准确。

打电话询问的时间长度要有所控制，基本的要求是宁短勿长。其实，就询问本身来说，两三分钟的时间足以解决。所以，除直接询问结果之外，“表白”的内容长度也要有所控制，不要没完没了地说。

注意倾听的方式。打电话时要认真倾听对方讲话，还要礼貌地呼应对方，也不要轻易打断对方的谈话。作为打电话的一方，通话终止时，本着尊重对方的原则，可以让对方先挂电话。当通话因故暂时中断后，你要立刻主动给对方拨过去，不能不了了之，或干等对方打来。

如果知道自己没被录用，也应请教一下原因，此时你的情绪要保持稳定，可以说“对不起，我想请教一下我没有被录用的原因，我好再努力”。谦虚有可能赢得对方的认同和赞赏，同时给你下一次的面试机会。

需要说明的是，打电话询问面试结果，最多打三次。因为经过前后三个电话询问的周期，即使再复杂的研究程序也该最后确定了，而且三次的电话询问也会使企业对你有足够的印象了。如果企业想聘用你，就会直接告诉你或及时和你联系。再多的电话，反而会适得其反，甚至会给人“骚扰”“无聊”的感觉。

三、心平气和地接收录取通知

作为一个求职者，在经过数日的奔波、多次的面试之后，终于“修成了正果”，得到了被录用的消息。这时，你可能会庆幸自己数月的辛苦和努力没有白费，甚至还会欣喜若狂、一醉方休。

先别急！虽然成功在望，但还有几个问题需要解决。

1. 这份工作真的适合你吗

你在求职的过程中，或许投过很多份简历，面试过多次。在艰难的求职过程中，被首选的公司屡次拒绝往往使你十分丧气。于是，在亲戚、朋友的劝解下，或许你的择业标准一降再降，甚至见到相关的招聘就投简历、面试。但是，收到录取通知的这份职业真的适合你吗？符合你的职业规划吗？这是一件非常值得思考的事情。否则，你可能会走更多的弯路，甚至做一辈子你并不喜欢的工作，也就很难在工作上有所成就了。

2. 录取的条件和面试时相符吗

录取的条件中包括很多内容，比如职务、薪资、报到日期等。现在有一些机构在招聘的时候同时招聘很多岗位。在部分岗位已经满额的情况下，会善意地安排他们认为比较不错的求职者从事其他岗位的工作。问题是，或许对方安排的岗位并不是你的专业特长或你并不喜欢。而且，岗位不同，薪资待遇等方面也会有所不同。

如果录取的条件和面试时的不一样，就要考虑你到这个企业所追求的是什么，如果新的条件与你的追求或期望值有一定差距，就值得重新考虑了。面试的时候，大部分人会谈到薪酬，比如说不低于多少。通知被录用的时候，如果所提到的薪资和面试的时候谈得差不多，固然最好；但有了差异时，特别是差异较大的时候，就要重新考虑了。

3. 接收录用通知之后全面了解用人单位

收到录用通知是一件喜事，值得好好庆祝一番、放松一下，但同时还有一件事情需要认真面对：了解公司、了解工作。在正式报到之前，先对所要服务的公司有所了解，这样在开展工作的时候就会顺畅很多。了解公司的方法很多，包括查看面试时带回的公司简介、刊物或企业形象方面的资料、企业网站等，有可能的话进行实地全面考察最好。这会使你对公司的整体情况和营运有所掌握，会对你适应新工作、新环境带来很大帮助。

当然，除以上三点外，或许还有其他的情况需要考虑，总的目的就是使你能够踏实而顺利地就业。此外，还要确认好你去报到的具体时间、地点和联系人，在这些细节方面也要特别留意。

成功的面试只是毕业生迈向社会的第一步，拥有一个岗位，只为你发展提供了平台。你能否成为合格者甚至优秀者，能为企业发展做出多大的贡献，会成为之后职业生涯的主题。自己未来的发展要通过个人不懈的努力，这是职场人不能忘记的。

阅读

社会欢迎的毕业生

思想政治素质较高。

有事业心和责任感。

有吃苦精神。

基础扎实、知识面宽、外语水平高。

动手能力强。

懂专业、会管理、善交际。

社会不欢迎的毕业生

求职目标不明确。

行动被动，不善思索。

缺乏朝气和热情。

人际关系紧张。

不能与他人合作。

高分低能。

学习情境6

学会完成员工角色转变的礼仪

◎ 情境导入

李强是一所高职学院大三学生，即将到企业顶岗实习。在实习动员会上，老师叮嘱他们要转变角色，以准员工标准要求自己，为就业乃至未来打下坚实基础。但对于一直生活在校园中的李强来说，心里十分忐忑，他不知道学生和企业员工角色差异多大。他能很快适应、顺利完成角色转变吗？

◇ 学习目标

认识学生到员工角色转变的意义，了解并掌握角色转变中的实习礼仪、工作礼仪、跳槽礼仪，为同学们顺利入职、起航事业奠定基础。

◇ 学习建议

1. 以小组为单位与优秀实习生座谈交流。

2. 以小组为单位访谈优秀毕业生。

在一定的社会关系中，每个人都扮演着特定的角色，对于高职学生来说，毕业前后的角色将发生根本性的变化。

从高职毕业生到一个合格的企业员工，有一个转变过程，实现这个转变，是大学生成才的必经之路。目前，这个转变过程一般会经历跟岗实习和顶岗实习两个阶段。高职院校根据用人单位提供的岗位，结合学生求职意向，让企业与毕业生进行"双向"选择。学生到与专业相关的企业跟岗实习和顶岗实习，企业对新到岗的学生进行岗前培训，让学生跟班实习，或让熟练工人当师傅，帮助学生熟悉环境、岗位、工作，使学生在较短时间内就能完成学生到员工的角色转变。学生在这个过程中，了解企业文化，适应企业岗位要求。许多毕业生在企业的培养下，将上岗后的第一步迈得很稳健，为就业奠定了坚实基础。但也有部分毕业生一时还不能适应学生到员工的转变，出现一些问题。那么，作为一个实习生，怎么才能把握实习机会，为自己就业增加砝码？了解并学会完成员工角色转变的礼仪是一个重要环节。

阅读

角 色 转 变

角色转变就像演员在舞台上扮演不同的角色一样，人处在不同的社会地位，从事不同的社会职业，都要有相应的个人行为模式，即扮演不同的社会角色。

通常一个人会经常转变自己的角色，比如说下班回家，就要从职业角色转变为家庭成员角色。这种经常性的由上级到下级、由学生到员工等的转变即角色转变。从事职业的变化、职务的升迁等，也会产生新旧角色的转变。新旧角色转变的过程中必然伴随着新旧角色的冲突。

角色冲突是普遍存在的，不过，可以通过角色协调使得角色冲突尽可能地降至最低限度。协调新旧角色冲突的有效方法是角色学习，以提高角色扮演能力，使角色得以成功转变。

情境任务1　实习礼仪

知识目标：了解实习礼仪及其注意事项

能力目标：能够顺利适应实习中的礼仪规范要求

素质目标：初步养成一定的职业文明素养

◎ 典型实例

某院计算机网络专业学生李某，在校期间自信、组织能力较强，是学校学生干部。这样的学生按理说毕业走进社会后，应该比其他同学能更快地适应角色转变，可结果出乎老师和同学的预料。他在某企业跟岗实习，认为自己比企业的部门主管还有思想、有能力，常常对部门主管的工作安排提出自己的意见，但当他提出的意见没被采纳后，他的情绪开始低落，并在背后议论领导没有水平，不采纳他人意见等。这种情形出现几次后，企业老总亲自出面找他谈了一次话，指出有主见是好的，但在企业日常生产管理中，执行力更重要，年轻人要谦和，要尊重领导和老员工，得到他们的指导和支持会加快成长速度。

可他觉得是部门主管在老总面前打了他的小报告，影响了他在老总心目中的形象，也会影响他在企业的发展。冲动之下，他离开了实习单位。在接下来的另一单位的实习，他也没坚持住。

思考：心态对顺利完成实习有何意义？

实习是大学生必须到企(事)业等单位参加的专业技能培养的实践性教育教学活动。实习礼仪是学生在实习过程中应共同遵守的行为规范和准则。

实习是人生的一个重要转折点，是学生步入职场的一个必要的过渡阶段。借助实习，学生可以初步完成从理想到现实的心理转换和从学生到员工的角色转换。熟悉实习礼仪，可以帮助学生减轻角色转换的压力，能为他们将来尽快适应新的工作岗位打下良好的基础。

情境链接 6-1-1：

一日，某酒店行政办和人力资源部人员到各部门检查员工的仪容仪表、礼仪礼貌等情况。经过西餐收银台时，收银台内一位女收银员微笑着站起身和检查人员打招呼，另一位女收银员站在收银台外，轻轻地说："你好！"由于紧张，她的脸稍红，脸两边靠近耳角的地方留着两小撮长发，对称又错落有致。看得出，她的发型设计和年龄、相貌相宜，展现出一种纯真的学生气质。

但与酒店员工仪容仪表的要求相对照，她两额边的头发下垂得太长了，于是检查人员走上前，想提醒她上班时要把头发扎起来。

"你好，请问你叫什么名字？"

"我是实习生。"

"你的头发太长了点，请你以后上班时把头发扎起来好吗？这不符合我们酒店要求。"

"她确实是新来的！"旁边的收银员连忙解释。

这件事过去几天后，检查人员在员工通道又碰到了那位收银员实习生，她的发型依旧没变。

为此，酒店管理部门给每个实习生发了一封"公开信"：

实习生，我们欢迎你们！实习生从学校到酒店是人生一个大跨越，也是角色的大转变，希望我们所有的实习生朋友能够调整心态，尽快完成角色的转变。对客人服务我们只有一个标准，无论是已经转正的员工还是实习生，因为在顾客的眼中，我们都是酒店的员工。可能实习生在服务技能上还不够娴熟，但是至少在仪容仪表和礼貌礼仪这些基本要求方面，应该做到符合酒店的统一要求。相信，我们这些实习生进入酒店前是一名学生，进入酒店后能逐步成长为一名合格的五星级酒店服务人员。

情境链接 6-1-2:

某院文秘专业毕业生小陈，毕业后应聘到一所私立学校的教务管理员岗位。有一天，小陈来到校长办公室，眼泪汪汪地说要辞职。问其原因，原来小陈周末休息，没有及时变更教师信息，导致提交教师课时错误。教师的课时与课酬密切相关，因此她受到了同事及主管的批评。小陈认为这种批评是她不能接受的，毕竟她平时已经很努力地在工作了。

上面的两个情境表明，高职学生要想顺利走向工作岗位，就要在实习期间及时完成角色转变。角色转变不好，甚至会在较长一段时间影响个人的工作乃至事业的发展。同时，实习也是学生展示自己的能力和才华的舞台，实习期间谦虚谨慎、好学上进的员工，会有更多的发展机会。

离开校园，学生进入不同行业不同用人单位实习，迎接人生第一份工作的挑战。对初涉职场的同学们来说，面临巨大的角色转变压力。读了下面这篇优秀实习生报告，或许能让正在准备实习的同学少一些忐忑，给同学们一些启发。

情境链接 6-1-3:

敢于面对，路在脚下

——某院 2017 届小刘实习报告

时光飞逝，岁月如梭，记着去年我还坐在台下听学长们讲述实习经历，那时的我不知将何去何从，不知该如何面对新的生活；而今天我却站在了这里给你们讲述我的实习经历，希望对同学们有所帮助。

我实习的第一个单位是北京的一家园林绿化公司。北京是一个令人向往的城市，怀揣着对首都的向往，我们一共 8 个人登上了去北京的火车。可是，万万没有想到的事情却接二连三地出现了。第一个困扰我们的是住宿，公司的苗圃在北京六环外，我们住在苗圃里，地理位置偏僻，加之苗圃树多，手机信号差，房间潮湿，最主要的是那个季节的蚊子非常多，住一宿后身上最少被蚊子叮五六个大包。到实习 4 个月的时候，我们 8 人仅剩下了 2 人。因为在校期间自己比较擅长电脑制图，当时营口市有一个和制图相关的公司正好招聘，我利用单位放假时间到营口进行了面试，并且确定了第二年到营口实习，实习工资 2 500 元。回到北京，我并没有因为要换单位而懈怠，工作仍然勤奋，兢兢业业，在距离过年 15 天的时候我还在加班。由于工作出色，我得到了北京公司的认可，在放假前一天经理告诉我："由于你工作出色，公司要提前给你转正，工资由原来的 2 500 元涨到 4 000 元。"

过完年，我依然选择了回营口工作。在新公司的第一个任务是学习如何做标书，得益于在北京实习时的经验，做标书半个月基本就掌握了。在了解到需要出设计效果图时，我毛遂自荐，拿出了在校期间的作业，于是公司领导将这个任务交给了我。公司领导在看到我做的效果图后说："小刘啊，你不做设计都可惜了。"那个月我得到了第一份奖金，月工资开了 4 800 元。

很快，公司又要投标，而这次的标书不比以往，因为实行网上评标政策，标书的制作也和以往不一样，需要用软件制作。可是公司老员工没有接触过类似的软件，我和他们站在了同一起跑线上，共同学习如何用电脑软件制作标书。由于在校期间学习过相关课程，我接触新事物比较快,对软件的掌握要比他们快,就这样这次的投标由我负责。由于要投的标段比较多,加之时间比较紧,我连续10多天都在加班,最终出色地完成了公司交给的任务。我又一次得到了老板及公司员工的认可,这次老板给了5 000元奖金,加上工资,一个月发了7 500元。现在我已经是公司的主力干将,可是我还得提高自己,不断进步。

通过实习,我从无知,到认知,再到深入了解了单位和社会,从开始的磕磕碰碰到后来的工作逐渐顺利。在整个实习过程中,我几乎每天都能学到些什么,现在总结以下几点分享给大家:

(1)心态的转变　学校的生活相对而言较为单纯,无须我们担忧很多的问题,学习跟得上就可以。而在实际的工作中则不然,实际中我们要考虑得更多,及时地转变心态会让我们工作更加顺利。

(2)不以事小而不为　要想做大事,小事必须做好。我们正是实习的阶段,做一些烦琐的小事情很有必要。事情虽小,可过程至关重要。比如,刚入职的时候领导让我在工地查苗木的种类和数量,这看似简单,做到最后收获会很多,不仅提高了自己对苗木种类的认识,更能从苗圃里体会到苗木搭配的最佳方法。

(3)少埋怨　在条件艰苦的地方实习,也许有人会觉得这里不好、那里不好,同事也不好相处,工作也不如愿,经常埋怨。这些负面的情绪会影响工作,不但做不好工作,还增加了自己的压力。我们应该少埋怨,要看到好的一面,对存在的问题应该想办法解决而不是埋怨,这样才能保持工作的激情。还有一些同学总埋怨自己待遇没有别人好,可是他没有想到别人可能比他付出的多。

(4)学会与人相处　工作中要学会与同事、领导和谐相处,共同营造和睦的工作环境。同事间友好融洽,上下一心,是高效创造成绩的关键。

(5)不能什么时候都当实习生　工作时,只有你向别人请教问题时你是实习生,其他时间,你都要以正式员工的标准要求自己,不能一遇到困难就以自己是实习生为借口来逃避。

以上就是我这一年的实习经历,希望可以对即将离开校门的你们有所帮助。

谢谢母校!

思考:从学生初入社会,实习礼仪对我们有何帮助?

小刘勤奋刻苦,对待实习兢兢业业。在现实生活中,有些学生自以为不会留在实习单位,于是就敷衍地对待实习工作,领导安排的工作不能尽力完成,可想而知他们最后走向工作岗位会怎么面对种种挫折。

在实习这个完成从学校人到职场人角色转变的过渡过程中,第一份工作能否做好,是至关重要的。怎样把握实习预就业的机会呢?要遵循如下的实习礼仪。

一、建立自己到职后的良好印象

初到实习单位,自己的仪表、谈吐举止及工作表现往往都是领导和同事关注的焦点,给用人单位留下的第一印象是否良好,影响着自己能否留用乃至未来的发展。因此,大学生从到单位实习的第一天开始,就应该注意自己的形象。树立良好的自我形象是走向事业成功必要的“外包装”。怎样才能给人以好的印象呢?

1. 衣着整洁，得体大方

得体的外在衣着不仅可使你在人际交往中获得良好的印象，还可以使自己潜移默化地在心中树立成功的信念。穿着打扮既体现年轻人的朝气，又不能太过随意。衣服不必是昂贵的名牌，但要注意整洁，同时要考虑与同事及工作环境相协调。衣着应随场合的变化而变化。比如，进行生产时你要穿劳动服，在单位举办的职工联欢会上要着礼服等，否则效果适得其反。

不管多么匆忙，上班前别忘了再查看一下周身的细节，头发是否梳理整齐，衣着是否整洁；女性的面部化妆是否淡雅，上衣的领口是否过低。总之，不要因为这些细节给自己带来困扰。关注自己的形象，同时也是关注公司的形象。

2. 言语文明，举止有礼

初到工作单位，一定要注意言语文明，举止有礼，不要认为这是小事而满不在乎。大方简要地自我介绍，谦虚诚恳地请教有关工作，必将有助于在同事中树立良好的形象。

3. 守时守信，勤劳守纪

遵守时间，讲求信用，这是工作纪律要求，也是人际交往的一种美德。初到工作单位，提前上班，严格遵守单位的规章制度，积极主动做好本职工作，不失约，不失信，无疑有助于树立良好的第一印象。相反，将会失去别人的信赖和尊敬。

4. 谦和为人，虚心好学

作为新人，处在一个新环境中，不管你有多大的能力和抱负，也要怀着谦虚好学的态度。少说多做，不失为一个好办法，切忌信口开河、随心所欲。实习生初生牛犊不怕虎，总是迫不及待地把自己的创新想法说出来，希望得到大家的认可。而实际上，能人能在做事上，而不在说大话上，工作业绩才最具有说服力。切忌过分争强好胜、不合时宜地表现自己。此外，对人要有礼貌，要善于倾听。总之，要通过自己的一言一行、一举一动表现出人格魅力和良好教养。

5. 注重细节

工作中应注意一些细节，如不能在办公区长时间打私人电话，尽量不要在办公室接待亲友同学。不要随便串岗，影响他人工作。不要随意翻看他人办公桌的公文、信件。不传闲话，不随便打听别人的事情，尤其对商业机密更是不能"打破砂锅问到底"。

二、突破实习到就业的瓶颈

目前，高职学生实习中最大的问题就是不能坚持到实习结束，更谈不上通过实习叩开成功就业的大门。从实习同学的角度来看，不能吃苦和缺乏韧劲是瓶颈。如何破解这一瓶颈呢？

1. 坚持不懈

罗马诗人奥维德曾说：忍耐和坚持虽是痛苦的事情，但却能渐渐地为你带来好处。刚刚踏出校园大门步入实习岗位的同学，很单纯很青涩，在遇到困难和挫折时，有的会选择退缩。高职学生顶岗实习多在行业企业生产等一线岗位，如畜牧专业的养殖岗位、果树专业的浆果类技术岗位等。在一线岗位上，大学生面对艰苦的工作环境、较少的实习补贴，会觉得自己不应该或者不能干这样那样的工作，表现出挑剔、不喜欢等，如果不能坚持是很难走到最后的。我们现在有很多同学身上就缺少这种坚持的意识。有很多同学想先找一个地方凑合干着，等实习结束再找好的，这种想法是不正确的。频繁更换单位会使自己不断处在换岗位的矛盾中，而能够坚持住的人很可能有了更多的积累和发展。更换岗位不是不可以，只是你的每一次更换应该意味着你的事业又有了进一步的升华。

2.吃苦耐劳

独生子女一代如“95后”“00后”，从小生活在条件相对优越的环境中，备受家长的呵护；进入大学后，学校也尽可能地为学生提供舒适的学习和生活环境。所以，现在的多数大学生没有遇到过太大的困难。顶岗实习的生活条件，如伙食、住宿、生活设施、出行等方面可能比学校差，劳动强度可能相对于自身体力来说较强，所以学生很少能够坚持。但是无论去哪个公司，都需要有不怕辛苦、持之以恒的精神，只有经历过辛苦，才能真正感受成功的喜悦。

三、建立和谐的人际关系

在现代社会里，良好的人际关系是做好本职工作的基础，也是在一个单位站稳脚跟的不可缺少的重要因素。

走出校门，离开熟悉的校园、老师、同学，远离家乡和父母，来到一个陌生的环境，面对新的人群，多数毕业生会有一种陌生感、孤独感，个别人还会有一种无所适从感，总感到难以找到知心朋友，感到企业的领导、同事没有往日的同学、老师好交往，许多事情不尽人意。这种感情上的隔阂使自己不知不觉地与周围员工筑起了一道“屏障”。要排除这种障碍，必须认识、了解和适应新的环境，熟悉将同你朝夕相处、共创未来的员工，从感情上尽快缩短与周围领导、同事的距离。

有了良好的人际关系，上级会指点你如何处理难题，委以你重任；周围的同事会乐于帮助你尽快熟悉业务；当你有困难时，大家会伸出友谊之手助你一臂之力。

1.尊敬尊重，以诚相待

作为一名初来乍到的新员工，应该注意要尊敬领导，尊重他人。“敬人者，人恒敬之。”对人尊敬的态度，是与人接触的基础。建立良好的人际关系，首先要服从和尊敬领导，其次要以诚相待。对待领导，庸俗的奉承讨好有损人格尊严；只知埋头苦干，有时也会“出力不讨好”。所以，有诚意地努力完成领导布置的任务，与领导保持良好的关系，是我们实习生首先应该做到的。对待同事，应相互扶持、守望相助。同事间的竞争只应停留在以工作为尺度的标准上。任何时候都要记住，不能踩在别人的肩膀上，通过毁掉别人来谋求自我发展是不道德的。与人相交的法宝莫过于以诚相待。我国著名翻译家傅雷曾谆谆教诲自己的子女，一生与人交往真诚老实是最重要的，欺诈的人一次两次或许能投机取巧，但却不会长久。

2.平等待人

在同事及上下级之间应平等待人，不要以职务的高低加以取舍，更不要卷入是非矛盾，拉帮结伙，搞小团体。处事待人要做到诚实守信，实事求是，不口是心非，不言过其实。做到“不利于团结的话不说，不利于团结的事不做，不挑拨是非，不背后议论人，不猜疑人，不嫉妒”。在自己受到委屈或误解时，胸怀大度，克制感情，冷静处理，勇于剖析自己，主动承担责任。

3.关心帮助他人

要做到与人为善，不苛求他人，要多一些理解，多一点帮助。有一位心理学家讲：“与别人交往时首先想到自己的人，很少能建立良好而持久的人际关系。当你开始把注意力集中到别人身上时，建立良好人际关系的可能性就大大增加。”事实上，人作为一种感情动物，当对方知道你是在关心他之后，对方就开始注意为你服务了，这是一对“伴生力”。

关心别人，更主要的是要学会怎样帮助别人。世界著名领导才能训练大师约翰·麦克斯韦尔博士曾说：“为别人服务有一个积极的结果，就是建立良好的人际关系。人们很自然地亲近帮助过自己的人。大多数人都愿以德报德。”因此，当走上工作岗位后，如果别人遇到困难，主动伸出热情之手，而不淡漠旁观，那么将加重你在别人心目中的好印象砝码。记住，只有热心帮助别人的人才会得到别人的帮助，也只有热心助人的人才会得到人们的认可和赞扬。

四、用心做好每一件小事

情境链接 6-1-4：

一个年轻人应聘到一家公司工作，试用期 3 个月。同时应聘的其他几位学历都比他高，但他没有自暴自弃，在工作中他认真负责，不管再小的事他都完成得非常出色。在完成工作的前提下，他还主动帮助其他同事完成各项工作，带动了部门的工作氛围。同事们都评价他虚心好学、踏实肯干，他得到了同事们的一致好评。在试用期满后，他被正式聘用，而同来的大学生只留下了他。

“小事不愿干，大事干不了”是刚参加工作的大学生最容易犯的毛病，应注意纠正。一个实习生总结道：很多人认为小事情不重要，我以前也是这个样子。但随着经验的累积，犯过很多错之后才开始慢慢了解，小事情也很重要，有的时候小事情起决定作用。

有些新人到用人单位后，对于看似与自己关联不大的事，往往采取“视而不见”的态度，比如，邻桌的电话铃响了，他理都不理。某外资企业的人力资源经理说：“这样的人，缺乏现代企业所必须具备的团队合作意识，即使再优秀，我们都不会留用。而有些新进的大学生就很好，他们会主动地接起电话，询问对方有什么事，要不要转告或回电话等。其实，这也是一个新员工进入公司后与老同事进行沟通的一条很好的途径。”

[视频学习 13：实习礼仪]

事业是由小事做起的，要重视每一件事情的细节。很多时候，失败都是因为错在小事。小事往往是最不被重视的，所以有那么多人失败。比如说，公司的接电话态度可能是件小事，可是顾客却可能会因接电话人的态度不好而拒绝与你做生意。送货的包装可能是小事，但外表的破损会失去顾客的信任。邮寄的时间可能只是细节，但顾客可能怪你不准时而退货。小细节不正确可能会影响整体的结果。网店店主不能总找借口说“货物正在路上，过几天就到”“包装工人没注意才会破损”“负责接电话的人正好不在，那是别人接的”，这些理由顾客都不想听，他们只想确定你是一个负责的人，只希望你能达成事情的结果。

情境链接 6-1-5：

孙凯到一家公司实习。他看到公司定制的圆珠笔、便笺纸非常漂亮，便时不时地带些回去给他上学的侄女儿用。这些东西被侄女儿的老师看见了，而该老师的丈夫恰好是与这家公司有业务来往的高级主管。

当老师的丈夫了解到这件事后，严肃地说："这家公司的风气不好，公司的员工只想着自己而不是公司！这样的公司怎么能有诚意做好生意呢？"于是，他中止了与该公司的合作计划。

谁会想到计划的中断，竟然是由一些圆珠笔和便笺纸造成的呢？因此，不要小看这些小事，工作中的许多不良习惯，哪怕再小，其造成的危害也可能超出人们的想象。

刚刚步入工作岗位的大学生可能很难直接参与一些重要的工作，往往承担些比较琐碎的杂事、小事。但如果这些都能做得很好，也能体现一个职业人严谨的工作作风，也会得到领导、同事的好感与信任，从而顺利地完成职业角色的转换。

五、放下身架，用工作成绩赢得上司和同事的信任

大学生初到企业，想在一个单位站稳脚跟，一定要放下身架，靠汗水去创造工作成绩，才能得到领导和同事的认同、赞誉和信任。一位现已走上基层领导岗位的大学毕业生曾讲过这样一个例子：他被某饲料公司聘任为业务员后，大家对他的初步印象是小伙子随和、勤快、表现不错。但他有一次随业务经理到车间时，因考虑到一身西服会弄脏，还得回去洗，干起活来就蹑手蹑脚。虽然衣服保住了干净，可他从别人的眼光中也看出了一种异样。下一次再去车间时，脏活累活他抢着干，虽然一天下来腰酸腿痛，但得到了同事的赞许。现在他深有感触地说："我的今天是干出来的。"作为高职学生，不要担心有没有适合你的位置，而要担心你有没有与这个位置相匹配的能力和踏实。

干，不是蛮干，而是要自觉地把所学知识与工作实际紧密结合，苦干加巧干，才能发挥自己的优势。毕业生刚到一个单位工作，各方面情况还不熟悉，埋头工作、苦干实干是必要的，容易得到大家的认同，打下良好的基础。但这样还不够，还必须在苦干的同时，多动脑子，勤于思考，善于发现问题，提出新的观点和措施，特别是能够结合实际，提出改进方案，取得显著成绩，周围的员工才会对你刮目相看。这时，你已不仅将自己融于员工群体之中，更重要的是树立了一个新的形象，赢得了领导、同事的肯定。

阅读

实习生"八要"

一、到实习单位后首先要主动自我介绍，争取让大家记住你。

二、要穿一身相对正式的职业装，可以使你看起来更职业。

三、要出早勤，主动问候已经到来的其他同事。

四、要保证你办公桌面的清洁，让大家感知你的条理性。

五、对有些交办事情的处理情况，要及时以备忘录形式报给负责的同事。

六、要多问多听，少发表议论，尽量使用请教与询问的方式探讨问题。

七、要积极参加单位的员工活动与同事聚会，这将使你很快为大家所接受。

八、要避免在实习单位传播"八卦"，不背后说人不好。

情境任务2　工作礼仪

知识目标：了解工作中应遵守的礼仪有哪些

能力目标：在不同工作场合均能表现出良好的礼仪规范

素质目标：养成符合企业要求的工作礼仪素养

◎ 典型实例

刘小诗年轻干练、活泼开朗，受到公司领导的重用。一天，部门要去上海附近的某个城市进行谈判，小诗认为：人多，坐长途车不太方便，人也受累，会影响谈判效果；打车吧，一辆车又坐不下，两辆费用又太高；还是包一辆车好，经济实惠。小诗拿定主意之后，并没有直接去办理。身在职场有一段时间，她懂得遇事应该向领导请示汇报。小诗来到领导的办公室说："领导，您看，我们今天要出去……"小诗把几种方案的利弊进行了分析，接着又说："所以呢，我建议包一辆车去！"汇报完毕，小诗发现领导的脸色不知什么时候黑了下来。他严肃地对小诗说："是吗？可是我认为这个方案不太好，你们还是买票坐长途车去吧！"小诗愣住了，出乎她的意料，一个如此合情合理的建议竟然被断然拒绝。

思考：工作礼仪对于高效、快乐工作的意义是什么？

不谙世事的大学生初涉职场，可能会遇到很多问题，如适应不了工作环境，工作起来没有热情，难以处理好与上司、同事之间的关系……这些问题是常见的，同时也是令职场新人深感头疼的。但是如果你被工作所累，那你也就失去了职场中能享受到的乐趣。而学习工作礼仪，则帮助你在职场中顺利地行走，使你乐在职场。

工作礼仪是指在日常工作之中，工作人员应遵守的礼仪规范与准则。工作礼仪与日常礼仪有基本相同之处，也有各自的特点和要求。掌握并恰当地使用工作礼仪，不仅能创造和谐融洽的工作环境，也有利于提高工作效率，还有利于树立企业形象。

一、基本工作礼仪

工作礼仪的基本内容即员工必须遵守的礼仪规范，包括服饰得体、语言文明、交际有礼、行为规范等。

（一）服饰得体

在工作中，员工的服饰应当合乎其身份，因为服饰在一定程度上体现着自身的教养与素质。

（二）语言文明

在具体工作中，员工不仅要重视自己"说什么"，还要重视自己"如何说"。

1. 语言文明

员工在选择、使用语言时，要文明当先，以体现良好的文化修养，具体要求是讲普通话、用文雅词、检点语气。

2. 语言礼貌

在日常交谈中主动使用约定俗成的礼貌用语，以示对交往对象的尊重友好之意。基本礼貌用语主要有：问候语“你好”、请托语“请”、感谢语“谢谢”、道歉语“抱歉”或“对不起”、道别语“再见”。

阅读

语言是人类的栖居之地，做个会说话的人。

——海德格尔

（三）交际有礼

员工从事的具体工作都免不了要与他人打交道。交际有礼，即妥善地协调自己的各种人际关系，高度地重视自己的每一位交往对象，以内求团结、外求发展。

1. 内部交际

处理好本单位、本部门的各种人际关系，因为这是自己须正视的种种交际的基础所在。应当讲究团结，严于律己，宽以待人，善于协调各种不同性质的内部人际关系。

与上级交往：服从上级，恪守本分；维护上级威信，体谅上级；尊重并支持上级。

与下级交往：要“礼贤下士”，尊重下级人格；要体谅下级，重视双方的沟通；要关心下级，支持下级的工作。

与平级交往：要相互团结，不制造分裂；要相互配合，不彼此拆台；要相互勉励，不讽刺挖苦。

2. 外部交际

与外界人士交往或相处时，要与人为善，广结善缘，努力扩大自己的交际面，又要维护部门形象与个人形象。

（四）行为规范

实际工作中，做到勤于工作，爱岗敬业，忠于职守，一心一意地做好本职工作，这就是行为规范。

1. 忠于职守

忠于职守是爱岗敬业的主要表现形式，是工作者的天职，主要体现在三个方面：

（1）岗位意识，严守工作岗位，全心全意地做好本职工作。

（2）责任意识，尽职尽责，主动负责，不得过且过、敷衍了事，有强烈的工作责任心。

（3）时间意识，自觉遵守作息时间，准时上下班，不迟到、早退，不旷工、怠工。

2. 钻研业务

表现为干一行爱一行，干一行通一行。要努力钻研业务，精通业务，以适应时代发展的需要；精通专业技术，争当专业尖子或技术能手；掌握现代知识，开阔视野；重视知识更新，努力学习新知识、新技术。

要想工作尽量顺利、事半功倍，那就从现在开始学习工作礼仪吧。

二、工作礼仪——与上司的关系

随着竞争的激烈，人们逐渐意识到职场中处理好人际关系的重要性，而上下级关系的处理，显得尤其重要。能否和上司和谐相处、获得上司信任、和上司共事，关系到自己的职业前途。那么，如何与上司相处呢？

（一）处理好与上司关系的礼仪

基本准则：学会服从，参谋辅助；事前请示，事后汇报。这是所有上下级关系中下级必须遵守的工作准则，是下级做好工作的根本出发点和落脚点。

1. 要有敬业精神

敬业精神是个常谈常新的话题。从与上司关系的角度讲，当前有相当一部分人缺乏敬业精神，而同时还有相当一部分人不善于表现敬业精神。

我们提倡敬业，但也提倡会敬业，有三方面的技巧：

(1)对工作要有耐心、恒心和毅力。

(2)苦干加巧干。勤勤恳恳、埋头苦干的敬业精神值得提倡，但必须注意效率，注意工作方法。

(3)敬业也要能干会"道"。"道"就是让上司知道或感受到你付出的努力，因为上司是没有义务花时间仔细探究某些细节的。

这涉及公共关系的内涵：努力干好，让人知晓；90％靠努力干好，10％靠宣传。不论是生活还是工作，每个人都应该学点公关知识，它与工作礼仪知识紧密相连。

2. 要尊重在先

上司的尊严不容侵犯。上司理亏时要给他留下台阶；当众纠正上司是愚蠢的方式；上司的忌讳不要冲撞；消极地给上司保面子不如积极地给上司争面子。

情境链接 6-2-1：

某公司召开年终总结大会，主任讲话时出了个错，他说："今年本公司的合作单位进一步扩充，到现在已发展到21个。"话音未落，他的秘书忙冲着台上正讲得眉飞色舞的主任做手势，比画"31"。结果主任很窘迫，情绪顿时低落下来。

3. 要服从第一

下级服从上级是工作的需要。但现实是，现在的人过于强调"个性"，遍地是"刺头"。服从不仅体现出个人的素质，还体现出个人的敬业精神以及对本单位的认可和对别人的尊重。所以，应该善于服从，巧于服从。

(1)对有明显缺陷的上司，积极配合其工作是上策。

(2)当上司交代的任务确实有难度，其他同事畏首畏尾时，如果自己有一定把握，应该勇于出来承担，以此显示你的胆略、勇气和能力。

(3)主动争取上司的工作安排，很多上司并不希望通过单纯的发号施令来推动下属开展工作。

4. 要事前请示、事后汇报

要善于在关键的地方，恰到好处地向上司请示，征求其意见和看法，把上司的意见融入自己所专注的事情。一段工作结束,要及时向上司汇报具体情况。这是下属主动争取上司肯定的好办法,也是下属做好工作的重要保证。这样既体现了自己对上司的重视,也体现了自己工作的严谨、细心。

5. 工作要有独立性

下属工作有独立性才能让上司省心,上司才有可能委以重任。适当地提出独立的见解、做事能独当一面、善于把同事和上司忽略的事情承担下来是一个好下属必备的素质。

阅读

尊重领导是一种职责,尊重同事是一种本分,
尊重下属是一种美德,尊重客户是一种常识,
尊重对手是一种大度,尊重所有人是一种教养。

(二)尊重上司的语言要求

情境链接 6-2-2:

某单位要开年度总结会,为保证会议顺利召开,秘书处的全部人员都集中到会议室,研究讨论会议的有关文件。首先讨论的是秘书处李处长给局长写的年度总结报告。在征求意见中,秘书小周直截了当地提出了自己的看法,他认为李处长的报告中有多处统计数据不准确,原因在于李处长采用的统计方法不正确。而李处长认为他采用的这些数据都是下属各个单位报上来的数据,进行简单的加减就可以。可是,周秘书自认为是学统计学专业的,是科班出身,坚持认为李处长的数据处理不当。这惹得李处长很不高兴,说了一声"大家先休息一下",就端着茶杯出去了。

趁休息,秘书处的老秘书张大姐过来和蔼地提醒周秘书说:"小周,要注意一下提意见的方式,当着这么多人的面,用这么肯定的语气说李处长错了,他会是一种什么感受?如果我是李处长,我会觉得你就跟直接骂我'无知'一样。所以,即使你的意见是对的,也应该注意说话的方式。"周秘书马上辩解说:"我没有别的意思,只是实话实说,我这个人生来就是这样的性格,有什么说什么,不会装假,不会拐弯抹角。我认为做人要正直坦白。"张大姐严肃地说:"为人正直和注意说话方式是两个不同的问题。为人正直,是指不撒谎,不欺骗,是个人道德品质问题;而说话方式是个技巧问题,是个工作方式方法问题,两者不能混为一谈。请记住,对于我们这些职业秘书来说,用什么方式说话,可能比说些什么更重要!"

分析:周秘书应该用规范的职业语言标准要求自己,应懂得有效沟通的知识和技巧,不能像一般人那样随便说话。秘书说话,不单纯为表达自己的思想或情感,更主要是为实现自己的工作目标,达到预期的沟通效果。

想一想:

(1)周秘书认为自己是正直坦白的人,你怎么看待"为人正直"?

(2)下级应该怎样提出自己的观点?

(3)怎么理解"对于职业秘书来说,用什么方式说话,可能比说些什么更重要"?

职场上交往，掌握好语言沟通的技巧，处好关系的关键便是要掌握说话的技巧。以下介绍几种与上司沟通的语言技巧的句型。

句型1：我们似乎碰到一些状况……

妙处：以最婉约的方式传递坏消息。让上司觉得事情并非无法解决，而我们将与上司站在同一阵线，并肩作战。

句型2：我马上处理！

妙处：上司传唤时责无旁贷、冷静、迅速地做出这样的回答，会令上司直觉地认为你是名有效率的好下属。

句型3：让我再认真地想一想，一个小时后给你答复好吗？

妙处：巧妙闪避你不知道的事。当上司问了你某个与业务有关的问题，而你不知该如何回答时，本句型不仅暂时为你解危，也让上司认为在这件事情上你很用心。不过，事后可得做足功课，按时交出你的答复。

句型4：我很想知道您对某件事情的看法。

妙处：恰如其分的接近。你与高层领导共处一室，这是一个让你能够赢得青睐的绝佳时机。但说些什么好呢？最恰当的莫过一个跟公司前景有关，而又发人深省的话题。在他滔滔不绝地诉说心得的时候，你不仅获益良多，也会让他对你的求知上进之心刮目相看。

句型5：谢谢您告诉我，我会仔细考虑您的建议。

妙处：面对批评表现冷静。做错了事该怎样进行补救？不小心说错了话又该怎样补救？如果在上司面前说错了话，一旦觉察到了，就应该就此立即打住，马上进行道歉。不要因害怕而回避，应该面对事实，尽量避免伤害对方的面子，不必要的辩解只会越辩越糟。

三、工作礼仪——与下级的关系

作为一名部门主管，除了要为部门的经营策略、业务数量、客户关系等问题殚精竭虑，还要关注怎样处理好与部下的关系。能否建立一个关系融洽、积极进取的团队，很大程度上取决于你是否善于与部下进行沟通，取决于你是否善于运用工作礼仪和技巧。下面介绍三种相关的礼仪和技巧。

(一)下达命令

命令是主管对部下特定行动的要求或禁止。命令的目的是要让部下照你的意图完成指定的行为或工作，因此你下达命令时应该考虑以下两点。

1. 正确传达命令意图

正确传达命令的意图，要注意“5W2H”的重点。例如：“张小姐，请你将这份调查报告复印两份，于下班前送到总经理室交给总经理；请留意复印的质量，总经理要带给客户参考。”这个命令里包含了“5W2H”的重点，命令的意图十分明朗。who(执行者)：张小姐；what(做什么)：调查报告；how(怎么做)：复印品质好的副本；when(时间)：下班前；where(地点)：总经理室；how many(工作量)：两份；why(为什么)：要给客户参考。

2. 使部下积极接受命令

提升部下执行命令的意愿必须注意以下技巧：

(1)态度和善，用词礼貌。使用礼貌用语，如“小张，请你进来一下”“小李，麻烦你把文件送去复印一下”。要记住，一位受人尊敬的主管，首先应该是一位懂得尊重别人的主管。

(2)让部下明白工作的重要性。下达命令之后,告诉部下这件工作的重要性,如“小王,这次项目投标是否能成功,将决定我们公司今年在总公司的业绩排名,对公司来说至关重要。希望你能竭尽全力争取成功。”这样做会激发部下的成就感。

(3)给部下更大的自主权。一旦决定让部下负责某项工作,就应该尽可能地给他更大的自主权,如“这次展示会交由你负责,请你做出一个详细的策划,下周选一天我们要听取你的计划”。还应该让部下取得必要的信息,如“财务部门我已经协调好了,他们会提供一些必要的报表”。

(4)共同探讨状况、提出对策。当下属遇到问题和困难,应该和下属一起共同分析问题,探讨状况,尽快提出一个解决方案,如“我们都了解了目前的状况是这样的,我们来讨论一下该怎么做”。

(5)让部下提出疑问。可询问部下有什么问题及意见,如“小王,关于这个投标方案,你还有什么意见和建议吗?”你可采纳部下好的意见,并称赞他。

(二)赞扬部下的方法

赞扬本身就是最好的礼仪。美国一位著名的社会活动家曾推出一条原则:“给人一个好名声,让他们去达到它。”事实上,被赞美的人宁愿做出惊人的努力,也不愿让你失望。

1.态度真诚

英国专门研究社会关系的卡斯利博士曾说过:“大多数人选择朋友都是以对方是否出于真诚而决定的。”赞扬下属时,必须确认你赞扬的人的确有此优点,并且要有充分的理由去赞扬他。

2.内容具体

赞扬要依据具体的事实评价,除了用广泛的用语,如“你很棒”“你表现得很好”,最好要加上具体事实的评价,如“你的调查报告中关于技术服务人员提升服务品质的建议,是一个能针对目前问题解决的好方法,谢谢你提出对公司这么有用的办法”。

3.注意场合

在众人面前赞扬部下,对被赞扬的员工而言,受到的鼓励是最大的,这是一个赞扬部下的好方式。但公开赞扬最好是能被大家认同及公正评价的事项。

4.适当运用间接赞扬

间接赞扬就是借第三方的话来赞扬对方,这样比直接赞扬对方的效果更好。比如,你见到你下属的业务员,对他说:“前两天我和刘总经理谈起你,他很欣赏你接待客户的方法,你对客户的热心与细致值得大家学习。”间接赞扬的另一种方式就是在当事人不在场的时候赞扬,这种方式有时比当面赞扬所起的作用更大。

阅读

荣誉和成就感是人的高层次的需求。

——心理学家马斯洛

(三)批评部下的方法

有人说赞扬如阳光,批评如雨露,二者缺一不可,这是很有哲理的。“批评部下”是教育部下的一种方法。管理者批评部下时，要讲究一些技巧。

1. 以真诚的赞扬做开头

情境链接 6-2-3：

美国第30任总统柯立芝有一次批评女秘书时是这样说的："你今天穿的这件衣服真漂亮，你是一位迷人的年轻小姐。"接着他又说："你很高兴，是吗？我说的是真话。不过，我希望你以后对标点符号稍加注意，让你的文件跟你的衣服一样漂亮。"女秘书非常愉快地接受了他的批评。

尺有所短，寸有所长。一个人犯了错误，并不等于他一无是处。在批评部下时，如果只提他的短处而不提他的长处，他就会感到心理上的不平衡，感到委屈。在批评前帮他打消各种顾虑，让他觉得是"功大于过"，那么他就会主动放弃心理上的抵抗，对你的批评也就更容易接受。

2. 要尊重客观事实

情境链接 6-2-4：

你作为一名编辑去校对清样，结果发现版面上有一个标题字错了而校对人员却没有发现，这时你应该对他进行批评。你可以说："这个字你没有校出来。"你也可以说："你对工作太不负责任了，这么大的错误都没有校正出来。"

分析：也许他只是一次无意的过失，你却上升到了责任心的高度去批评他，很可能把他推到你的对立面去，使你们的关系恶化，进而导致你们在今后的工作中的合作问题。

批评他人通常是比较严肃的事情，所以在批评的时候一定要客观具体，就事论事，千万不要把对部下错误行为的批评扩大到对部下本人的批评上。

3. 指责时不要伤害部下的自尊与自信

情境链接 6-2-5：

一次，中午休息时间，一位厂长看到几个工人正在抽烟。而在他们附近有一块写着"严禁吸烟"的警示牌。这位厂长并没有勃然大怒，而是走过去，友好地递给那些工人几根香烟说："诸位，如果你们能到外面去抽这些烟，我真是感激不尽了。"

分析：用这种巧妙的批评方法，当然让工人们乐意接受他的建议。

批评技巧的核心，就是不损对方自尊。例如，"我以前也会犯下这种过错……""像你这么聪明的人，我实在无法同意你再犯一次同样的错误""你以往的表现都优于一般人，希望你不要再犯这样的错误"，以此来增强下属努力干好工作的信心。

4. 友好地结束批评

正面的批评部下，对方或多或少会感到有压力。所以，每次批评都应尽量在友好的气氛中结束，这样才能正面解决问题。比如，说"我想你会做得更好"或者"我相信你"，并报以微笑。

5. 选择适当的场所

不要当着众人面批评、指责。批评、指责时最好选在单独的场合。你的独立的办公室、安静的会议室、午餐后的休息室，或者楼下的咖啡厅都是不错的选择。

阅读

若想指正对方，必须不让对方觉察到才可以。同时要使任何人都察觉不出你在指正对方的错误。好好地运用你的头脑，巧妙地做吧。

——卡耐基《人性的弱点》

四、工作礼仪——与同事的关系

情境链接 6-2-6：

小红是今年刚毕业的大学生，经过几轮的笔试和面试，如愿地被一家规模颇大的合资企业录取，负责前台接待工作。上班后，她整天笑容满面，礼貌热情，抢着接待客人，其他部门的同事都夸她很努力。可她发现同为前台的同事对她很冷淡，经过认真思考，她找到了答案：因为前台接待的客人多，工作头绪多，工作中需要大家的配合和协助才能完成，没有同事们的指点和帮助，工作效果也不太理想，此前，她欠缺了与前台同事们的互动。认识到这一点，小红开始自我反省，帮助同事们打水、打饭，有活抢着和大家一起干，工作中虚心向同事学习，主动配合同事做好前台接待工作。人力资源部经理过来问她："工作怎么样？和同事们处得怎么样？"小红说："经理不用担心，她们经验丰富，经常教给我很多东西，也经常帮助我把工作做好。"经理满意地走了。慢慢地，小红发现她和同事们的关系融洽了。

思考：你怎样看待小红刚到公司的表现？如果你是小红，遇到单位有些人的冷淡甚至"敌视"，你会怎么做？

分析：小红的问题是刚到单位就急于表现自己的能力，不注意与自己部门的同事搞好关系，使得部门其他同事很难接受她，视她为异己。因此，新员工到岗后，不要马上高调地介入工作，而应该先熟悉组织内部、外部的人际环境，再决定自己应该采取怎样的姿态去加入工作，这样，才容易融入群体。

同事是与自己一起工作的人，与同事相处得如何，直接关系到自己的工作、事业的进步与发展。

（一）处理好同事关系的礼仪

1. 遵守制度

办公室的规章制度是保证工作正常进行的重要前提，如上班不迟到，不早退，不串岗，不接打私事电话，不干私活，不在办公室吃零食，不看小说、娱乐杂志等。

2. 讲究细节

要注意办公桌的整洁，桌子上的常用物品要合理有序。不在办公桌上放私人物品，如个人的照片、恋人的信物、备用的化妆品等。

3. 礼貌热情

进入办公室主动和同事打招呼，问"早安""您好"。同事之间要注意称呼。对有职务的，可按职务相称，如“×科长”“×经理”。对外来办事人员，视其性别、年龄、职务，称呼“先生”“经理”等，要热情接待，真诚相助，办完公事后礼貌相送。

4.注意事项

(1)不要将工作和个人生活混在一起。如果您必须在工作中处理私人事情，要留到中午吃饭时，不在工作时安排朋友到办公室。

(2)不滥用有权使用的东西，如传真机、抬头信纸和其他办公用品。

(3)不把各种情绪带到办公室里，尤其是情绪不好时。

(4)不把粗俗的话带到办公室里。

(5)不要不打招呼就突然闯到别人的办公室里。

(6)不要打断别人的谈话，因为自己着急而打断别人是很不礼貌的。

(7)不抱怨、不发牢骚或讲那些不该讲的故事。

(8)不要把办公室搞乱。每天下班前将能做的事情整理好，至少将要放在一边的工作简单整理一下。

(二)与同事关系和睦的原则

1.尊重同事

“尊重”是人际交往的必要前提，同事关系也不例外。同事关系不同于亲友关系，它不是以亲情为纽带的社会关系，亲友之间一时的失礼，可以用亲情来弥补，而同事之间的关系是以工作为纽带的，工作中要相互尊重，才能共同发展。

2.物质往来清楚

同事之间可能有互相借钱、借物或馈赠礼品等物质上的往来，切记：每一项往来都应记得清楚明白，即使是小的款项，也应记在备忘录上，以提醒自己及时归还。向同事借钱、借物应及时归还，以增进同事对自己的信任。

3.对同事的困难表示关心

人们遇到困难，通常首先会选择亲朋帮助，但作为同事，应主动了解，对力所能及的事应尽力帮忙，这样会增进双方之间的感情，使关系更加融洽。

4.不在背后议论同事的隐私

每个人都有隐私，隐私与个人的名誉密切相关，背后议论他人的隐私会损害他人的名誉，引起双方关系的紧张甚至恶化，是一种不光彩的、有害的行为。

5.对自己的失误或同事间的误会，应主动道歉说明

同事之间相处时间较长，一时的失误在所难免。如果出现失误，应主动向对方道歉，赢得对方的谅解；对双方的误会，应主动向对方说明，不可小肚鸡肠，耿耿于怀。

(三)保持同事关系顺畅的方法

同事之间，存在个人性格、职位性质特征、工作侧重点的差别，日常发生各种小矛盾难以避免。在工作中使同事关系顺畅的有效方法介绍如下。

1.以大局为重，多补台不拆台

同事之间因为工作关系汇集在一起，应该有最起码的集体意识，以大局为重，自觉维护已经形成的利益共同体。头脑中要存有“团队形象”的观念，多补台不拆台。

2.对待分歧，求大同存小异

面对问题，尤其是存在较大分歧时要努力寻找共同点，争取求大同存小异。即使确实不能

求得一致，也不妨冷静处理，理性地表达“我难以同意你的观点，我保留意见”，使争论逐渐淡化，同时又保持自己的立场和态度。

3. 对待升迁、功利持平常心，不嫉妒他人

部分同事平日里待人异常和气，可当遇到利益之争，就很“不客气”地当“利”不让。对待升迁、功利要始终持有平常心，做好自我发展才是硬道理。这是克服嫉妒的良方。

4. 跟同事交往，保持适当距离

在一个单位里，要是少数几个人交往过于密切，极易给人造成有意拉小圈子的印象，让别的同事产生猜疑心理。所以，在跟上司、同事交往时，要注意保持适当距离，防止卷入小圈子。

5. 产生矛盾时，宽容忍让，勇于道歉

在跟同事有矛盾冲突时，要勇于主动忍让，从自身方面寻找原因，设身处地地从对方的角度多为对方想想，防止矛盾激化。假如已经形成矛盾，自己又的确有错误，就要放下面子，勇于道歉，以诚心换诚心，与对方重归于好。

阅读

发展才是硬道理。

——邓小平

情境任务3 跳槽礼仪

知识目标：了解跳槽的礼仪规范

能力目标：在变换工作单位时能让原单位和新单位都不介怀

素质目标：增强感恩、得体的职场跳槽礼仪素养

◎ 典型实例

伟利和盛军是某高职学院应届毕业生。伟利是一个个性张扬、自信的女孩，盛军是一个做事谨慎、性格沉稳的女孩。在顶岗实习时，伟利强烈要求到大公司去，但因过于张扬的个性与同事关系不和谐而换了三个单位。盛军则在自己的顶岗实习岗位上，踏踏实实、勤勤恳恳地做着自己平凡的工作。到毕业时，盛军被实习单位聘为正式员工，享受五险一金，工资也定在3 500元；而伟利还没有稳定下来……

思考：如何才能“跳”出个好未来？

在现代职业生涯中，员工的流动是相对频繁的，人的职业生涯中免不了发生几次辞职。辞职不仅对你自己有影响，对同事、对上司，甚至对部门都会有影响。如果冲动盲目，不经过全面考虑和权衡，会让自己后悔；如果只重求职不重离职，对职业生涯的潜在影响是难以估量的。

不要认为自己都要离开这个单位了，礼不礼的没有什么关系了；更不要“过河拆桥”，每离开一个单位都搞得怨声载道，产生非常不好的影响。跳槽也要遵循一定的礼仪。

情境链接6-3-1：

一位失败者去拜访一位成功者。他来到成功者面前，看到了一扇漂亮的旋转门。他轻轻一推，门就旋转起来，他夹在两块透明玻璃间转进去，看到成功者正站在面前。“你能不能告诉我成功有什么窍门？”失败者虔诚地问。成功者用手一指他的身后：“就是你身后的这扇门。”

失败者回过头去，只见刚才带他进来的那扇门正慢慢地旋转着，把外面的人带进来，把里面的人送出去。两边的人都顺着同一个方向进进出出，谁也不影响谁。

“就是这同一扇门，把里面的人送出去，把外面的人送进来。其实，我们每个人的心里都有一扇门，是用不同材料做成的。有的是带锁的木门，成功快乐时就打开，而失败痛苦时就关闭，把自己锁在黑暗里。有的是旋转的玻璃门，不管成功还是失败，快乐还是痛苦，总是让自己的心灵之门旋转起来，把失败和痛苦旋转出去，让希望和未来旋转进来，在旋转中寻找机会，把握未来，找到一个新的人生舞台！”

阅读

跳槽的意思

跳槽指人主动离职、更换单位的行为，是一种有风险的人才流动方式。而跳槽的词源解释为牲口离开所在的槽头到别的槽头去吃食。因其新鲜、生动、俏皮，很快挤占了“换工作”“换单位”之类用语的位置。

职业生涯中跳槽也如同这扇旋转的门，在旋转中寻找机会，把握得好就会让希望和未来旋转进来，反之就会将自己锁在黑暗里。

职场犹如棋盘，我们便是棋盘上的棋子，在棋盘的某一个格子内兢兢业业地耕耘着自己的那一份天地。当你不满现状，不想再守在这方寸之地，渴望一片更广阔天空的时候，也许摆在你面前的是不同的空格和多条跳跃路线，有的跳过去直达目标，有的却可能绕远甚至后退。跳，需要慎思和技巧。

一、跳槽要有正当的理由

情境链接6-3-2：

某高职学院计算机信息专业毕业生马强，毕业离校后为了能留在他喜欢的城市，最早在一家餐厅打工，后到园林绿化网站工作，现受聘于移动公司某营业厅，任客户经理。

跳槽原因：原来两个单位的职位与专业不符，只是过渡，最终向自己的目标冲击。

跳槽感悟：每一次跳槽都意味着向自己的目标迈进，都意味着人生的事业稍有起色。因此，我对自己的选择是满意的。

跳槽必须有合适的理由，盲目随意的跳槽可能会对职业生涯造成沉重的打击。跳槽者无非是因对自己在物质、精神方面的收获不满意，对工作、人事关系的不适应，对单位发展前景的无信心等而跳槽。理性的跳槽必须给出合理的理由。

(1)人际关系(包括上、下级关系)不融洽。

(2)发展受阻。你在原有的工作上很难再有发展。你需要有一个更富有挑战性、更有发展前途的工作或职业。

(3)赚钱太少。你需要转换一种能带来更多收入的职业。你大可不必为这种跳槽理由感到局促，大多数人都期待更高的报酬。

(4)需要休息。当上班时感到疲惫、沉闷、愤怒、压力太大、精力不足时，你需要一段时间散散心。之后，你可能需要另外一种更轻松的工作。

(5)纠正一个错误。你可能已在这个工作上消耗了3年、5年，甚至更长时间，而这个工作对你而言一开始就是个错误的选择，你得马上纠正这个错误。

(6)有不同的人生目标。也许你不能明确，但你若知道现在从事的工作不是向着某个你期许的目标迈进，那么跳槽或许能起到关键性作用。

(7)寻求更高的挑战与发展空间。比如，你发现自己的能力应付目前的工作绰绰有余，并且你发现了自己真正感兴趣的工作，此时不妨考虑换个工作试试。

(8)自主创业。当你有目的地到有关企业历练了一段时间，了解了行业情况，熟悉了行规、制度、技术、成本等各项指标，建立了创立事业的团队，你可以考虑创业了。

二、慎重对待跳槽

情境链接 6-3-3：

小夏大学毕业之后进入一家中型广告公司工作，两年之后在业务方面已经能够独当一面，而且在业界也积累了一定的人脉。在这段时间内，领导很器重她，她也得到了更多晋升机会。她平时比较善于处理与同事之间的关系，因此在同事间的口碑也很好。但还是有一件事令她感到有些不满意，那就是公司刻意控制成本，在这两年时间内，她的工资水平虽然十分稳定，但也从没有增长；而她的同学，有些职位虽然比她低，但是工资却要高她不少，这常常让她感到"不平衡"。

如果继续留在公司，工资水平在短时间内不会有变化。经过一番考虑，小夏决定跳槽。她很快找到了新的工作单位——银行信用卡推广中心经理。工资水平当然也如她所愿，只要能够完成任务，与原来相比要翻三番。

办理辞职手续时，由于与原公司签订的劳动合同并未到期，提前结束合同需要支付1万元的违约金，小夏想到新工作能够挣到原来三倍的工资，为了尽早离职，于是咬牙自掏腰包付了违约金。

在新的工作环境，小夏所面对的一切都是新的，因此她要花费精力来适应。而在银行卡发行方面，她毫无经验可谈，所以只好加班加点地干，希望通过自己的勤奋来弥补经验上的不足。除此之外，由于新公司距离自己的住址更远，她花费在上下班方面的时间、金钱也多出不少。但是三个月过后，她工作上没有突破，收入也没有达到原来预想的水平。

事后，小夏估算了一下，她为跳槽直接付出了将近2万元的代价，其中包括违约金、放弃年终奖等。此外，在半年时间内，她的收入锐减，这也是间接损失。当然，以前人脉积累的流失等损失无法以金钱来确定。

不打无准备之仗，不干无准备之事，跳槽也不例外。以下跳槽均属于不负责任的行为：随意辞职，无正当理由而图一时之意气；对自己、职业发展目标无清楚认识，只谋求通过改变单位来改变自己；不深思熟虑合理选定新的就业目标，只求跳出原单位就好；不考虑跳槽带来的风险，只考虑跳槽带来的利益。

你在跳槽前不妨先问自己下面的问题：

(1)是什么让你不满意现在的工作？

(2)你想跳槽经过慎重考虑了吗？还是一时的情绪？尝试做自我调整了吗？

(3)跳槽会使你失去什么，又得到什么呢？

(4)适应新的工作或环境、建立新的人际关系需要你付出更多的精力，你有信心吗？

(5)你的背景和能力能适应新的工作吗？

(6)你是为了生活而工作，还是为了工作而生活？

(7)你有没有职业目标？新的工作是不是为你提供了一个清晰的职业方向？

(8)新的工作要求你从头做起，你有这个心理准备吗？

(9)你在目前的公司里工作有多久？一般来说，在一个公司的工作至少应该满一年，否则它不会为你提供非常有价值的职业发展依据。

(10)你评估跳槽风险了吗？评估跳槽风险不但要考虑跳槽带来的益处，更要仔细分析跳槽带来的损失和风险。规避风险、减少损失、获取最大收益才是理性跳槽所追求的目标。

情境链接 6-3-4：

李响在一家公司工作半年后，又收到了另一家公司的 offer，许诺给他一个更高的职位，他潇洒地“挥挥手”——跳槽了。可是现在，新单位说要么先完成多少多少项目，完成之后自然会给他那个职位，要么就继续做个小职员。他进退两难，后悔没有意识到跳槽也有陷阱。

小舟刚毕业两年，平均每半年更换一次工作岗位。他的工作岗位各异，行业也很多。两年后他发现，除了不停地换工作，他在专业上几乎没有什么积累。

假如大家都不安心在自己岗位上踏实工作，努力钻研，那么频繁跳槽不但有可能荒废自己以前所学的专业知识，而且还要花时间去钻研新的专业知识，如果新专业的学习缺乏基础，学习上就很难进步，更不要说能取得什么成就了。

在跳槽前一定要自己想想是否存在这样的风险，而这样的跳槽代价自己是否能承受得起，是否值得。

阅读

跳槽不应只是对高薪或高一级职位的追逐，而应是对职业生涯的进一步追求。

三、跳槽的时机

什么时候跳槽是很微妙的。有的人不顾时机想跳就跳，而且一跳再跳，有的人则前前后后思考再三，权衡各方利弊后才做出选择。那么如何选择跳槽时机？

首先问问自己几个问题：上司是否具有体恤员工的亲和力？上司是否愿意倾听员工的意见？单位的人际关系是否轻松和谐？薪资是否随着单位创利节节升高？个人发展是否前景光明，比如说5年后可否有升迁的机会？如果上述问题的答案均为“no”，那么可以开始考虑一下自己是否还要为单位继续效劳了。

当然，这些估计还不够。你还需要问问自己以下一些问题：你不喜爱现在的工作吗？你想换工作的念头每天都有吗？如果换了工作，一切从零开始，你能重头来过吗？这个决定是不是与自己的人生目标越来越近？你会因此而活得更快乐吗？如果答案是“yes”，那么我们就郑重地告诉你：你可以追求更适合的了！

四、跳槽的途径

跳槽者应充分利用各种条件完成跳槽过程。所谓条件主要是指“机遇”和“贵人”，就是在适当的时候出现的适当的人、事、物的组合。我们无法控制这种完美的巧合何时出现，唯一能做的，就是通过自己的人脉，来给自己创造更多的可能。良好的人际关系在于我们长期的维护和滋养，它对我们的生活产生很大的影响，可能为我们创造出各种机遇。只是，我们往往不自知、不在意，常常和“贵人”擦身而过。不要太看重人脉关系中的“显贵”，而忽视了其他更多的普通人。在某些时候，一个普通人也可能扭转乾坤，成为你的“大贵人”。你的同事、上级、业务伙伴、同学、好友等都可能为你的跳槽提供帮助，甚至成为你事业成功的领路人。

跳槽者还可以按一般的就业渠道去寻找和选择新的工作，即通过收集并有选择地回应招聘启事、积极准备应聘材料、参加应聘活动来谋取新的工作。跳槽者也可以根据自己所求职位的情况与职业中介或猎头公司联系，寻求他们的帮助。一般来讲，职业中介通常与较低层的岗位及临时性的工作打交道，猎头公司则重点寻找符合特殊要求的高级管理或技术人才。另外，跳槽者还可以有针对性地与专业组织进行联系，了解更具体的专业需求信息，寻找更适合的单位。

五、跳槽的基本礼仪

情境链接 6-3-5：

出了气　伤了谁

黄某要跳槽的事早就听说了，不过，那天他不请自来的那通“慷慨陈词”还是令我们吓了一跳。

那天，黄某连门也不敲，一头闯进办公室，劈头盖脸冲着总监大嚷：“告诉你，我不干了！”总监一头雾水，看看笔记本：“你没和我约过时间吧。”“少跟我来这一套，没事谁爱来你这地方，看你这张臭脸。”总监挥挥手想制止，黄某却不理他：“我在这儿干了两年，真不知道自己是怎么忍过来的。我也不知道别人是怎么熬过来的。这是我所见过的绝无仅有的、最糟糕、最令人沮丧的公司！钩心斗角、小人当道、专在背后捅人一刀……这地方简直令人作呕。现在我的桌子统统清干净了，中午前就要离开这个鬼地方。我来只是要告诉你我是怎么看你，以及其他同事又是怎么看你而已。在我眼中，你什么都不是！再见，后会有期！”说完，他“乒”的一声摔上门，留下总监和一办公室的人愣在当场。

除了总监，恐怕所有人都在心里嘀咕——除了有个别词用得比较夸张，这个公司确实一塌糊涂，尤其是这位总监，想扣谁薪水，总有办法挑得出刺。全公司想把他拖出去“扁”一顿的人一拎一大把，可真敢落实到行动的，还从来没有过，不要说骂了，说几句难听的，都要谨小慎微。

总监是最后一个回过神儿来的，不过，到底是"老姜"，尽管脸被气得煞白，都没忘了吩咐人事："这个月的工资扣着，也不要帮他办转移关系的手续。哼！他想跳，还要问问我肯不肯呢！看他几时来道歉！"其他人面面相觑：得罪了老东家，日子也不好过。

点评：因为打算辞职或要离职就肆意妄为，不管不顾，这种行为表明你不够成熟，甚至你的人品有问题，会让人敬而远之。

无论是你喜欢现在的这份工作，但为了一个更好的机会离开，还是你实在忍受不了目前的工作环境，为了自身的健康跑掉，都要用礼貌、审慎和成熟的态度来对待辞职。你目前的雇主会出现在你未来几年的简历中，很可能哪一天你会需要你的前任老板写封推荐信或帮个忙。记住，你的职业声誉取决于你此刻的一言一行。

离职时的种种举动，也能反映一个职业人是否够专业。跳槽和做人一样，讲究的是好聚好散。职场很小，跳出了这个公司，日后可能还是同行，将来还可能有合作的机会，所以跳槽时应遵循如下的基本礼仪，善始善终，体面地离去。

1. 不争吵，好说好散，人走茶不凉

跳槽的原因有很多，比如对上司看不惯、人际关系不如意、事业的前景不好或是对薪水不满意等。但不论出于什么原因，不管你感到多委屈，也没必要为泄一时之愤，在走的时候与原先单位的上司或是同事弄僵，这不仅于事无补，并且对你的以后有害而无益。离职后，心中有点怨气或者牢骚也是自然的。但从职业的角度出发，尽量不要再提起过去，将对日后与旧老板相处大有益处。实际上，日后仔细思量，恐怕也不难发现自己的不足和问题。而且很有可能，旧老板将是你来日的生意伙伴，与他保持良好的关系对自己以后的职业发展有好处。离职后如果与旧老板见面，尊重、热情是第一要件。不提往日旧事，表现自然、亲切，会拉近彼此的距离，增进感情，同时又表现出你的大度和职业风度，何乐而不为呢？公正客观地评价老东家，不但有利于树立你自己的职业形象，更重要的是，可以维护老东家的声誉。这样，无论日后你个人的发展如何，老东家都会记得你的良好职业素养，当然有利于你和他们再打交道时建立良好的关系。

2. 按劳动合同或单位制度提前申请，切忌搞"突然袭击"

跳槽者应提前(一般是两周到三个月不等，至少要提前一周)写封言辞真诚的辞职信。其内容应包括离职原因、离职期限、工作的交接、向公司表示感谢的用语，也可针对原公司的情况再说些个人意见和建议，但语气不能过激。并且，跳槽者要主动和主管详谈跳槽理由和决定跳槽的时间，征求和倾听主管的意见，取得主管的谅解；还应该与主管商议何时、如何让同事们知道自己跳槽的事情。

3. 站好最后一班岗，切忌提前撂挑子

递交离职申请后，在公司还没找到接替者的时候，应该一如既往地做好本职工作，站好最后一班岗。将最后两周看作毕业考试，把客户列成清单，将有关文件信函清理分类，尽可能给将要取代你的人提供最大的便利，将手头正在进行的各项工作交接清楚。

4. 细致地做好交接工作

离职了，也不应说走就走。如果你不给公司准备的时间，撂下一个烂摊子就走，最多让你解解气，使你讨厌的上司忙乱一阵儿，更坏的影响则留给了你自己。同行业的圈子不会太大，消息也很灵通，可能很快你的所作所为就会在业内传开，你的新上司会对你有所防范；最重要的是，没有平和的心态，将影响你今后的职业生涯。

离职者与接替的人在交接期间都还有工作要处理，常常造成交接不完整。甚至有些人已离职到了新公司，还要义务地协助处理旧公司的业务，这虽然会造成一定的负担，但离职者也应积极地的配合完成。如果时间和精力上确有困难，也应通过文字的形式把该职位应干的工作、工作的程序、业务联系人等列出清单，以帮助接替人更快地适应工作，减轻自己离职给单位带来的影响，保持与单位的融洽关系。

5. 办好离职手续

离职手续是完成辞职的结尾工作，也是下一步在新单位顺利就业的必要条件。离职手续包括到各部门办好财物清理、签离职清单，提取个人档案或带走员工手册，需要原公司写工作证明的，也及时办好。公司在接到你的辞职信后，自同意辞职起之后的 7 天内，必须办好辞职手续。而在审批期间，不要擅自离职。这一步千万不要有疏漏，以免为以后的职业发展造成不必要的麻烦。

6. 不透露公司的商业秘密

无论从职业化还是从个人发展的角度，遵守良性竞争的原则，恪守商业准则，都是个人获得职业认可的基石。切忌泄露原单位的商业机密，一个“卖主求荣”“过河拆桥”的人在任何时候都是不受欢迎的，也不可能得到赏识。

7. 重友情，保持联系

离职者到了新的单位就职，必然会在新的工作环境中结交许多新的朋友，但也不要忘记你在原单位的老朋友。在你过去的工作经历中，也许你所得不多，但却与不少同事有种亲近感，甚至是好朋友，他们会成为你的人脉。要认识到，在现代竞争社会里，拥有丰富的人脉有助于你的事业运转自如。所以，在你跳槽高就时，不妨珍惜这一机缘，不要丢弃这份宝贵的财富。在踏上新的工作岗位之后，你可以给你的前任老板和同事们打个电话或发个微信保持联系，延续先前的友谊。

8. 勤努力，早准备，尽快适应新工作

跳槽就是跳到一个新的职业或新的单位，不管怎样，总是要面临新的环境、新的要求。能否快速地适应新工作，为今后长期的职业生涯打下坚实的基础，是每一个跳槽者不可回避且要着力解决的问题。在新单位，跳槽者必须拿出百倍的努力，才能更快地适应要求。

跳槽者必须在准备应聘前就认真细致地收集有关资料，了解新职业的特点和要求，了解新单位及所应聘的职位，了解他们的业务范围、决策程序、管理制度、企业文化等方面的内容，为尽快适应打下基础。

跳槽者应在新工作的初期，仔细观察、认真体会，熟悉和掌握自己工作的具体任务、工作程序和要求、合作部门和人员的基本状况。

跳槽者应尽快和上级及周围的同事建立融洽的关系，以便早日融入新的组织当中。

跳槽者还要善于思考，用过去的工作经验对新的工作进行审视，形成改进的想法，为以后的发展提供支持。

六、跳槽忌讳

有一部分人工作起来闯劲十足，对自己充满信心，也往往表现得自命不凡，觉得领导水平不高，对自己不够重视，所以跳槽就成了家常便饭。从业者要对自己有客观的认识，要通过自己坚持不懈地努力为单位做出更大贡献，这样才能体现出自己的才能，展现出自己不凡的一面。跳槽是为了追求职业生涯的更好发展，但如果不满意就走人，在什么样的单位也难以得到顺利的发展。

1. 急于求成，盲进忙出

几乎每个人都希望在工作中能迅速得到晋升，有志向是好的，但是急于求成往往"欲速则不达"。一位曾在金贸大厦工作过的人事表示，金贸大厦最后晋升到高层管理位置的，并非当初能力最强者，而是能坚持留到最后的人。经验和能力都需要日积月累，来到新的环境，光是获得领导和周围同事认同就不是一两天的事，晋升机会的获得更需要耐心。要把潜力转化为能力，实力转化为地位，切忌急于求成，频繁跳槽，况且好企业一般都比较看重员工的忠诚度，频繁跳槽乃是大忌。

2. 意气用事，盲目跳槽

有些人仅仅因为一点小事与上司或同事意见不合，便盲目离职。这样的人感情用事，缺乏沟通能力和团队精神，即使换了环境也难有作为，反易成为老单位同事的笑柄，企业一般也不愿聘用。

3. 不加分析，盲目听信

相当一部分人跳槽是为了追求高薪。通过跳槽能让薪资上个台阶固然是好，可是如果为了几百元钱跳槽就显得过于草率。现在，很多中介或公司在招聘的时候说得"花好稻好"，可是工作后才发现与承诺不符。比如，在"年薪"上做文章，在"五险一金"上"捣糨糊"等，花样百出，不一而足。求职者如果不加分析，就会轻易"入瓮"。有的人在跳槽时只盯住薪资，不考虑自身的长远发展，更是得不偿失。盲目听信者往往会迅速再次跳槽，进入恶性循环。好企业会认为这样的求职者做事草率，难堪大用。

4. 随意改行，盲目跟潮

没有一个行业是永远的热门。不考虑自身专长和兴趣，即使应聘成功，也难以长久。何况每一次换行都必须从新手做起，知识和经验难以积累，也很难成为行业的佼佼者。如果到了40岁还没有在某个行业里开拓出一片天地，那么跳槽就业将会变得比较艰难。这里还要提醒广大的应届毕业生，不要轻易放弃自己的专业，毕竟学以致用者较非专业者容易上手。随意改行则意味着随意更改职业目标，难有发展。

阅读

职场人士应培养"定力"

一般而言，在一个领域里坚持不懈地努力做下去，终有一天会获得应有的回报。这就如国外一些著名的企业永远只生产自己熟悉的产品一样，这些企业精益求精，最终成为行业"老大"。而坚持在一家公司工作，双方都有很好的了解，随着能力的提升，收入上涨也会水到渠成。一般正规企业都有较规范的加薪制度，这对长期坚持下来的员工来说也是一种奖赏。

七、跳槽面试的四大忌语

跳槽者参加新单位的应聘面试时，很有可能被招聘者问及离职的原因。有的人直接说是由于上班路途太远、专业不对口、随迁搬家等，这些都是可以理解的因素，可以无所顾忌地告诉新单位招聘人员。但以下几种存在于现实生活中的离职原因，就不应在新的求职场上说出了。

1. 收入低

这样的跳槽理由会使招聘者误认为你计较个人得失，把个人利益看得重于理想抱负，没有吃苦耐劳精神。

2. 人际关系复杂

用人单位特别是企业很重视团队精神，如果人际关系处理不好，就是告诉新单位你“不行”。

3. 工作压力太大

现今，人们大都处于高强度的工作状态之下，很多现代企业讲究快节奏、高效率，而如果不能适应高效的工作，就可能被淘汰。

4. 与上司合不来

人处在社会中，要和各式各样的人打交道，什么样的上司都有可能碰上。如果你挑剔上司，则说明你没有摆正自己的位置，也说明你在工作上缺乏适应性。

阅读

无须辞职的离职

《中华人民共和国劳动法》中规定，在某些特殊情况下，员工可随时通知公司辞职，也就是“说走就走”。在实践当中，最常见的是用人单位未及时足额支付劳动报酬和未依法为员工缴纳社会保险费。

招聘者以暴力、胁迫、非法限制人身自由的手段强迫员工劳动，或者招聘者违章指挥、强令冒险作业，危及员工人身安全的，员工无须通知招聘者，可以直接离开。

学习情境7

实践提高身体素质的运动礼仪

◎ 情境导入

某校实习生孙某，来到一家饲料公司做销售员。刚刚走上实习岗位的孙某满怀激情，决定干出一番事业。他坚持每天走访客户，调查市场，工作量很大，居无定所，风餐露宿，经常忙起来就忘了吃饭，加之来自各方面的压力，时间长了，感到胃部不舒服。经过一年的拼搏，孙某所在地区饲料的销售量大幅度提高，但孙某的身体却每况愈下。一天清晨起床，孙某胃部剧烈疼痛。经医院检查，确定他得了糜烂性胃炎，需住院治疗。

◇ 学习目标

我们倡导，每个人都是自己健康的第一责任人。要认识到身体健康的重要意义，了解并掌握保健运动、休闲运动与竞技运动礼仪，为我们顺利入职、成就事业奠定基础。

◇ 学习建议

1. 学以致用，在日常生活中实践运动礼仪，提高身体素质。
2. 养成文明向上的运动礼仪习惯，助力健康人生。

我们可以这样说，身体健康是“1”，其他人生的各个要素——金钱、地位、财富、事业、家庭、子女都是“0”，有了1，才会有10、100、1 000……

拥有健康就拥有希望和未来，失去健康就会失去一切。世界卫生组织认为：健康是身体上和精神上的完好状态，以及良好的社会适应能力，而不仅是没有疾病或衰弱的状态。一个人只有在身体、心理、社会适应能力和道德四个方面都良好、健全，才是完全健康的人。因此，没有病症这种说法已不能满足健康的定义。身体机能与自然环境和社会环境的动态平衡，躯体、精神和社会的完满状态才是新时代人类对于健康的追求。然而，在现实中，快节奏的生活节拍、繁重的工作任务、多重的生活压力，使得人们的健康遭受侵袭。WHO调查数据显示，世界健康人口仅占人口总量的5%，确诊患者占20%，将近75%的人口处于亚健康状态。如何摆脱亚健康状态，获得真正的健康？近些年来，运动受到人们的青睐。例如，学生的早操、课间活动等保健运动，社区、公园等地的台球、滑板等休闲运动以及足球等竞技运动正越来越被人们了解和喜爱。那么，要将运动做到恰到好处，并助力健康人生，我们应注意些什么？又该遵守哪些礼仪呢？

情境任务1 保健运动

知识目标：了解保健运动礼仪，知道哪些做法是得体的

能力目标：针对不同保健运动场景，做到举止文明

素质目标：具有规范的保健运动素养

◎ 典型实例

早晨起床铃声响过，寝室的其他同学都纷纷起床，然后排队洗漱，有条不紊地穿好校服，佩戴好胸卡，出去上早操，但同学王某仍赖在被窝里。等室友都出去了，他才睡眼惺忪地钻出被窝，在自己床头到处翻找着什么，嘴里还说着：“是哪个家伙把我的校服穿去了？”之后，他随手抓起挂在邻床床头的一件白衬衫就往身上套，一边系着扣子，一边踹门而出。

王某飞奔到操场，不管三七二十一，硬是插入已经排好的纵队中间。队形即刻被打乱，身后的同学无奈之下只好纷纷后退，重新调整队形。

同学们大部分都按照广播体操的口令，规范标准地完成每一个动作，整齐划一，整体上显得非常有气势，充分体现了年轻人的朝气。王某的白衬衫在蓝色校服的包围之中已是十分扎眼，加之他的动作松垮、没有节奏感，使得以他为中心的那片区域的整体效果非常差。对于这位着装不统一、蓬头垢面的学生，周围的同学只能“敬而远之”。

早操结束，各班按顺序退场，轮到王某所在纵队时，他倒是“积极”了，迅速地向前窜了两个位子，还对身后的同学龇牙一笑。大家对于他的形象以及举止“不敢恭维”。

思考：王某有何不当之处？

“生命在于运动”，运动与我们每个人的生活息息相关，积极健康的运动对人的身心有益。特别是对青年学生来说，运动总是充满无限乐趣和挑战。蓝天白云、明媚的阳光、新鲜的空气、涔涔的汗水、青春的律动……运动为同学们搭起了一座座友谊的桥梁。虽然运动有时会有激烈的争抢与碰撞，但我们却可以从尊重与被尊重中感受到另外一种安详与和谐，这源于参与者所具备的良好的行为素养，源于所有参与者发自心底的友善。

运动礼仪是指同学们在运动时应该遵守的行为规范。运动中言行是否高雅，举止是否规范，不仅能够体现出同学们的素养，还直接影响运动的气氛和效果，所以大学生应该重视运动礼仪。

一、早操

早晨新鲜的空气对于人的身心健康是非常有益的。每天清晨，人们沐浴着新鲜的空气，常常会感受到充满生命的活力。“一日之计在于晨”。对于青年学生来说，早操的效果直接影响一个人一天的生活、学习、工作质量。所以，清晨请不要再眷恋那温暖的被窝，走出寝室，来到户外，你会发现另一番风景。通过早操时间科学的运动，你会焕发活力，以充沛的体力和精力投入一天的学习工作中。关于早操，我们应注意以下几点。

1. 养成良好就寝习惯，按时起床

从起床铃响到开始做早操这段时间，一般情况下是比较紧张的。寝室人同时共用一个卫生间，简单的洗漱也得排队，如果稍晚可能时间就不够了，或者造成手忙脚乱，出现上操衣服穿反等现象。本任务前的典型实例中，王某之所以慌乱，就是因为没有按时起床。

2. 快速、简单地洗漱、整理

早操时间要面对很多老师和同学，蓬头垢面是很不礼貌的，也有损自己的形象。早操前对着镜子简单洗漱、整理，除了是对别人表示尊重，也增强了自信。

3. 按要求着装

学生早操一般要求穿校服，既适于运动，又体现整齐划一，朝气蓬勃，能够提高早操质量。

4. 提前到达操场，按时站到指定位置

早操时，同学们应提前到达操场，做一些慢跑或其他热身运动，使身心彻底从睡梦中醒来；然后按时站到指定位置，不妨碍他人站位。迟到的同学应该自觉地到班级排尾站队。遇到师长应主动问好，对一般同学应点头致意。

5. 严格执行动作指令，动作规范到位

早操一般伴随着广播播放的运动曲，如果同学们动作规范到位，所有同学的动作整齐划一，那么既美观又有气势。那青春的姿态是　种极富魅力和感染力的美，在动静之中展现出青春的朝气和健美。更主要的是，按节拍做才能将动作做到位，才能达到锻炼身体的目的。像王某那样有气无力地应付差事，既不美观也达不到锻炼效果。

6. 按顺序退场

按顺序退场，是同学们参加一般大型活动、聚会必须遵循的基本规范，是大学生自身修养和综合素质的反映。早操结束后，全校众多师生有秩序地退场也是安全的保障。

7. 晨练体育卫生

情境链接 7-1-1：

学生李某在新学期下定决心开始晨练。平时不太运动的他，这天早起后即向操场跑去。

到了操场，他一时兴起，连续跑了两大圈，结果累得上气不接下气，腿一软坐在地上。

在早操前很多同学提前到操场进行晨练，但有些同学不懂或不注意体育卫生。清晨，人刚从睡眠中醒来，要进行体育运动，必须先活动各关节，做些伸展运动，给身体一个适应的过程，再进行其他活动，而且运动都要适量。运动需因人而异，还应循序渐进，开始的时候活动不要太剧烈，以后可逐步地增加运动量。例如，第一周每天跑 500 m，身体通过一周或更长的时间适应后，第二周每天跑 700 m，之后再酌情加量。衡量运动是不是过量，除了可以用心率来反映外，还有一个最简便的办法就是“谈话试验”，如果在运动的过程中喘得都说不上话了，表示运动可能过量了。

需要注意的是，吃饱后立即进行运动不好，因为此时全身大部分血液会集中到消化器官，帮助消化食物。如果立即进行运动，身体没有很好的状态，还会影响消化，特别是进行剧烈运动，还会引起消化系统疾病。另外，剧烈运动后应在半小时后再进餐，因为剧烈运动后全身血液基本集中在四肢，此时进餐既没食欲，也会影响消化。医学临床总结，如果经常饭后马上运动或剧烈运动后马上进餐，会引起肠梗阻、胃下垂等消化系统疾病。所以，我们要科学掌握锻炼时间和方法。

二、课间运动

情境链接 7-1-2：

下课后，两个同学来到教学楼的正厅，兴致勃勃地打起了羽毛球，全然不顾隔壁办公的老师，更不管来往行人的不便。

课间，某教室里的几名学生在踢毽子，在接毽子的时候，将桌椅碰倒、移位。接毽子的笨拙动作，还引起了他们的大声嬉笑，影响了周围人的休息。

课间运动是学生时代一项重要的活动，也是劳逸结合、提高学习效率的主要手段。校园里除学生外，还生活着许多教师和工人，他们都在辛勤地工作着。老师的生活和工作方式与学生不尽相同，况且每个同学的生活方式和习惯也不尽相同，个人的运动不能给他人带来不便。因此，课间活动必须遵循一定的礼仪，否则可能影响他人学习、生活和工作，或者造成场地、设施损坏。从同学们课间的一些实际案例，我们思考一下，作为大学生应该如何做，才能使我们的校园更加安定和谐。

情境链接 7-1-3：

下课铃声响起，教师宣布下课后，位于一楼大教室后排的几名男女同学跟着一个手持排球的学生，相互追赶着奔出教室，来到室外打起了排球。一会儿上课的时间到了，他们满头大汗地跑回了教室，坐到座位上，还在气喘吁吁。

情境链接 7-1-4：

上课铃响后，一位打篮球正起兴的男同学“啪”地将口中的口香糖吐到了光洁的大理石地面上，随口说了一句“脏话”，埋怨课间时间这么短，还没能尽兴。随后，他又对其他几个同学说：“这课上的没劲，这节课别上了，玩个尽兴……”他的话居然得到了响应。

课间运动应以不损坏场地及设施、不破坏环境、尊重他人、有益于身心健康为标准。

1. 不影响他人

课间十分钟的时间，是供同学们上卫生间或在座位上放松身体的，也可到室外远眺，让眼睛放松一下，呼吸新鲜空气或做简单的活动进行调整，以便下节课能更集中精力听课。前文所述同学的课间十分钟，有的在教室里踢毽子、大声喧哗，甚至碰倒桌椅，显然是不合适的。因为这既影响课间其他同学、老师休息，也影响楼上、楼下相邻班级或办公室的工作，还有可能损坏桌椅或其他教学设施。

2. 到合适的场所运动

课间运动，特别是有器械的活动一定要到指定活动场所去。在教室里或楼内踢毽子、打羽毛球，甚至踢足球，显然不是一名高素质大学生的行为。这样做既可能损害设施，也会影响他人。还有的同学在路上边走边踢足球，既影响行人交通，又可能损害路边花草树木和路灯等公共设施。

3. 爱护环境

同学们应爱护运动场所环境，保持干净、整洁，不在运动场所乱扔垃圾。喝剩的饮料瓶等应带到指定垃圾点堆放，嚼过的口香糖应用纸包好放到垃圾筒里，不应留在场地，否则会影响环境卫生，影响他人运动。

4. 运动适度

一是指运动量适度，因为课间时间短，大运动量后没有时间休息，会很疲劳，所以课间不要剧烈运动，以免影响下节课学习；二是运动时间适度，不能因运动而迟到甚至旷课。

情境任务 2　休闲运动

知识目标：了解休闲运动应遵守的礼仪

能力目标：在休闲运动中做到举止文明

素质目标：拥有得体的休闲运动素养

［视频学习 14：保健运动］

◎ 典型实例

张某是刚刚大学毕业走向社会的新职员，接受过良好教育的他成功应聘到一家跨国公司工作。来到一个新的环境，张某感到既高兴又陌生，一心想证明自己的他每天都努力工作，与同事们真心相处。同事周某提议周末去打台球，得到了大家的同意，但张某之前从未打过台球，借故工作忙没同大家一起去。又是一个周五，同事王某提议周末去滑雪，同事们很高兴地表示一定参加，只有不会滑雪的张某怕在大家面前出丑，又找借口推辞了。时间长了，张某感觉同事们与自己的距离越来越远，他感到很孤独。同事周某看出了张某的心事，告诉他“不会休息的人也不会工作”，让他尽快加入大家，在休闲运动中锻炼身心，增进感情。

休闲运动是指个人在闲暇时间内，从自我体育意识、兴趣出发，以增进身心健康为目的，以丰富和创造生活情趣为准则，自发地完成促进自我完善的身心锻炼活动。休闲运动有助于促进人们转变生活观念，以终身体育方式保持身体健康，深入领会生命在于运动的道理。开展休闲运动有助于人们自我调适，提高应对社会生存压力的能力，保持心理健康。药物无法代替运动，尤其是一个人存在心理障碍的时候，运动疗法通常具有更好的疗效。休闲运动不仅能锻炼身心，更能提高人们的交往层次，增进感情。休闲运动应遵循一定的礼仪，如遵守时间，不迟到、不早退；注意着装，按运动内容穿着服饰；遵守每项运动的基本礼仪，谦虚礼让，加强交流，尽显高雅风度。下面介绍几种新时代在校大学生常见休闲运动的基本常识和礼仪。

阅读

身体虚弱，它将永远不会培养有活力的灵魂和智慧。

——德国诗人卢梭

一、台球

情境链接 7-2-1：

结束了一周紧张的学习，同寝室的 6 个人相约周末去打台球。王某之前从未接触过台球，对台球一无所知，但碍于情面同意一同前往。周六来到台球厅，怎么握杆、怎样结束一局球，王某全然不知。而同寝室的张某，台球打得很好，让人羡慕不已。看到王某的表现，张某决定教王某打台球，寝室团结友爱的氛围更浓厚了。

台球又称桌球，它与网球、保龄球和高尔夫球并称四大绅士运动。台球运动既有激烈的竞争性，又有很高的艺术性，需要智力与体力的相互结合。台球运动礼仪介绍如下。

1. 注意着装

尽量着正装进行台球运动，至少应当穿着干净、整洁的服装。不应赤裸半身，也不应穿奇装异服。

2. 注意语言

台球娱乐中，尽量使用比较低的声音沟通。不要大喊大叫，影响对手击球，也不能影响到其他桌子的人击球。大喊大叫在台球运动中是不被允许的。

3. 注意动作

不要站在击球者的正前方晃动，尽量在击球者的后方；不要在对方击球的时候站在对方可以看到的地方涂抹巧粉；不要在球台附近追逐打闹；不要在击球的过程中吸烟。

4. 注意礼让

在俱乐部内，经常出现邻桌的两个人需要站在同样的位置击球，这时应当注意礼让，避免发生冲突，因为能在同样一间俱乐部娱乐，也是一种缘分。在遇到其他可能发生冲突的时候，我们应当充分表现自己的风度，礼让对方。

5. 注意风度

台球是一项极为需要风度的运动，表现在各个方面。例如，在对手打出好球的时候，可以轻叩台边表示赞美，如果不方便走到台边，可以轻轻地敲击自己的腿部，表示赞扬；在对手结束一杆的击打后，不要马上走去台边，而是应当在对手离开台边后，再去继续击打。

二、轮滑

情境链接 7-2-2：

一天上午，杨警官发现轮滑爱好者一行9人，正在人群和电动车里穿行。杨警官示意他们减速停下，告诉他们不能在道路上使用轮滑鞋。他们表示不能理解，说轮滑出行是一种便捷又健身的方式，特别是在上下班的时候作为代步工具，很方便。随后，杨警官对他们的行为进行了教育，表示滑板、旱冰鞋不是交通工具，"刷街"上马路是违法的。《中华人民共和国道路交通安全法实施条例》第七十四条规定，行人不得在道路上使用滑板、旱冰鞋等滑行工具。这样的行为不仅存在安全隐患，还违反了交通法规，如若与车辆、行人发生碰擦，还会造成人员受伤。在交警的解释和教育下，一行人认识到了错误，脱下轮滑鞋后乘坐地铁离开。

(一)注意事项

1.做好热身

练习轮滑前，要充分活动开手腕和下肢各关节及韧带，做好充分的准备运动。

2.带护具

护具包括专用的护腕、护膝、护肘以及头盔等。虽然轮滑是容易掌握的休闲运动，但是很容易受伤，必须要有安全意识。

3.安全检查

练习轮滑前，要检查轮滑鞋的螺丝等部件，以防止滑行过程中因轮滑鞋出现问题而受伤。

4.选定路线

初学者要在场内或规定的范围内练习，或者尽量在人少的地方练习。初次学习时要有同伴或专业教师进行辅导。

(二)礼仪

(1)不能做危险或妨碍他人的动作。特别是在人多的公共轮滑场内，如几人拉手滑行、在速滑跑道上逆行或与大家滑行方向相反、乱蹦乱跳、在场内横插乱窜、追逐打闹等都是很危险的，也很不文明。

(2)不要在马路等有车辆行驶的公共场所玩轮滑。

(3)在广场玩轮滑需摆桩时，不要影响他人出行，每人可摆放10～12个桩进行练习。校内校外都需树立个人的良好形象，练习结束后及时将摆桩收回。

阅读

在我们劳动人民的国家内，需要千百万身体健壮、意志坚强、勇敢无畏、朝气蓬勃、坚韧不拔的人。

——列宁

三、滑板

情境链接 7-2-3：

一天晚上，张某打完第二份工，骑电动滑板车载着堂妹回家。经过涂家冲附近时，由于晚上光线不好，张某未注意到地面凹陷的下水道井盖，颠簸和惊慌之中，她未把握好平衡，重重摔倒在地。张某当场昏迷不醒，堂妹受了外伤，因受惊吓而一时不知所措。幸好一位男子路过，见状后赶紧向附近的湖南省第二人民医院呼救。随后，张某被送到医院。

因为骑电动滑板车速度快，人倒地时来不及做防御，很容易造成重伤。现在不少年轻人驾驶电动滑板车，其实存在很大的安全隐患，特别是路况较差的时候。建议如果要骑，必须戴好头盔，做好安全防护。

青少年玩滑板有助于健身，在健身广场上进行这项活动无可厚非，但如果在大街和人行道上玩滑板，安全状况实在令人担忧。

滑板运动礼仪介绍如下：

(1)不要嘲笑摔跤的人。当别人不小心摔跤时，请拉一把，继续为他加油；当别人挡住你做动作的线路时，礼貌地示意他离开。

(2)遵守公共规则。勿在公共交通场地和工具上（如地铁、机场等地）玩滑板；当带板乘坐地铁时，应放置好，不要妨碍到他人；板友结群出行时，勿大声喧哗；当在公共场合（如市民中心）练板时，不要和广场舞人群抢场地。

(3)选合适的滑板鞋。滑板鞋一般是翻毛皮面料＋耐磨鞋底＋减震鞋垫，专业的滑板鞋在某种程度上体现了运动者对这项运动的真诚态度。

四、游泳

情境链接 7-2-4：

刚刚学会游泳的郑某周末来到游泳馆，想要好好运动一下。来到游泳池旁，兴奋的他为展示学习成果，一跃跳进水中，溅起的水花飞溅到旁边游泳人的身上。郑某在水中很高兴，随意游来游去，完全不顾及他人。他为显速度快，随意超越前人；与人碰撞，不主动避让；在泳道与泳道间任意窜换。他的到来引起泳池内其他人的极大不满。

思考：郑某有何不当之处？

游泳是在水里凭借肢体运动同水的相互作用而进行的活动项目。人类的游泳活动与动物不同，人类游泳是一种有意识的活动。游泳在历史发展的过程中，逐渐成为体育运动中的重要项目。

坚持游泳锻炼，不但能使神经、呼吸和血液循环等系统的机能得到改善，而且还能提高肌肉的力量、速度、耐力、弹性和全身关节的灵活性，有效地增进健康、预防疾病、提高身体素质、使身体得到协调发展。游泳也是对聋哑人、伤残人极为有益的一项体育活动，对于身体瘦弱者和许多慢性病患者更是一种有效的体育医疗手段。此外，游泳也是很有趣的一项娱乐活动，对于丰富人们的精神文化生活有积极作用。下面了解一下与我们关联较大的大众性游泳的礼仪。

(1)游泳时应先淋浴,并穿好泳衣,戴好泳帽。

(2)在休闲泳池中尽量不要跳水、嬉戏打闹、潜泳、蝶泳。

(3)游泳时,不要长时间压用于隔离泳道的水线。

(4)游泳时,以泳池底的水线为界,靠右侧游。

(5)泳池内有其他游泳者时,尽量不超越前者。

(6)在泳池内,照顾水平不如你的游泳者。

(7)在泳池内,尽量不要横游或横越水道。

(8)选择适合自己的区域游。通常泳池会划分出一些水道来迎合各种需求,如教学区、游戏区、快游区等水域,请自行考量做出选择。

(9)进入泳道时,先由泳道角落滑入,并站立一会儿,让原本在泳道里游泳的人都经过并知晓新人的加入,不要用跳水的方式进入泳道。

(10)跟游时,最好保持 5 m 以上的间距。

(11)主动道歉。在泳池中,蹬到、碰到别人时,应主动跟对方说“对不起”。

(12)不对他人的游泳指手画脚、乱做点评。

(13)在泳池内想要做短暂休息停留,或在池壁两端时,尽量靠向泳道的旁边,让出可让人转身的空间。

(14)尊重泳池的管理人员。

[视频学习 15:休闲运动]

情境任务3 竞技运动

[视频学习 16:竞技运动]

知识目标:了解竞技运动应遵守的礼仪

能力目标:在竞技运动中做到友谊第一、比赛第二

素质目标:具有科学文明的竞技运动素养

◎ 典型实例

在某次中国大学生足球联赛(超级组)全国 1/4 决赛中,比赛进行至第 60 分钟、85 分钟、93 分钟时,部分队员出现侮辱和暴力性违纪行为,致使比赛中断 3 次,严重影响比赛进程,造成恶劣影响。最终,相关单位和人员均被处罚。

一天下午 5 点多,某初级中学内有几个学生在球场上打篮球,大二学生余某来到了球场,寒暄几句就加入比赛。没打多久,对方一名个子不高的中学生就和余某发生了语言上的冲突。球赛散了,对方再次和余某发生口角。最后,余某被摔在地上,随后被直接送进了医院重症监护室。最终,余某不治身亡。本案中,虽然打人者未满 18 周岁,但也要对其行为承担刑事责任。

足球和篮球属于较为激烈的竞技运动,无论是参加比赛还是观看比赛,都要时刻注意自己的言行举止和礼仪,这不仅体现了大学生的个人涵养,也关系到自身的生命安全。因此,学习参赛和观赛礼仪是十分重要的。

一、足球

情境链接 7-3-1：

某农业职业技术学院第三届足球联赛历时 2 个月，在学院足球场圆满落下帷幕。来自学院 9 个系的 9 个代表队共 198 名队员参与了比赛。经过 2 个月的激烈角逐，最终决出了前四名。本次比赛中，队员们都很注重赛场礼仪，赢得了校领导、老师和同学们的赞扬。同学们不仅锻炼了体魄，丰富了校园生活，还增强了凝聚力，取得了运动成绩和精神文明的双丰收。

(一)球员基本礼仪

1. 互换队旗

比赛开始前，双方队长交换队旗，表示友好。队旗代表着一支球队，不能大意。队长带领队员依次与对方球员以及裁判握手，可说“加油”“多多指教”等礼貌用语。全队还可一起牵手或一起举手向球迷致意。

2. 鼓劲

比赛开始前或进行中的某些时候，球员们可以站在一起相互鼓劲加油，具体方式由队长根据当时的具体情况决定。例如，所有球员侧身围成一个圆圈，每人依次伸出一只手上下相叠，高呼加油口号。

3. 进球庆祝方式

我方球员进球后可以做庆祝动作，但不能延误比赛时间，建议要感谢助攻的队友并且和队友一起庆祝。如果浪费了队友创造的进球机会，也应向队友表示歉意。

4. 换人

比赛中途换人时，首先，即将上场的球员离开座位后应站在场边等候，退场球员到达场边与即将上场的球员击掌(或以其他方式)示意，鼓励其好好表现；其次，退场球员立正，分别向两面的观众挥手(或以其他方式)示意，感谢大家的支持；最后，退场球员走回替补席。

5. 犯规

队员无意中犯规时，在裁判员吹哨后，犯规队员应举手示意，表示接受判罚，并采取适当的动作向对手队员表示歉意，如将倒地队员扶起，或拍拍对方肩膀等。队员若认为裁判判罚有误，应通过队长、教练员或领队与裁判协调，双方不得在场上形成群起攻击的对峙局面，也不应采取过激的无礼行为。

6. 其他禁忌

队员不能有侮辱、指责或故意用身体接触对方球员、工作人员以及观众的行为。队员应积极比赛，不应采取延误时间等不正当行为。不正当行为包括：裁判员判罚任意球后，防守队员为使同伴有时间组织“人墙”而故意站在球前；佯装受伤或踢任意球时故意将球放在错误地点，来要求裁判员纠正后重新放在正确地点；准备执行界外球时突然将球递给同伴队员来执行；在裁判员停止比赛后将球踢走；过长地延误执行掷界外球和任意球时间，换人时场上队员延缓下场时间，以及守门员为使本队获得时间而拖延等。

小提示

在进攻方出球球员出脚的瞬间，在对方半场，当接球球员比含门将在内的倒数第二名防守球员距离球门更近，同时比球距离球门更近，并试图借此位置干扰对方球员争球，干扰比赛，接门柱横梁及对方身上反弹球，此时就会被判罚越位。另外需要注意的是，角球和界外球、球门球并不算越位，且在对方半场靠前球员回传不算越位。

（二）观赛基本礼仪

1. 着装

球迷可以适当别出心裁，如脸上涂抹国旗颜色的油彩来活跃气氛，啦啦队可以穿上喜爱球队的球衣等。然而，穿背心、短裤和拖鞋，甚至光着膀子去赛场看球不符合公共场所的礼仪要求。

2. 场内秩序

按要求进行安检，把危险物品留在赛场之外，以便降低向赛场投掷物品的可能性。入场可以携带不违反国家法律及特定比赛规定的物品，如锣鼓、喇叭、旗帜或条幅等，但不能携带有侮辱性标语的物品，两队入场均应友好对待。比赛结束后，无论结果如何，都应礼貌地再次为双方球员鼓掌。比赛过程中一般不禁止吃零食，但不应影响他人观看，不要把果皮纸屑随地乱扔。观众席内禁止吸烟，可以到指定场所吸烟。

3. 国旗

国际足球比赛都会举行升国旗、奏国歌仪式。除了摄影师、记者以外，所有观众都应肃立并停止走动和交谈。升起本国国旗时，应面向国旗行注目礼，军人要行军礼，全体随国歌旋律一同唱起国歌。当升起客队国旗时，保持肃立，以表示尊重。

4. 渲染气氛

在激烈的足球比赛中，球迷们为己方球员适当地喊口号、吹喇叭、敲锣打鼓等能为赛场增添浓烈的气氛。但喝倒彩，辱骂球员、教练、裁判，甚至向赛场里投掷危险物品则是违法行为。

二、篮球

情境链接 7-3-2：

某次篮球比赛，第一节比赛还剩 4 分多钟，在甲队的一次进攻中，其队员 A 和乙队的队员 B 在内线缠斗，双方互不相让，情绪有些激动。B 张开双手不断地贴防 A，这种橡皮糖式的防守引起了 A 的不满，于是 A 假装进攻要位，用右肩给了 B 一个身体对抗。但是身旁的裁判目睹后，立刻吹罚了 A 的进攻犯规。在裁判吹罚了犯规之后，A 突然情绪失控，直接将 B 推倒在地。

某次足球比赛中，某队一名主力队员在赛后走向更衣室的途中，被看台上飞下来的瓶子击中，当场血流满面，被紧急送往附近医院。队员防住了对手，却没能防住球迷。

某次足球比赛中，赛场上双方球员表现良好，比赛进行得非常激烈。但比赛结束后发生的不和谐的一幕抢占了各大媒体的头条：当某队球员走出大巴准备返回酒店的时候，和酒店门口对方球队的球迷发生了言语上的冲突，之后冲突进一步升级，多名球员都和球迷厮打在了一起。赛后，篮协对此事件进行处罚：一队员被禁赛4场、一队员被禁赛5场，一队员被禁赛8场。

(一)球员基本礼仪

1. 礼貌问好

篮球是团队运动，应与队友培养默契，团结一致，互相支持。在参加篮球比赛时，应本着“友谊第一、比赛第二”的原则，赛前赛后文明握手，礼貌问好。

2. 遵守规则

要遵守篮球运动的规则，规范自己的技术动作，具备良好的体育道德，不打“假赛”“脏球”。在球场上应随机应变，做出及时、正确的战术判断。

(二)观赛基本礼仪

1. 携带物

一般不得带玻璃瓶、易拉罐饮料进入赛场，可以带软包装饮料。垃圾要用塑料袋或者纸袋自行带出。观众最好在比赛的节与节之间以及上、下半场结束后如厕或者买饮料。

2. 着装

观众的衣着要整洁、大方，不能太随便；进入体育馆后，不要吸烟；在比赛中，不要随意走动。

3. 鼓劲

比赛中，东道主的球队占天时、地利、人和的优势，要注意在为己方球队加油助威时，不要使用带有侵犯对方球队的语言。要为双方的精彩表演鼓掌，不要利用嘘声影响比赛、打压对手；不要冲着啦啦队队员指手画脚，也不要使用带有挑衅性的肢体语言。

4. 其他礼节

国际比赛中，在升参赛国国旗、奏参赛国国歌时，观众应该起立行注目礼。手机要关机或设置在振动、静音状态。不能随意使用闪光灯，尤其在队员执行罚球时。比赛结束后，还可能进行颁奖仪式，观众应等场内所有仪式全部结束后再离场。

三、马拉松

情境链接 7-3-3：

2013年英国东北部城市桑德兰举办了一场“北方马拉松赛”，让外界觉得十分离奇的是，仅一个人跑完全程，其余5 000多名参赛跑手全部跑错路。第二名很无奈地表示：“由于第一名跑得太快，我一不小心跑错了路，然后成功带偏了剩下的5 000多名参赛选手。”

2017嵩山少林国际马拉松赛上，来自埃塞俄比亚的Amogne Sendeku Alelgn，穿着凉鞋，以2小时28分2秒的成绩夺得第一，并获得2万元的奖金，还获得了由少林寺高僧开光加持的奖牌。

2019年，福建厦门马拉松，43岁的李汉阳赤脚跑完全程，在27 906名参赛选手中以2时44分56秒的成绩排名104。他说：“穿着鞋跑不快。”

马拉松，一项起源于公元前490年的长跑项目，当下越来越受到全世界的关注。马拉松长跑是国际上非常普及的长跑比赛项目，全程距离为42.195公里，一般分全程马拉松、半程马拉松和四分马拉松三种。马拉松比赛已成为我国最受欢迎、最具影响力的品牌赛事之一。

我国每年举办马拉松比赛的场次越来越多，最多时全年超过400场，也就是说平均一天就有一场以上的马拉松比赛在某地举行，数量和规模甚是宏大。如今，马拉松比赛不只是一项全民运动，更是一张展示城市面貌的绝佳名片。

(一)参加马拉松的注意事项

(1)做训练计划。要想跑马拉松，训练时间最好不要少于6个月，但是可以调整每天的训练时间。

(2)选服装。速干衣是比赛的明智选择，男生带乳贴也是很正常的一种现象，是对自己身体的一种最基础的保护。

(3)选鞋子。应当选用胶鞋或越野跑鞋，鞋内的海绵最好是泡沫橡胶的，这种鞋具有较好的缓冲性和保护作用。比赛时最好穿八成新的跑鞋，脚对这样的鞋已经适应。

(4)做好准备活动。充分地活动各关节，减少各关节间的黏滞性，调动身体循环系统、呼吸系统的积极性。赛前要做好体检，降低疾病风险，要做好准备再去参加比赛。

(5)学会在比赛中喝水。可在比赛前2小时适当吃一些糖，补充比赛能量消耗。在比赛中会经过一些水站，不要大口喝水，尽量小口小口地补充水分，避免刺激肠胃。

(6)注意保护关节。在比赛中提高安全意识，一旦出现踝关节扭伤，应退出比赛，到救护站进行治疗。

(7)不要骤停。运动后逐渐降低运动强度，一般持续1～10分钟递减运动为宜。逐渐放慢速度走起来，等到自己的心跳趋于平缓之后，再去喝水和休息。

(8)注意休息。赛后72小时内最容易生病，要补充营养，保持补水和充足的睡眠，尽量避免到人群比较集中的地方。

(二)参赛者礼仪

(1)鸣枪前到达赛场，领取参赛包、存放物品、进行热身运动等。

(2)比赛中，散步的人要走外侧跑道，不要一堆人并排走，不要手拉手走，更不应该突然变道，要把内道让给跑步的人。跑步慢的人也尽量别占内道，应该让道给快的跑者。

(3)男性跑者经过单身女性时，莫贴太近，请避让距离大些。如果前面行人是一对男女，应该尽量选择从同性身侧通过。

(4)礼貌进出补给站。在进入和离开补给站时都需要使用手势，不要从别的选手前面穿过，以免造成不必要的碰撞。

(5)节约取用赛道上的补给。不要将一整瓶水随手丢弃，可以拿一瓶水跑上几公里，喝完后找到垃圾点弃置空瓶。

(6)跟随跑是跟在设定目标跑者的身后，但注意至少要保持2 m以上的距离，不要让被跟随者感到不适。

(7)赛中和完赛后对志愿者的感谢。要让志愿者知道你的感激之情，向志愿者致意，表达感谢，这是赛道礼仪的至高境界。

(三)志愿者礼仪

(1)行姿。目视前方，步伐要轻快而稳健；行走时两手要协调摆动，腰要适当收紧。志愿者与服务对象并行前进时,志愿者的速度要与其协调,同时要居于其左侧。上下楼梯,上身要挺直,脚步要平稳,一般不要手扶栏杆。

(2)站姿。女性志愿者站立时,两脚应成“V”字形或“丁”字形,膝盖和脚后跟应靠拢,身体重心应该尽量提高。身体切勿晃动,双手切勿插入口袋。对男性站姿的一般要求:头正、颈挺直、双肩展开放松,身体有向上的感觉;收腹、立腰、提臀;两腿并拢,膝盖挺直,小腿向后发力,身体的重心在前脚掌。在开展服务时志愿者站的位置要正确,不要堵住主要通道,不挡住观众视线。

(3)蹲姿。志愿者在志愿服务中有时需要采用蹲姿,此时通常采用高低式蹲姿。下蹲时右脚在前,全脚着地,左脚稍后,脚掌着地,后跟提起。左膝低于右膝臀部向下,身体基本由左腿支撑,腿间可保持适当距离。切勿采用全蹲的姿态,也不能做翘臀姿态取物,取物时不要东张西望,会让人猜疑。

(4)坐姿。志愿者坐姿使用的是垂直式,要求双脚垂直于地面,两腿分别与肩同宽,双手放在两个膝盖上。入座:应在他人之后、适当之处,从座位左侧向周围人致意,尽量减少声音,以背部接近座椅。离座:应先表示离座,并注意先后顺序,然后缓慢起身站好,从左侧离开。

(5)微笑。志愿者的微笑是最具魅力的礼节,也是城市最好的形象品牌。微笑的幅度大致可归类为一度、二度、三度。一度微笑:嘴角自然上扬,显示出自然温和的感觉。二度微笑:嘴角明显上扬,显示出亲切关注的感觉。三度微笑:嘴角大幅度上扬,露出6～8颗牙齿,显示出热情积极的感觉。

(6)眼神。志愿者的眼神要注意注视对方的时间和位置,一般注视对方的范围是以两眼为上线、下颌为顶角的倒三角区域。

(7)面部修饰规范。保持自己的面部干净、清爽。避免在服务中出现身体异味。女性面部的修饰要自然,工作中要求化淡妆,切忌浓妆艳抹。男性若无特殊的宗教信仰或民族习惯,要养成每日修面剃须的好习惯。志愿者服务前应忌食葱、蒜、韭菜、烈酒以及吸烟。

(8)发部修饰规范。女性应将长发盘起来,或是束起来,或是编起来,或是收于工作帽之内,不可以披头散发。男性的发型要长短适当,前发不覆额,侧发不掩耳,后发不触领。作为志愿者,不应把头发染得五彩斑斓,这与服务者的身份是不相符的。

(9)服饰得体。服饰与个人形象、城市形象乃至国家形象有极大关系,服饰的选择、穿戴要服从主办方对志愿者着装的统一要求,不得随意改裁、涂鸦,也不得将服装转作他用。

(10)其他行为举止。服从安排,遵守志愿服务组织的有关规章制度。

四、其他赛事

学校组织的篮球、排球、足球、乒乓球等小型比赛,通常规模小、参与人少,甚至某些比赛活动是学生自发组织。因为没有权威的组织部门,这些比赛的随意性较大,所以必须遵循一定的赛事礼仪。

1. 文明参赛

情境链接 7-3-4:

一次校园篮球比赛开始,参赛双方队员入场,在中线两侧站好后,相互握手问好,然后都很谦虚地喊:“向××队学习!”比赛结束后,裁判示意双方队员站好,并握手致意。

在一场激烈的乒乓球比赛中，甲方队员进攻，乒乓球擦对方球台边缘，对方无法救起。甲方队员很有礼貌地举手示意，并没有庆幸和叫好。

情境链接 7-3-5：

某系内部两班进行篮球比赛，赛前两队就大打“口水战”。当乙队将比分反超时，甲队的球员之间没有互相鼓励，反而相互埋怨；甲队大比分领先后，该队球员用蔑视的语言和动作挑逗乙队球员；比赛进行中，乙队一队员在对抗中得到机会，跳起投篮，没想到甲队防守队员故意向他腾空的身体拱去，投篮球员顿时翻倒在地，膝盖磕出鲜血。

情境链接 7-3-6：

正在进行的院足球比赛场上，激战正酣。甲队已经落后一分，该队队员积极组织进攻。10号队员得球，进行盘带，乙队 9 号将他牢牢看住，10 号队员难以突破，非常急躁，这时他索性将足球踢向 9 号队员的身体。足球以很快的速度击中了 9 号球员的腹部，他应声倒地，蜷缩着身体。

情境链接 7-3-7：

在某系举办的排球比赛中，某班同学团结协作、共同拼搏。在决赛赛场上，6 号队员的一次失误使本班落后，但该队其他队员没有埋怨，反而鼓励他：“没关系，打好下面的比赛”“要回来”。6 号队员受到鼓舞，在之后的比赛中正常发挥，与同学们并肩作战，赢得了最后的胜利。

参赛运动员必须尊重队友，与队友团结协助；必须尊重对手，不得影响或干扰其他运动员的正常发挥；球场上队员动作要规范，不要过大、过激，更不能故意造成对方损伤。

队友失误不应责备，应给予鼓励。比赛中失误是在所难免的，应以宽容、鼓励的态度面对，语言应文明积极，不应责骂埋怨，或满口脏话，影响队友情绪。

2. 文明观看

情境链接 7-3-8：

某篮球场上，双方队员大打“口水战”，场下的啦啦队员更是疯狂，一名全身牛仔装、头戴墨镜的摩登女郎带领一群忠实的铁杆球迷，以咄咄逼人之势，用语言攻击对方的场上球员和啦啦队。当对方球员带球时，他们就喊“下去吧”“下去吧”；对方球员罚篮时，他们就喊“进不去”“进不去”。当自己支持的队伍比分稍领先时，他们就嘲笑对方。

情境链接 7-3-9：

学院羽毛球联赛决赛在 A 队和 B 队之间展开。双方啦啦队和观众将决赛场地围得水泄不通，但他们礼貌地观看比赛，并无拥挤和起哄现象。球员发球、扣球等环节进行时，观众鸦雀无声，关注比赛进程。当场上球员有优异表现时，观众均报以热烈掌声。当 A 队队员扣球得分时，A 方啦啦队员鼓掌喝彩；失误时则为其加油助威。当 A 队队员失误时，B 方没有喝倒彩。观众的文明表现为决赛的顺利进行起到积极作用，并为赛场增色不少。

作为观众，举止应该文明。鼓掌加油时要注意，只有在每项比赛或每个动作确实结束时，方可加油叫好，不致影响运动员的正常发挥。绝不能说脏话，喝倒彩。

3. 服从裁判

情境链接 7-3-10：

一场篮球比赛正在进行中，甲球队失利，队员当面指责污蔑裁判是“黑哨”，并说“不会裁就下去，换人”之类的话。这样他们越打越急，越急分差就越大。场下的啦啦队员也随之不断起哄。

当比赛结束时，甲队以大比分落后乙队，甲队的一名队员气愤至极，一脚将篮球踢出场外，大骂着扬长而去。

情境链接 7-3-11：

一场篮球比赛正激烈地进行着，场上队员均全力投入比赛。甲队 5 号与乙队 6 号争抢篮板球，在争抢中，篮球碰到 6 号身体后出界，但裁判因视线被球员挡住，将球权误判给乙队。甲队 5 号并没有争辩，很有礼貌地将篮球交予乙队。甲队 5 号在三分线外投篮，球没进，双方多位球员争抢篮板球，结果球出界，裁判却一时无法判定是谁将球击出界。这时，乙队 6 号举手示意是他将球击出界，比赛继续顺利进行。

比赛中必须尊重裁判，服从裁判判罚。校园内组织的各类比赛，一般是业余活动，裁判多由学生担任，裁判水平参差不齐，难免误判错判。所以，运动员和观众在服从裁判的基础上更应理解他们，不与裁判进行过分的争执。

4. 爱护场地器材

情境链接 7-3-12：

在学校排球场，一名男同学自己练足球。无人与他练习倒脚，他索性将排球网当成对练对象。他猛力将球踢向排球网，球网再将足球很柔和地送回他的脚下，该同学觉得找到了很合适的练习方式。没过多久，纤弱的排球网就被踢开一个大口子。

一节体育课正在进行，老师讲授的是篮球进攻战术。同学们都在兴致勃勃地演练老师教授的战术，可李某却不想练习，拿起一个篮球，坐在臀下休息。下课哨声响起，李某高兴地蹦了起来，再看他臀下的那个篮球，变成了一个“鸭蛋”篮球。

情境链接 7-3-13：

篮球决赛马上在院体育馆开始，很多同学陆续到场观战。但是前来观战的部分男生穿着皮鞋，女生穿着高跟鞋，在激动之时狠力地跺着脚。比赛结束后，体育馆内的地板漆面受损，留下了很多伤痕。

作为学生和运动员，都应该爱护运动场地、场馆和运动器材，不随意抛扔运动器材。校园内的运动场、体育馆及各项运动器械均是公有财产，是我们开展文娱活动、锻炼身体的舞台或载体，我们不能以随意的行为，造成运动器材或场地的损坏。

阅读

中国与奥运

中国人第一次参加奥运会是在1932年，在美国洛杉矶举行的第10届夏季奥运会。中华人民共和国成立后，1952年在芬兰举行第15届奥运会时，中国奥委会首次应邀参加，中国运动员参加了游泳比赛。此后，中国奥委会一度与国际奥委会中断了联系。1979年11月，国际奥委会恢复了中国奥委会的合法席位。1984年，中国派出225名运动员参加了在美国洛杉矶举行的第23届奥运会，并取得按金牌数(15枚)排位第四的好成绩。从1988年第24届奥运会开始，到2004年第28届奥运会，中国派代表团参加比赛，均取得较好成绩。2008年，在中国北京举办了第29届奥运会。在2022年，中国举办了第24届冬季奥运会。

学习情境8

掌握奠基事业的学习礼仪

◎ 情境导入

某高职院园艺专业毕业生王某，在毕业十年后，成了母校的客座教授。一些不知内情的教师发出疑问：我们的毕业生如何成了客座教授？原来，王某在校时就主动要求参与校内实践基地管理，由于他的谦虚好学、尊敬师长、吃苦实践，老师都愿意多指点一下。在有了一定生产经验后，他与另一名同学进行反季节西瓜生产，边实践边学习，不仅获得了 7 000 元的经济效益，其技术水平也成为同学中的佼佼者。毕业后，王某在欧亚花卉公司担任技术员，由于公司的栽培模式是无土，他又在有土栽培的基础上，学习钻研无土栽培技术，很快成了公司的骨干。3 年后，他被聘到省农业相关研究所从事蓝莓驯化，以前的积累，加之他的学习研究能力强，使他成了业内知名专家。他说，我仍然在不断学习，才能适应快速发展的行业……

◇ 学习目标

能够熟练掌握学习礼仪，并用于指导自己的学习实践，使自己成为笃行、好学、会学的当代大学生；通过终身学习为事业的持续发展奠基。

◇ 学习建议

1. 以小组为单位，剖析大家在学习礼仪方面存在的问题，找出修正的办法。
2. 客观评价目前的自学状况，是否需要改进。

一次性学习的时代已告终结，终生学习的理念深入人心。无论是对于个人素质的提高，还是对于今后事业的发展，现代职业人都应掌握奠基事业的学习礼仪。

在大学阶段，学习仍是大学生生活的主要任务。与中学阶段不同，大学学习有着很强的目的性、自主性与选择性，它不单纯是为了学习而学习，还包括为了兴趣而学习，为了未来而学习，为了成长而学习。更为重要的是，大学期间的学习目标应该是在掌握知识的同时，培养自己的能力，提高综合素质，为走上社会做好充分的知识储备及技能储备。学习不仅是高职大学生成长历程的关键，而且也是其未来事业的基础。

如何完成学习任务？熟悉并遵守学习礼仪是关键。学习礼仪是同学们参与学习活动过程中应有的仪表、仪态的行为规范。本章将从课堂学习礼仪、自主学习礼仪、网络课堂礼仪三个方面来介绍学习礼仪。

阅读

在学习方面，你的最有价值的财富是一种积极的财富。

——鲍比·迪波特《定量学习》

情境任务1　课堂学习礼仪

知识目标：学习掌握课堂学习礼仪

能力目标：自觉遵守课堂规范，提高课堂学习效率

素质目标：养成尊重、倾听、思考、互动的课堂学习习惯

◎ 典型实例

“信息时代”的大学课堂

6月的一个下午，第一节课上课的铃声刚刚响过，一位男生气喘吁吁地跑到教室门口，推门而入，在老师和同学们的“注目礼”伴随下走向座位，咣当一声坐下。面对这么多双眼睛的注视，他表现得却很“淡定”。随着老师讲授内容的深入，同学们有的在聚精会神地听着老师讲课，有的在一丝不苟地记着笔记。这时，那个迟到的男同学拿出自己的手机“热火朝天”地开始了打字聊天。过了一会儿，他觉得打字聊天太慢，又开始了语音聊天，虽然声音很小，但是前面的同学还是被吵得频频回头。最终，他在老师的批评下才安静地上课了。

思考：对于学习而言，态度和智商哪个更重要？

大学生在校学习、生活期间要受到诸多良好礼仪的训练，从而自觉养成讲文明、懂礼貌、重礼仪的道德观念和行为习惯。课堂礼仪就是大学生必须掌握的一项礼仪。课堂是学生获取知识的主要渠道，是师生之间、学生之间相互交流的主要场所。熟悉课堂礼仪并养成良好的课堂

[视频学习 17:上课礼仪]

学习习惯,对于大学生来说是必不可少的。课堂礼仪是指学校师生之间、学生之间在课堂教与学过程中应有的行为规范。

上面典型实例中这位踏着上课铃匆匆闯入教室的学生,他的表现与课堂礼仪格格不入。作为一名大学生,在课堂学习中有哪些是必须做到的?又有哪些禁忌呢?

一、理论学习

(一)候课

上课前5分钟,学生必须到达教室,准备好上课用具。这本身是一种应有的礼貌,也是对老师的尊敬。教室的这种严肃气氛,既能为老师取得良好的教学效果打下基础,又能够密切师生之间的关系。对学生本身而言,5分钟准备也是从上一堂课转入下一堂课、从室外活动转入室内活动的一种过渡,能帮助学生使自己的注意力尽快集中起来。学生可以利用这5分钟的时间从容地做好上课准备,找出上课要使用的课本、笔记本以及其他用品;也可以端正坐好,恭候老师的到来。

总之,任何一位同学都应该在每节课前提前进入教室,做好上课准备。这既是尊重别人,也是尊重整个班集体。学生个人不能因为自己的准备工作尚未做好而影响整个班级的上课。对集体的热爱体现在每一件小事中。

(二)谦让、整洁、有序

上课前,同学间应做到互相谦让,有秩序地坐到座位上。对视力差的同学,在座位上可给予照顾,主动为他们留出前排的座位,不应争先恐后地哄抢座位。教室内应时刻保持卫生清洁,不能在室内大声喧哗。当老师走向讲台时,全体同学起立,待老师答礼后,方可坐下。遇到紧急情况需要疏散时,千万不要惊慌,不要拥挤,本着就近的原则,找到通道,立即撤离到安全地带。

(三)不迟到

上课不迟到是学生应遵守的最基本礼仪,但学生如果遇到特殊情况,不得已而在老师开始上课后才进入教室,就要特别注意举止的文明和礼仪的周到。

(1)在教室门口应先停下脚步喊"报告"。如果教室门关着,就应先轻轻地敲门,在得到老师的允许后才能进入教室。

(2)进入教室后要向老师说明迟到的原因,态度要诚恳,实事求是。在得到老师的谅解和允许后,方可入座。

(3)在走向自己的座位时,速度要快,脚步要轻,动作幅度要小。走到座位前放书包和课本以及坐下时,尽量不要发出太大的声音,更不能有任何滑稽的举止。

(4)坐下后应立即将注意力集中起来,端坐听老师讲课。

(5)如果教室后门开着,应从后门进入,并靠后就座,避免影响老师正常授课秩序。待课间休息时向老师说明原因,寻求谅解后再调整座位。

总之,迟到的学生必须把因自己迟到而对课堂秩序所造成的影响降到最低限度,以保证教师的课堂教学效果和同学们的学习效率。

(四)认真听讲,尊重老师

学习对每名学生来讲是义不容辞的义务和责任,学习能力是每名大学生最应养成并终身保持的重要能力之一。

情境链接 8-1-1:

某大学的专业英语课上,一位外籍的英语老师被聘请来给学生上课。他幽默的语言,与众不同的教学方式,让学生们笑声不断。一位学生拿出手机,先是拍下了老师的多媒体课件,又给老师拍了一张相片,并马上传到了"朋友圈"上与大家一起"分享"。等到下课时,他发现自己的"朋友圈"被无数次"点赞"和"转载"。这个外籍教师就成了校园的"名人"。

这名大学生的行为虽然没有触犯法律,但他的做法值得商榷。年轻人追求时尚、浪漫的生活无可厚非。但是,在中国这样一个传统礼仪之邦,我们的课堂应该是严肃的,况且对老师照片的随意"发圈"有侵犯其肖像权的可能。

鲁迅先生在回忆藤野先生的文章里描述过,他在日本学医的时候为了好看,特意把一条人体的血管改变了位置,藤野先生用红笔修改过来。这不仅仅是一种严谨的科学态度,更是一种对生命的尊重。

1. 专心学习

上课时要专心听讲、精神饱满、坐姿端正、记好笔记。千万不要心不在焉,打哈欠、打瞌睡,甚至趴在桌上小憩;不要与同学说悄悄话、听音乐或看其他书报;不要吃东西、微信或 QQ 聊天或者玩游戏。要保持肃静,携带手机的,最好关机。如有重要事情怕耽误的,一定要把手机调成静音,不要发出声响干扰课堂教学,更不能在上课进行中离座回拨电话,有事应下课处理。

2. 有礼互动

现在的课堂提倡互动学习,老师经常会给学生提出一些讨论题,学生在分组讨论后派代表介绍本组的讨论结果,也有学生向老师提问请求答疑。提问或回答问题要先举手,待老师示意后方可进行。发言时应自觉起立,目光正视老师,声音清晰、洪亮,使老师和学生都能听清。站姿和表情要大方,不要搔首弄姿或者故意做出滑稽的举止引人发笑。其他学生要专心听,不要插话。当老师点名要你回答问题,而你又确实不会回答时,应站起来,以抱歉的口吻诚实地说明自己不会回答这个问题,不要不懂装懂。

3. 获允离开

老师讲课时,一般不允许学生随意离开教室。如果遇有极特殊情况,必须中途离开,则应在老师讲到一个段落,或者讲完一个问题时再举手请假。得到允许后,要迅速而轻盈地走出教室。

4. 理解包容

老师在教学过程中难免出现差错,如由于笔误写错字,由于发音不准念错字,由于一时记混而说错等,这并不一定说明老师的水平低。作为学生,应该正确对待老师在教学过程中出现的疏忽和差错,发现后应该选择适当的时机和方式,如写纸条或等老师走到身边时告诉他。沟通时,应使用请教或商量的口气以及采取谦和的态度,让老师有思考和商榷的余地,不能使老师当场难堪。一旦发现老师的缺点与不足之处,不要大惊小怪,不要失望埋怨,不要在背后发泄不满的情绪,散布无理言辞,不要随便给老师取不雅的绰号,更不要在课堂上顶撞老师或以不恭的言行损害老师的人格。尊师重教是全社会的一种文明风尚，作为一名学生，更应尊重老师的人格，自觉地维护老师的威信。

(五)文明下课

如果老师尚未宣布下课，不要急于收拾东西。下课时要全体起立，等候老师先走。老师走后，学生方可自由活动。课间时间，如果有听课的老师，待其先行后再离开座位自由活动。不宜在教室或教学楼里大声喧哗、追逐打闹。

此外，课间要为老师擦净黑板、整理好讲台等。

阅读

毛泽东给儿子开的书单

毛泽东深受国学影响，文风豪迈、大气，重视文学作品对一个人生活、思想、性格的巨大作用。在延安时，毛泽东曾两次寄书给当时正在苏联上中学的儿子岸英和岸青。

这是一批什么书呢？毛泽东随信附了一张书单，并注明了册数：精忠岳传2，官场现形4，子不语正续3，三国志4，高中外国史3，高中本国史2，中国经济地理1，大众哲学1，中国历史教程1，兰花梦奇传1，峨嵋剑侠传4，小五义6，续小五义6，聊斋志异4，水浒4，薛刚反唐1，儒林外史2，何典1，清史演义2，洪秀全2，侠义江湖6。

《大众哲学》是书单中唯一的一本政治类书，古典文学和历史小说在这份书单中占有很大比重，还有好几部武侠小说。

反观时下，为提高学生素质而推出的种种必读书目，谁会选入《何典》《小五义》《峨嵋剑侠传》《薛刚反唐》呢？

二、实验、实训学习

从近几年来的就业情况看，用人单位越来越注重学生的实践能力、动手操作能力。因此，以理实一体化课程为载体的"学中做，做中学"已经成为高等职业院校的重要教学方法。理实一体化课程往往不在传统意义的理论课堂里进行，而在实验室或实训室里完成。实验室或实训室都会为学生们准备好供实验和实训教学使用的器材，这些器材种类繁多，从计算机软硬件，到仪器、设备、药品、动植物，甚至病菌、病毒等。

为了保证实验、实训课的教学效果，真正提高学生动手实践能力，同时也保证同学们的生命安全，每位同学都应该遵守实验、实训课礼仪。

思考：高职人才培养过程中，技能实践和理论学习孰轻孰重？

情境链接8-1-2：

某班正在实训大楼里上计算机硬件安装实训课。同学们自由组合，4人一组，有的拆电源，有的拆内存条，边讨论边拆装，实训课紧张而有序地进行着。这时，一位身着吊带裙，脚下蹬着一双拖鞋的女生姗姗来迟，只见她径直走到一位相熟的男生面前。男生立即抛开实训器材，两人相对而坐，开始旁若无人地聊起来。

下课时间到了，其他同学把组装好的主机整齐地摆在实验台上，把座椅轻轻地放回原处。而这两名同学却抬脚就走，既没管凌乱地摆在实验台上的实验器材，也没管放在实验室过道中间的椅子。

吊带裙、拖鞋、聊天、不整理实验器具……显然，这两名同学的做法是不对的。在高职教育中，校内实验、实训和校外实践课所占的比例已达到总学时的50%以上，实验、实训课已成为培养学生实践能力的主要渠道。

同学们上实验、实训课，除遵守理论课礼仪外，还应该做到以下方面。

1. 遵守实验、实训制度

必须遵守实验、实训室的各项规章制度，非实验用品一律不准带进实验、实训室。实验、实训室里不仅有非常贵重的器材，而且还可能有非常危险的药品。同学们只有严格遵守实验、实训室的各项规章制度，才能保证实验、实训器材的完好，也才能保证自身和同学们的安全、健康。

情境链接 8-1-3：

某院校实验室内，某老师正在进行单冲压片机的使用讲解。他要求学生不要乱动机器，要按照操作规程进行操作。有一名学生蹲在压片机手轮旁边观察机器，而另一名学生未注意到该同学，打开了机器电源。此时，意外发生了，手轮旋转速度过快过猛而将旁边同学的手臂划伤，大家七手八脚地将其送往医院……

2. 遵守实验、生产着装及劳动保护要求

上实验课要穿实验服，上实训课要根据实际需要穿实训服或劳动装，并佩戴好相关劳动保护。穿合适的衣服是同学们保质保量完成实验、实训任务的前提。

情境链接 8-1-4：

某高校布病感染事件。2010年，某高校动物医学学院有关教师未按国家及该省实验动物管理规定，从某乡镇的养殖场购入几只山羊做实验。在以上述山羊为实验动物的几次实验（共涉及数名教师及实验员、近百名学生）前，也未按规定对实验山羊进行现场检疫。此外，在指导学生实验过程中，未能切实按照标准的实验规范，严格要求学生遵守操作规程，佩戴相关用具进行有效防护。结果，该校约30名学生及1名教师陆续确诊感染布病，产生严重后果。

3. 有序操作

在上实验、实训前必须做好预习，掌握实验、实训目的，简要的原理、步骤、要求、技术要点以及注意事项等方面。不得在操作中随意换组、不听指挥、到处走动、大声喧哗，也不得因操作有困难而拒绝操作，停止实验、实训，应随时和老师取得联系。另外，在实验、实训过程中要注意团队合作，相互配合，要有时间观念，迅速有序地完成任务。实验、实训后及时撰写报告，总结经验和教训，加深对理论知识的理解。

4. 遵守操作规程

在实验、实训中，必须服从教师指导，精心使用仪器设备，严肃认真地按操作规程进行。当仪器设备发生故障或损坏时，应立即停止使用，不得相互推诿，甚至溜之大吉，应及时向指导教师报告。如果是做有毒危险药品或细菌实验，一旦出现危情，必须立即报告指导教师，及时进行处理，必要时马上送医院抢救。

情境链接 8-1-5：

某小组 4 名同学在一条人流量很小的马路上做测量实习。一名学生在本子上记录数据，一名学生负责观测水准仪，一名同学在远处立水平尺，一名同学在板面上找点，大家都很忙碌、认真。过了一会儿，在远处立尺的同学换了另外一个需要测量的点。观测的同学看距离很远，就到路边树荫下纳凉。这时候，一个后座载人的自行车骑了过来，在通过测量仪器时，后座上的人不小心用脚把仪器刮倒了，一台精密的仪器摔坏了。

上述案例在我们的实训过程中确实真实地发生过。对于骑车的路人来说，他正常骑车路过，只是没有计算好后面人和仪器的距离。在室外的实训条件下，很多小事情都会被放大，带来严重后果。我们在这样的课程中，不仅要做到规范操作，对于仪器设备，更要时刻不能离开人，还要注意交通安全。

5. 节约资源

在实验、实训中，应节约水、电、试剂以及各种玻璃器皿等用品。操作时一定要爱护设备，轻拿轻放，并注意实验、实训的操作安全。

6. 整理复原

实验、实训室是教学工作的重要场所，里面有水、电、易燃品、细菌、病毒等。因此，每次上完实验、实训课，应自觉打扫实验、实训室，保持实验、实训室干净整洁，扔掉杂物、废弃物，将仪器设备、所用物品、工具及场地整理复原。待老师检查合格后，再进行一次安全检查，之后离开实验、实训室。不要拥挤、打闹，以免碰撞实验、实训设备。同时还要检查好水、电、门窗关闭情况，要有安全意识。

阅读

"95 后"蔡叶昭："揉"出来的世界冠军！

蔡叶昭，第 44 届世界技能大赛烘焙项目冠军，王森国际咖啡西点西餐学院教师，副高级专业技术职称，高级技师职业资格，被江苏省政府授予"江苏大工匠"称号，并记个人一等功。

蔡叶昭 1995 年出生于安徽芜湖的一个小村庄，初中毕业后到王森西点蛋糕培训学校学习蛋糕裱花。毕业后，他在无锡做了一名蛋糕裱花师，每月 4 000～5 000 元的工资。之后他转行做面包，因为面包不仅要求工艺和手法的娴熟，更讲究食材的精选。每次面粉温度不同，心情不同，做出的口感和风味也是不一样的，这一点深深地吸引了蔡叶昭。机遇在他每天的苦练中来临，母校老师打来电话，表示由于他在校出色的表现，符合面包大赛参赛条件，邀请他代表学校参赛。就这样，他辞掉工作，通过 3 个月的努力，拿下了江苏队参加全国赛的名额。5 个月后，他又拿到了国家队的入场券和全国技能大赛的第一名。

2017年,他代表中国出征阿布扎比,一举拿下了第44届世界技能大赛烘焙项目的世界冠军,这是中国在堪称“技能奥林匹克”的世界大赛烘焙项目上取得的首金,可见含金量之高。

在夺冠之前,他独自经历了605天的练习,尤其在烈日炎炎的夏季,屋内的高温烘焙每天要用十几斤面粉反复捶揉,每一个作品都要经过打面、整形、烘焙、装饰等练习……这是对体力和毅力的考验,正是这种耐心、坚持让他走向成功——这就是蔡叶昭的工匠精神。

情境任务2　自主学习礼仪

知识目标:了解、清晰自主学习的礼仪规范

能力目标:能有效开展自主学习,与时俱进更新相关知识

素质目标:养成自主学习的生活、工作习惯

21世纪是知识经济的时代,也是一个人人需要终身学习的时代。自主学习是实现终身学习的前提和关键。

学到终极看自主,自主学习也是学习的最高境界。马斯洛的“自我实现”理论告诉我们,人都有“自我实现”的需要,越是在自主状态下,独立地发挥出潜能,获得自我价值的实现,越有成就感,越能成为健康、无畏的人。有了这种自我实现的需要,学习应该是人的一种本能。通过不断的学习,个体的创造力、潜能、个性等得以丰富、发展、完善。

自主学习是以自我作为学习的主体,通过独立地分析、探索、实践、质疑、创造等方法来实现学习目标。学生通过自主学习学会求知、做人、健体、审美、生活、交往、劳动和生存,具备与现代社会需要相适应的学习、生活、交往、生产以及不断促进自身发展的基本素质。自主学习对于大学生尤为重要,它涵盖了大学学习生活的各个方面,因此在自主学习过程中重视礼仪更具有实际意义。本部分将从自习、图书馆、学术报告、网络等几个方面来介绍自主学习礼仪。

一、自习

自习室是学生在大学期间自学的主要场所。自习意味着同学们自觉学习,没有老师的约束。自习室意味着全校各个年级、各个专业的学生都可以利用。在这样一个没有束缚的大环境里,能否保持良好的学习秩序,自习礼仪发挥着积极的作用。

阅读

中国科学院院士、数学家——华罗庚

华罗庚，中国科学院院士，美国国家科学院外籍院士，第三世界科学院(现发展中国家科学院)院士，联邦德国巴伐利亚科学院院士，被誉为“中国现代数学之父”，被芝加哥科学技术博物馆列为当今世界88位数学伟人之一。美国著名数学家贝特曼著文称：“华罗庚是中国的爱因斯坦，足够成为全世界所有著名科学院的院士。”而华罗庚获得成功的秘诀就是自主学习。

1910年，华罗庚出生在江苏省小县城金坛。他小时候家中清贫，12岁进入金坛县立初中。王维克老师发现其数学才能，并尽力予以培养。初中毕业后，他就读上海中华职业学校，因拿不出学费而中途退学，帮助父亲料理杂货铺，因而他一生只有初中毕业文凭。此后，他用5年时间自学完了高中和大学低年级的全部数学课程。1930年春，华罗庚在上海《科学》杂志上发表《苏家驹之代数的五次方程式解法不能成立之理由》，轰动数学界。同年，清华大学数学系主任熊庆来了解到华罗庚的自学经历和数学才华后，打破常规，让华罗庚进入清华大学图书馆担任馆员。到清华后，华罗庚的进步更快了，他自学了英语、德语。24岁时，他就能用英文写作数学论文。25岁时，他的论文已引起国外数学界的注意。28岁时，他当上了西南联大的教授。后来，他被推荐到英国剑桥大学去深造。在走过坎坷的自学之路后，他成了世界著名的数学大师，为中国数学的发展做出了无与伦比的贡献。而他的的确确只有一张初中毕业证书，这位数学大师的数学知识，几乎都是通过自学获得的！

情境链接 8-2-1：

下面是某自习室里的几组镜头。

镜头一：一天晚自习，一位女生步入自习室，时尚的凉拖发出清脆的嗒嗒声，引来不少目光。当她步入教室一角后，就开始和一位男生一边吃着话梅，一边说悄悄话。周围的同学只能无奈地纷纷离开。

镜头二：自习室前排第一桌，一位女生正在聚精会神地做着高数作业，只见她笔尖急驰，正在桌面上进行着飞速的演算。难道她连一张演算草纸都没有吗？

镜头三：晚自习就要结束了，忽然一阵香气扑鼻而来，原来是一位打扮时髦的女生从化妆包中取出了她的化妆盒，美美地化起妆来。此时周围的几个男生捏着鼻子、无奈地摇头。

镜头四：下课铃声刚刚打过，各个自习室的同学们都在有秩序地走出教室。忽然，从一个自习室里拥出几名男生，踢着足球相互追逐着向走廊前方跑去，不时引来大家异样的目光。

镜头五：两个女生拎着“麻辣烫”在教室里津津有味地吃着，整个教室弥漫着“麻辣烫”的味道。

镜头六：一个教室里有很多学生在上自习，有的学生把电脑带到教室里做室内设计的作业，还有几个学生在激烈地玩着“和平精英”游戏。

上述几组镜头，虽然可能是个别现象，但它却给自习室——这个同学们学习科学文化知识的公共场所，谱写上了不和谐的音符。自习室是“无声的课堂”，最重要的是维持室内安静的学习氛围，这是取得良好学习效果的保证。自习虽无老师授课，却仍然是课堂教学的延续，任何与学习内容不相干的事情都不宜在自习室里进行。

同学们在自习中，尽管没有上课时的纪律约束，但必须做到自律，包括以下方面。

1. 衣着得体

学生尚处于求学阶段，仪表应端庄、自然、质朴，服饰应干净整洁。自习室内，男生不应穿短裤、背心、拖鞋，更不应“赤膊上阵”；女生不宜穿超短裙、过于袒胸露背和过透的服装。像卷起裤腿，不系衬衫扣，把外服或背心撩起散热，脱鞋子或趿拉着鞋子，甚至脱下袜子等都是不雅行为。

2. 行为得体

男女同学互相交往是正常的，但男女同学间行为举止要得体。尤其在学校公共场所内，不应有过于亲密的不雅举止。如果完全投入“二人世界”，而不顾及其他人的感受，是一种不自重的行为。

自习室是学习的场所，在里面当众化妆、吃零食、扔杂物、踢球、打闹等言行举止，既是对他人的不尊重，也是对自己的不尊重。试想，一个不懂得尊重他人的人，又怎么会赢得别人的尊重呢？

3. 爱护公物

曾几何时，“课桌文化”在高校成为一种普遍的文化现象。但课桌本属于公共物品，是为同学们学习配置的供大家共享的辅助工具。如果人人都在上面“抒怀”，学习时还能专心吗？桌面还能被直视吗？

爱护公物，就是不在桌椅上涂写、刻画，不在教室内乱张贴、乱钉钉子，不向公共场所的墙壁上拍球、蹬踏和乱画乱写，离开教室要关闭电源、关好门窗。这些行为既是对公共财物的爱护，也是一名大学生良好品德的体现。

4. 净、静、敬、竞

保持自习场所的干净、肃静，营造自习场所互敬、竞争的进取氛围。想一想，父母含辛茹苦地供我们上大学是为了什么？我们上大学又是为了什么？“谁言寸草心，报得三春晖”，当你对以上问题有了清楚的答案，并读懂了诗句的意蕴，你将更珍惜在学校的学习时光。细细品味“净、静、敬、竞”这四个字，寓意深刻、含义悠远。干净整洁、肃静有序、文明互敬、有序竞争的学习和生活环境，是求知、求学、成人、成才的基本保证。我们要共同营造一个“净、静、敬、竞”的学习、成长环境。今天，我们在学校这片希望的田野上，共同播撒希望的种子；明天，我们才能在社会的大舞台上尽情施展才华，收获成功的喜悦。

思考：自学能力对于我们每个人的健康可持续发展有什么样的意义？

二、图书馆

当前，我们正处于全面建成小康社会，实现第一个百年奋斗目标，开启全面建设社会主义现代化国家新征程，向第二个百年奋斗目标进军的关键时期。这一切都向世人昭示，社会在飞速发展,竞争日益激烈。有人预言:现代社会的竞争,最终是学习速度和学习效率的竞争。

[视频学习 18:图书馆礼仪]

学习知识的途径和渠道很多,但是又有谁能抗拒图书馆的魅力呢?图书馆是知识的海洋,是成才的摇篮,是播种希望的沃土。莘莘学子在图书馆这座知识的殿堂里,怎样才能做一个有教养、有礼貌的文明读者呢?怎样才能科学规范、高效快捷地利用好图书馆的资源呢?那就要明确图书馆的礼仪规范,做一个遵守图书馆礼仪规范的读者,在知识的殿堂收获芬芳果实。

图书馆礼仪是指同学们在图书馆中应有的文明礼貌行为,包括借阅书籍礼仪和查阅资料礼仪。

(一)借阅书籍

情境链接 8-2-2:

自然科学书库的管理人员正在整理上午学生返还的图书。这时,一位男生通过图书馆借阅管理系统查询,发现他借的书已超期两个月了。原来,他将书借回去后由于忙其他事情,就放进了书架,直到今天才突然发现,自己从图书馆借的书不但没看,而且已超期,赶紧来还。

而此时在书库的一角,一位女生正在认真地选书。只见她选了一本不满意,随手放在一边;又选了一本还不满意,又随手放在了一边。半个小时后,她已经把十几本书重新自由排序了。

大学图书馆是全校师生查阅资料、借阅书刊和自学的场所,是大家获取知识、追求精神文化生活的殿堂。以上两位同学借阅图书时的表现均有不妥:女同学的做法方便了自己却给别人增加了麻烦,男同学的做法对自己和他人都不利。

同学们在图书馆借阅图书应做到以下几点。

1. 文明借阅,爱惜图书,按时归还

图书馆里书的流通量很大,但每一种书籍数量有限。为了充分利用图书资源,保证每一本图书都得到最大限度的使用,一般图书馆都规定了每类书的借阅时间,以免有些读者忘记归还,影响他人借阅。我们应养成按时归还图书的习惯,以便他人借阅。图书馆的图书是公共财物,借阅时要保持图书的整洁、卫生,不要在书上乱涂乱画,不要将书折角,更不要撕页,要爱护书籍等文化资源。

2. 有序选书,阅后放回原处

随着社会生活水平的提高,办学条件不断得到改善,现在的图书馆大都一改过去的闭架式借书模式,选择开架式借书模式。开架式借书大大提高了借书的效率,极大地方便了读者借阅。但是,借阅者在挑选图书时应将未选中的图书放回原来位置,以保持书架的图书井然有序。试想,如果图书馆每天有 100 人选书,每人挑选 10 册图书,然后随便摆放,过不了多久图书顺序就会全乱掉,管理员很难及时将其全部归位,再借书时于人于己都不方便。书归原处,可以使下一位读者及时找到要找的书籍,同时也减轻了图书馆工作人员的工作量。这样,既方便了他人,也使自己养成一个良好的习惯。

3. 按序借阅,保持安静

在图书馆借还书、进行资料复印,或在多媒体室听录音、看视频等,都要按序排队。在图书馆，特别是阅览室，走路要轻，最好不穿鞋底有声的皮鞋。入座和离座要轻，翻书也要轻，以免打扰他人看书。与学友交谈时，要轻声细语。若长时间讨论，最好到室外。

阅读

力量有三种表现形式，即暴力、财富和知识。

——托夫勒

(二)查阅资料

1. 期刊室

情境链接 8-2-3：

期刊室里，一位女生正在看电影期刊。青春偶像的彩色大照片深深地吸引了她。趁人不注意，她悄悄地把那张照片撕了下来。

过期期刊室里，几位即将到校外实习的大三毕业生正在为撰写毕业论文搜集资料。一位男生正在看一本权威的专业杂志。他欣喜地发现查了多日的一篇论文终于找到了。于是，这篇文章成了他衣兜里的论文素材。

图书馆是文献、信息中心，是一所学校信息化和社会化的重要基地，是教学、科研工作的重要组成部分。图书馆的馆藏正是由于其完整性、延续性、共享性才充分地发挥作用。期刊是师生共享的资源，切不可以损坏的方式据为己有。损坏公共文化资源不但不符合礼仪的要求，而且是极不道德的行为。

同学们查阅期刊资料应保证资料的完整性、延续性、共享性，切忌在资料上进行“开天窗”“点评”、撕页、勾画等不文明、不道德行为。这些不文明、不道德行为的存在都不同程度地削弱了图书馆的服务功能。现在图书馆的服务功能很齐全，查找到需要的资料，同学们完全可以花很少的钱到复印室复印，既方便又快捷。

2. 电子阅览室

情境链接 8-2-4：

人类已经进入IT时代，人与人、人与社会间的交流与沟通没有了时间与地域的界限。时空变得越来越小，沟通与交流变得触手可及。现代图书馆大都实现了自动化、网络化、数字化、标准化服务。图书馆电子阅览室就是这样一个现代化的人与人、人与社会交流和沟通的场所。

在电子阅览室，读者可以查阅更多的电子图书，可以查询更多的网上信息，这是一个高速运转、高效学习的场所。但与此同时，学习者应好好利用，增强自我约束力。

同学们应严格遵守电子阅览室的规章制度，充分利用电子阅览的快捷、方便、大容量优点，阅读健康、有益的信息；要遵守《中华人民共和国计算机信息网络国际互联网管理暂行规定》，不看有损于国家、民族尊严的内容，不进黄色淫秽网站，不沉迷于网络游戏。

阅读

哈佛图书馆的训诫

此刻打盹，你将做梦；而此刻学习，你将圆梦。

觉得为时已晚的时候，恰恰是最早的时候。

勿将今日之事拖到明日。

学习时的苦痛是暂时的，未学到的痛苦是终生的。

学习这件事，不是缺乏时间，而是缺乏努力。

学习并不是人生的全部。但既然连人生的一部分——学习也无法征服，还能做什么呢？请享受无法回避的痛苦。

只有比别人更早、更勤奋地努力，才能尝到成功的滋味。

三、学术报告

学术报告是大学里进行学术交流的主要方式，也是全面开阔学生科学视野的有效途径。学术报告一般都是以集会的方式进行，规模较大，参加人数较多，场合正规。因此，遵守学术报告礼仪将是学术报告成功的基本保障。学术报告礼仪是大学生在参加学术报告时应表现出的文明的言行举止。

情境链接 8-2-5：

某大学的学术报告厅，里面正在进行一场文学鉴赏的学术报告。听众席里，一名学生“神情庄重”，正在往前排座椅的靠背布罩上写着心中的“誓言”：衣带渐宽终不悔，为伊消得人憔悴。诗句旁又画了一名女生的头像。还有一名学生嘴里嚼着口香糖，不时地吐出大大的泡泡。

学术报告是高校经常举行的用以进行学术研究方面成果交流的活动。参加学术报告会可以帮助你了解有关专业发展的动态、走势，有关科技成果的发展应用情况，有关学科的最新研究成果等。在学术报告会上好好学习，有助于你专业方面的深造，也有助于你的职业生涯规划。上述两位同学在学术报告会上的表现，一位在椅背上涂鸦，一位在悠闲自得地放松。其所作所为与学术报告礼仪背道而驰，更与大学浓厚的学习、研究氛围不和谐。

同学们参加学术报告会应做到：

(1)积极踊跃，按海报上写明的时间地点，提前到达报告厅。

(2)虚心学习，仔细听取报告内容并记录。

(3)尊重报告人的劳动，不做与听学术报告无关的事。

“书山有路勤为径，学海无涯苦作舟”“宝剑锋从磨砺出，梅花香自苦寒来”“冰冻三尺，非一日之寒”“勿以恶小而为之，勿以善小而不为”……这些诗句、古训都说明：知识是一点点积累的，良好的品德是一点点养成的，高雅的仪表是一点点练成的。

四、网络

21 世纪人类步入信息时代，人们的生活和高速、无限的网络世界紧密地联系在一起。第二十届中国互联网大会发布的《中国互联网发展报告(2021)》显示，截至 2020 年年底，我国网民规模为 9.89 亿人，互联网普及率达到 70.4%，特别是移动互联网用户总数超过 16 亿。

伴随这一新事物而来的也有一连串的新矛盾、新冲突。网络时代，人们在这个虚拟的空间里自由地漫游、畅谈。人们在网络中信奉自由，不受约束，在这样的氛围里，传统的道德规范受到了新的挑战。因此，“网络礼仪”这一概念的提出，为人们提供了道德规范。

网络礼仪是指在网上交往活动中形成的被赞同的礼节和仪式。换句话说，就是人们在互联网上交往所需要遵循的礼节，是一系列使人们在网上有合适表现的规则。网络礼仪是实现网络信息传播自律的最基本的方式，也是一种建立在自觉、自愿基础上的管理模式。从本质上说，网络礼仪是网络行为文明程度的标志和尺度。只有当使用互联网的人们懂得并遵守这些规则，互联网的效率才能得到更充分、更有效地发挥。

网络自主学习因为其无可比拟的优势，已经成为现代大学生的一种新型学习方式。那么，作为新时代的大学生，在虚拟的网络社会中该如何取其精华、去其糟粕呢？怎样才能做到科学规范、高效快捷地利用网络资源，使网络活动有组织、讲文明呢？

(一)健康安全上网

1. 保密和“防黑”

情境链接 8-2-6：

大二学生陈某接待了两名千里迢迢从甘肃来看望她的男网友。有朋自远方来，陈某尽其所有热情接待，负责吃、住、旅游等一切消费。几天后，陈某才发现这两名网友实属无业青年，身无分文，到此只为借网友身份，依赖陈某来次免费旅游。最后，陈某无奈地将此事报告学院，才将两名网友“送走”。送走网友后，陈某对自己在网上用真实姓名、地址上网聊天，并将网上的“朋友”当成知心朋友所引来的麻烦懊悔不已。

在虚拟的网络世界中，大学生们千万不可掉以轻心，要提高自己的自我保护意识。上述案例也充分证明了网络这把“双刃剑”的威力，如果没有很好地利用，就会陷入被动。

同学们利用网络时应该注意以下几点：

(1)不随意公开个人信息。请不要随意公开自己的 QQ、微信、E-mail、真实姓名、地址、电话号码等个人信息。

(2)网络上使用的密码应该相对复杂，最好能数字、字母混合使用，以提高密码的安全系数。不要随意在不相关网站上填写个人真实信息。计算机和手机等应该定期杀毒，而且要经常升级。

(3)在网上交流的时候，不能透露国家、商业机密，以免被别有用心的人所利用。

2. 安全使用电子邮件

电子邮件是方便、快捷的通信方式之一，收发电子邮件是利用网络进行信息传送的常见方式。

(1)邮件的撰写。邮件的内容格式，同样要遵照普通信件或公文所用的格式和规则。邮件正文要简洁，不可长篇大论，以便收件人阅读。用语要礼貌，以示对收件人的尊重。注意邮件的大小。大部分的邮箱都对邮件大小有规定，一般不能超过 2 MB。如果超出规定大小，邮件只能以附件形式发送(也有大小限制)。任何一封邮件都要简短地写上邮件主题，便于对方对收到的信息有所了解、及时处理。不要随便发送无聊、无用的垃圾邮件，无端增加网络的拥挤程度，更不能发送涉及国家机密的邮件。

(2)接收和回复。应当定期打开收件箱，查看有无新邮件，以免遗漏或耽误重要邮件的阅读和回复。一般应在收到邮件后当天予以回复。如果问题较难处理，就要先通知发件人已收到邮件，事情正在处理之中，会尽快回复。

(3)保存和删除。要定期整理收件箱，对不同邮件分别予以保存或删除，不可使收件箱过于“臃肿”。对于有价值的邮件，应予以保存，或者在复制后进行专门保留。对于已经没有实际价值的邮件，应及时删除。

3. 避免网络危害

情境链接 8-2-7：

上海某高校的小华在网上看到一台标价为 3 900 元的电脑，后与对方单独取得联系，并通过微信转账将 3 900 元打给对方，对方确认后又以保证金等理由要求其再汇 4 000 元，他便按照要求汇了钱，结果还是没有等到所谓的电脑送过来，但已经损失 7 900 元。而另外一位大二的女生，在浏览了一个和某银行网站“一模一样”的网站后，收到了“该银行”的电话，称她的账户不安全，需要将卡中余额转到所谓的“安全账户”，该女生按照电话提示进行了操作，结果损失了将近 5 000 元。

情境链接 8-2-8：

大二学生郭某课余时间最喜欢上网，不久前她在一个叫“劲舞团”的网络游戏里，结识了大她一岁的陆某，两人“一聊钟情”，互留了微信。通过几次微信聊天，郭某觉得陆某善解人意又有情调，渐渐对他产生了好感。为便于进一步联系，他们还把手机号码告诉了对方。之后，两人常常在网上“约会”，不但一起玩游戏，还以“老婆”“老公”互称，感情进一步升温。

“要不我过几天来看你?”一天晚上，郭某提出把原定于“五一”见面的计划提前，立即得到了陆某的赞同，此时两人认识还不到一个月。郭某乘坐的火车到达目的地时天还没大亮，陆某早已在火车站等候她了。陆某微笑着接过她手中的背包，还体贴地嘘寒问暖，这样的举动，让刚踏上异乡的她一下放松了警惕。随后，陆某将郭某带到了自己家中。刚一到家，他就想和郭某发生关系。在遭到拒绝后，陆某马上像变了个人似的，开始对她拳打脚踢、语言威胁……

面对纷繁的网络世界，一个开放的平台，有阳光也有阴霾。光荣和梦想是我们的追求和向往，剔除糟粕、拨云见日是我们永恒的主题。

同学们避免网络危害要注意以下几点：

(1)独善其身。在网上经常会看到一些虚假的消息广泛传播，甚至会有黄色、反动等非法内容混于其间。网络使用者要保持清醒的头脑，增强辨识能力，不要轻信他人所言，更不要人云亦云、以讹传讹，甚至故意发布假消息。转载、复制、应用有版权的文字或图片时，需要首先征得版权人的同意。严禁制造或传播网络病毒。

(2)文明交流。在网上与人交流时,应确保用语的规范和文明,不得使用攻击性、侮辱性语言。此外,网络沟通拥有一整套自身独特的语言符号系统,人们应对其加以了解,并谨慎使用,以免对方不了解而导致交流受阻。

(3)网上聊天要把握尺度。网上聊天是彼此交流的途径,即使远隔万水千山,也能通过网络拉近彼此距离。但一定要注意语言使用、感情投入上的分寸。不要使用污言秽语,更不能陷于"情感世界"不能自拔,尤其是与网友约定见面必须慎重。近年来,因网友见面而发生的被骗钱、骗色的案件时有发生,应引起人们的警醒。网络犯罪的受害人大都是自我保护能力较差的青少年。犯罪分子往往利用网上聊天交友的方式骗取其信任后实施犯罪。

上网略略搜索一下就会发现,因会网友而被骗的案例很多,而且不断增长。许多人往往轻信网友的描述和自己的感受,从而失去了防护之心,上当受骗也就在意料之中了。

(4)防止网络诈骗。互联网越来越发达,伴随而来的各种各样的网络诈骗也层出不穷。同学们要防止各类诈骗,如购物类诈骗,冒充身份诈骗,网贷诈骗,"兼职赚外快"诈骗,"克隆"好友诈骗,荐股类诈骗,航班取消、改签类诈骗,冒用基金名义诈骗,虚拟金币诈骗等。

(5)上网适度。大学生的主要精力应该放到学习上,因此除了正常的网络学习外,作为娱乐的上网一定要注意时间,择时上网,适度上网。如果长时间沉溺于网络,甚至不分昼夜地上网,不仅耽误学习,对自己的身体也有损害。另外,尽管通过网络可以实现信息资源共享与互助交流,查找资料或传输信息方便快捷,但是也不要任意浪费自己或他人的时间和带宽资源。

(二)遵循网络公共道德

阅读

网络语言的类型

数字型。一般是谐音,例如,9494＝就是就是,7456＝气死我了,555＝呜呜呜(哭泣声),886＝拜拜了。

翻译型。其实这在语言学上很常见,就是外来语,一般也是根据原文的发音,找合适的汉字代替,例如,伊妹儿＝E-mail。

字母型。一是谐音,以单纯字母的发音代替原有的汉字,例如,MM＝妹妹,PP＝漂漂(漂亮)。二是缩写,以汉语拼音缩写代替,例如,GG＝哥哥,以英文缩写代替,例如,BBS＝电子公告牌系统。

符号型:多以简单符号表示某种特定表情或文字,以表情居多,例如,"一 一"表示无语的表情,"O. O"表示惊讶的表情,"TT"表示流泪的表情。

情境链接 8-2-9:

有两个同学在网上交流关于某个同学的传闻,还有一个同学在微信朋友圈上发泄对某老师的不满,不乏谩骂之辞。这几名同学的做法,不是以讹传讹,就是用谩骂来泄私愤,其实都是不遵循网络公共道德的表现。在网络世界中，也要讲究公共道德。说话要负责任，没有根据的话不要随便说，这是起码的做人品德。

网络中有些谩骂之词令人发指，哪怕只发生一点点摩擦，对方的亲人、各种身体器官就会受到“攻击”。有些网络攻击还加上了知识的包装，可谓方法多样。请我们一起呼吁，网上也要讲文明，别让谩骂这种不文明行为蔓延，更别让谩骂成为职业！

对于我们大学生来讲，更应该讲究网络道德，自觉约束自己，不低俗地议论他人、攻击他人。严禁如下行为：

(1)盗用他人的ID与密码。

(2)不负责任地发布信息，发表自己的看法，中伤、诽谤他人。

(3)侵害他人隐私。

(4)妨碍其他网络系统。

(5)触犯法律。

(6)进行网上劝诱等商业行为。

(7)进行宗教、政治方面的劝诱。

(8)违反公德。

阅读

全国青少年网络文明公约

要善于网上学习，不浏览不良信息。
要诚实友好交流，不侮辱欺诈他人。
要增强自护意识，不随意约会网友。
要维护网络安全，不破坏网络秩序。
要有益身心健康，不沉溺虚拟时空。

以下是网络行为规范：

(1)自觉遵守国家有关法律、法规和政策，不发布、不传播危害国家安全、危害社会公共利益和社会稳定、违反社会公德的有害信息，抵制一切违法、违规行为。

(2)崇尚先进文化、尊重科学精神、弘扬社会正气、陶冶美好心灵，大力推动文明使用互联网和互联网道德建设。

(3)增强网络道德意识，知荣辱、辨是非、施美德，坚持文明上网，自觉抵制任何形式的虚假、低俗信息，不造谣、不传谣、不信谣，净化网络环境，营造共建共享的精神家园，建设和谐文明的互联网环境。

(4)加强互联网有关政策法规的学习，发布的网络言论和提供的新闻信息来源合法、客观真实、导向正确。

(5)工作期间不玩游戏，不看电影，不网上聊天等，即不在网上进行与工作无关的事情，不浏览含有色情、凶杀、恐怖等内容的非法站点。

(6)牢固树立安全意识和保密意识,“涉密信息不上网,上网信息不涉密”,做好计算机及网络安全保密管理工作。

总之,我们大学生应该深入学习网络礼仪,做优秀的实践者。充分利用网络资源充实知识,完善人格,使自己成为有着丰富知识、良好品德、高雅仪表的德、智、体、美全面发展的优秀人才。

阅读

美国计算机伦理学会制定的十条戒律

不用计算机伤害别人;不干扰别人的计算机工作;不窥探别人的文件;不用计算机进行偷窃;不用计算机做伪证;不使用或复制没有付钱的软件;未经许可不使用别人的计算机资源;不盗用别人的智力成果;应考虑所编程序的社会后果;应以深思熟虑和慎重的方式使用计算机。

情境任务3　网络课堂礼仪

知识目标:了解、熟悉网络课堂礼仪

能力目标:在线学习时能“慎独”,做好自我管理

素质目标:自觉学网用网的素养得到提高

◎ 典型实例

这学期王刚同学有一门计算机专业网络课程。有一天,他在网络直播课上课5分钟后才进入直播平台,又由于他的手机没有静音,直播中家里的谈话等杂音也进入了直播课堂,严重影响了老师的直播授课。在接下来的直播连麦互动环节,王同学因未洗漱而拒绝与老师连麦。后在“万般无奈”的情况下,王同学进行了连麦互动,从视频中可以看到他身穿睡衣、头发凌乱……

思考:对于网络课堂学习,同学们应用什么样的心态和状态来对待?

随着互联网的快速发展,教师可以通过互联网虚拟教室来实现远程视频授课、电子文档共享,从而让教师与学生在网络上形成一种授课与学习的互动。尤其是随着4G、5G时代的到来,网络传输具有更快的响应时间,极大地降低了网络延迟,让在线教学和互动变得更顺畅、更方便。熟悉网络学习礼仪并养成良好的网络学习习惯,对于大学生来说也是必不可少的,网络课堂礼仪作为课堂礼仪的一种特殊形式,在信息化时代显得越来越重要。

一、做好网络上课的准备工作

上课前需要提前下载好相关直播软件，完成注册并加入直播课堂。在上课前 5 分钟提前进入直播课堂，完成签到等工作。提前进入网络直播课课堂既能保证老师的上课质量不受影响，又能体现对老师的尊重。同时，为了营造良好的上课环境，并能及时有效地和老师网络互动，学生必须按线下上课要求进行上课准备，要正常起床，洗漱，穿着整洁，找一个适合上课的、相对安静的地方准备上课，对手机或电脑要充好电，同时准备好充电器、耳机、课本和笔记本等相关学习用品。

总之，所有同学都应该在每节课前，提前进入直播教室，做好上课准备，不能因个人的失误而影响整个班级的上课进度。这既是尊重别人，也是尊重整个班集体。

二、认真听讲，积极与老师互动

网络课堂更要求学生有很好的自我约束能力，做到不迟到，不早退，不随意出入授课平台，全程听课要静音，以共同营造一个相对安静的上课环境，确保上课质量。在讨论和互动环节，学生应积极加入与老师和同学的互动中，不得假借网络"卡"、连不上线等敷衍了事，避免拖延上课时间，影响上课的连续性。要尊重老师，认真听讲，及时完成作业，有疑问在老师互动时及时提出，提高网络课程的效果。

网络课程中应注意以下几点：

(1)按时上课。上网课期间做到不迟到、不早退。

(2)学习态度端正。在网络课程学习时，一定要加强自我约束力，端正学习态度，认真学习，参与到网络课程中，不做与课程无关的事，如玩网络游戏、网上聊天、休闲娱乐、网上购物等。

(3)遵守法律。利用网络进行学习时，要遵守国家互联网管理的相关法律法规，不能在网络上散布不实信息，不得转载和分享各种错误言论，在网络上的言论要体现当代大学生积极向上的精神风貌。

(4)语言规范。在网课上与人交流时，应当用语规范，不得使用攻击性、侮辱性语言。

(5)待人宽容。网上学习交往，难免会有小摩擦，比如在讨论问题时，容易引起争论，只要不是恶意的，应当宽容对待。要允许犯错误，当看到别人出现写错字、用错词等问题时，要顾及他人面子，可以善意委婉地提建议，不应批评、指责。

(6)尊重隐私。要尊重他人的隐私权，在未经老师和同学的同意下，不要随意公开上课内容、师生照片、师生信息等内部信息。

大家通过课堂学习、自主学习、网络课堂学习的方式，力争做个优秀的践行者，在学校这个书的海洋、知识的殿堂中早日将自己塑造成对社会有用的优秀人才。

阅读

网络课程的优势

(1)网络课程学习打破了时间空间的限制，让学生随时随地都能学习。只要拥有网络和设备(手机、电脑)，学生不再受地理条件的限制，就能完成相关课程的学习。

(2)网络课程学习拥有更多的教学资源。互联网时代,网上拥有更充足、更丰富的教学资源,网络课程教育的教学方式使得这些资源能很方便地呈现给学生。

(3)网络课程学习能够优化教学资源。在线上教育中,除了本校教师的课程,同学们还有机会聆听到校外高水平的专家教授的讲座,优化了教学资源。

(4)网络课程学习更易于管理。对学生基本信息、到课率、交作业情况等,老师只需在后台看一眼便能轻松了解,批改作业也更方便。

总而言之,线上教育拥有线下教育无法做到的很多优点,而且已逐渐成为一种趋势。

学习情境9

学习润滑事业的集会、聚会礼仪

◎ 情境导入

刘晓芳是一名高职院校的大一新生，在入学教育大会上，学生工作书记的讲话给她留下了深刻的印象："大学是知识的殿堂，同时也是大家步入社会前的最后一个缓冲阶段，在这里不仅要学习专业知识，更应掌握在社会中与人交往的能力。希望同学们可以多多参与到学校举办的各项活动中，提高自己的组织、协调以及人际交往能力，为步入社会做好准备。"老师的话刘晓芳听了进去，她知道，应该多参加聚会、集会等活动，提高自己的交际能力。但怎样才能在活动中表现得体？应该注意哪些问题？她对这方面的知识充满了渴望。

◇ 学习目标

能够掌握集会、聚会礼仪，在参加或组织集会、聚会活动时，能有得体、周到、优雅的表现，树立良好的个人形象。

◇ 学习建议

1. 积极参与到集会和聚会活动中，熟悉集会和聚会的礼仪。
2. 尝试策划并组织一次活动，熟悉组织活动礼仪。

在人类的各种交际活动中，集会、聚会是较为常见的活动形式。聚会，通常是指聚集会合。集会，虽然也有聚集会合的意思，但更多地是指许多人聚在一起开会。

在集会、聚会中，人们可以互通信息，交流思想，增进了解，协调行动，加深友谊。大学生活中常见的集会形式有典礼、升旗仪式、会议等；聚会形式有舞会、晚会、年会等。在集会、聚会中如果人们能够自觉主动地遵守礼仪规范，按照礼仪规范约束自己，就容易使相互间的感情得以沟通，建立起相互尊重、彼此信任、友好合作的关系，进而有利于各种事业的发展。

在集会、聚会中表现得彬彬有礼、自然大方、谈吐不俗，是一个人良好道德修养的体现，也是对组织者的一种尊重和支持。为了步入社会后能在一些社交活动中应付自如，树立良好的个人形象，学生在校期间养成良好的习惯，自觉地训练自己在集会、聚会中的礼仪是十分必要的。

情境任务1　集会礼仪

［视频学习19：集会礼仪］

知识目标：了解集会礼仪，知道哪些礼仪是得体的

能力目标：针对不同集会都能表现出得体的行为礼仪，让礼仪成为事业和人生的润滑剂

素质目标：养成符合集会礼仪规范的行为意识和习惯

◎ 典型实例

在某高职院校的军训结业典礼上，当主持人已经开始讲话时，几名同学由于迟到，还没有找到属于自己的方队，在学生队伍后方乱走，引起了主席台上领导的注意。典礼开始后，学院领导还在讲话，一些同学就开始东张西望、交头接耳，让主席台上的教官如坐针毡。在典礼还没有结束时，几名同学又偷偷地离开会场，召来了同学们异样的目光。

思考：在集会时主要注意哪些问题？

无论是组织集会，还是参加集会，都应当遵守一定的礼仪规范。只有了解并熟知相关的礼仪，才能在组织集会时提高集会的效率，在参加集会时表现出应有的素质与形象。

一、典礼

典礼是一种常用的隆重仪式。通过举行典礼仪式来办一件事，往往会产生强烈的效果：一方面，可以表示郑重、庄严，渲染出与内容相应的浓烈气氛；另一方面，可引起社会各方和广大同学的注意和重视，强化效果。一般常见的典礼有开学典礼、毕业典礼、周年典礼、表彰典礼、开业庆典等。讲究良好的礼仪规范，是成功举办典礼的必要条件。

(一)仪表整洁

情境链接 9-1-1:

在某校开学典礼上,当主持人宣布先进集体并派代表上台领奖时,大二某班的一名女同学披着长发,穿着超细的高跟鞋上台领奖。由于台上人数较多,合照时这名女生的长发遮住了旁边学生的脸,下台时又因鞋跟太细险些摔倒。

在典礼上,无论作为一个发言者,还是领奖代表或是普通听众,都必须注意仪表整洁、得体,这样才能给同学们留下一个良好的印象,否则会直接影响到典礼的整体效果和个人在同学们心目中的形象。因此,在出席典礼前,所有参加人员,尤其是将要作为代表上台的大学生,一定要注意对个人仪表进行修饰和检查。

1. 整理仪容

在参加典礼之前,务必要整理一下自己的仪容,特别是需要上台的学生代表。重点整理发型与面部。例如,发言者的发型应当端庄、大方,面部应当干净、整洁。通常,男性应当剃去胡须,女性则应尽量不染头发。不论男女,都应当将自己的头发梳理整齐。

2. 讲究着装

参加典礼要求服装整齐、合身。如果需要在典礼上发言,就要在衣着上做到风格庄重。例如,发言者一般不应披着外衣、"袒露胸怀"、挽起袖口或裤管,不应戴帽子、手套、墨镜等。

3. 注意妆饰

对发言者而言,适当地进行妆饰有一定必要,但应注意适度、庄重,切勿过分抢眼、招摇。具体而言,发言者在进行化妆时,应当淡雅而清新,切忌给人以浮华或轻佻之感。首饰佩戴也要少而精,也可不戴。

(二)准时赴会

在任何典礼上,遵守纪律、准时赴会,是保证典礼顺利进行的基本条件之一。要确保这一条得到贯彻落实,不但要靠典礼组织者的积极努力和得力措施,更要靠所有参加者的自觉和认真。参加者要认真遵守典礼纪律,准时到场并保持安静,不得中途离场。否则,不仅会影响发言者的发言进程和心情,也是对发言者的不尊重。因此,参加典礼应报有积极的心态,而不应带抵触情绪或无所谓的心理。

参加典礼,一般提前 5 分钟以上入场,以便有一定时间进行必要的个人会前准备,如签到、会合他人、寻找座位等。自己一旦答应参加,就不应当无故迟到或缺席。如果有特殊原因不能出席,一定要向组织者提前说明理由,争取得到谅解。

(三)认真倾听

情境链接 9-1-2:

在一次优秀企业家报告会上,企业专家正在介绍行业发展趋势,突然一阵刺耳的铃声响了起来,一个人忙取出手机边接电话边匆匆离场,周围的人纷纷起立让位,又出现一阵骚乱。这不仅打扰了其他听众,而且中断了发言者的讲话。

对每位参加会议人员而言,在典礼进行过程中认真倾听他人的发言,不仅是对典礼组织者与发言者的尊重，同时也是自己掌握与会精神的主要途径和自身良好修养的真实写照。要做好这一点，需要注意以下3个方面：

1. 会前准备

在参加较为正式的集会典礼前，每一位参加的同学都应当进行认真的准备。一是会前要充分休息，养精蓄锐，否则在会上因为疲劳困乏而大打瞌睡，必定影响听讲，同时也是对发言者的不尊重；二是要处理好其他事情，以免在开会时用心不专、电话不断，影响听讲；三是要预备好必要的辅助工具，如纸、笔、录音笔、照相机等；四是要认真浏览典礼下发的材料，全面了解典礼的主题、必要步骤、参加的人员和典礼的具体要求等。

2. 聚精会神

在典礼举行期间，每一位参加的同学都要聚精会神地聆听主持人、发言者的讲话，汲取他人发言的精华。在倾听他人的讲话时切忌玩手机，"魂游"于网络之中。参会人员应关掉手机，或把手机调成振动，以免扰乱会场秩序。

3. 做好记录

作为一名大学生，在参加典礼时如果条件允许，要尽可能地对他人的讲话、发言择其要点进行记录。这对于自己会后深入体会和准确传达、落实都将有很大帮助，同时也会从中学到很多经验。

（四）保持会场环境

情境链接9-1-3：

在某大学开学典礼上，一新生因未被选为新生代表发言，冲上讲台准备展示自己的演讲。现场一阵骚乱，工作人员及时上台对该生进行了劝离。现场视频被上传到网络，引起了诸多网友的热议，学校官方微博为平息此事也发表了声明。

在典礼举行期间，全体参加者都应当自觉遵守会场纪律、维护会场秩序、保持会场卫生，不得影响他人的讲话和倾听，主要注意以下3方面：

1. 保持会场安静

在主持人或发言人讲话时，不允许故意起哄，或是直接制造影响会场的噪声，如在会场上接听电话、玩游戏、听歌等。如果有与发言者不同的意见，可以通过适当的渠道进行合理的表达，不应当破坏现场的秩序，如自行上台、吹口哨、拍打桌椅、私下议论、跺脚乱踢等。会场上鼓掌是为了对发言者表示欢迎和支持，也是一种尊重，不应当在自己心怀不满时对发言者"鼓倒掌、喝倒彩"。在整个开会过程中，所有参加者都不应随意走动、交头接耳。

2. 不得逃会

一旦参加典礼，就应该有始有终坚持到底，而不应随意中途离开。如果在举行中途确有特殊原因需要离开，应在离开前向有关负责人说明原因，求得谅解，不应不辞而别。

3. 保持会场卫生

所有参加者在会场上应保持良好的卫生习惯，这是一个人道德修养的基本体现。不应在会场上吃东西、乱扔杂物、纸屑，散会后要及时将自己的饮料瓶、用过的纸张等清理干净，保持会场卫生。

阅读

毕业典礼上的名言名句

希望你们坚守初心。初心就是本心,在漫长的人生之路上,不忘初心、抵制诱惑,你们将收获一生的平安和精神的富足。今天,你们即将踏上新的人生道路,每一个人都要认真地问一问自己,什么是自己真正的理想?什么才真正值得去追求?未来的路很长,只有听从内心的召唤,才能真正创造属于你自己的美好人生。

——邱勇　曾任清华大学校长

这既是一个不断创新的时代,也是一个终身学习的时代。同学们毕业走向社会,并不意味着学习的终结,而应该是新的学习阶段的开始。希望你们谨记校训中"学无止境"的要求,树立终身学习的理念,向书本学习,向实践学习,向他人学习,活到老学到老。

——张荣　曾任山东大学校长

"匠心"的坚守执着并非墨守成规、因循守旧,"匠心独具"是指在思想、技术、工艺等方面具有独创性。对于自己从事的工作,喜欢的,自然要踏踏实实做好;但如果不喜欢,也要努力做、认真做,这也是积累、是成长。那么,在我们想不到的时候,在我们看不见的地方,当机会来临的时候,我们也一定能够抓得住。

——王迎军　曾任华南理工大学校长

学会尊重他人的职业能体现出一个人的素养。走出大学校门,希望大家做一个有教养的人。尊重自己的职业,尊重别人的职业,多一些理性,少一点戾气,我们的世界将变成美好的人间。

——孙笑非　曾任河南大学教师

二、升旗仪式

国旗是一个国家及其民族精神的象征,升降国旗是对同学们进行爱国主义教育和礼仪规范教育的一种方式。一般在大学中,每周一或重大节日、纪念日、庆典时,学校都要举行升国旗仪式。

情境链接 9-1-4:

清晨,国旗伴着雄壮的国歌冉冉升起,同学们整齐列队,向国旗行注目礼。升旗完毕,当一个同学在做国旗下演讲时,几名同学左顾右盼,并低声聊天。

作为新时代的大学生,我们是国家的栋梁,是祖国的未来和希望,我们肩负着建设祖国的使命。作为爱国青年,在庄严、肃穆的升旗仪式中,我们必须遵守一定的礼仪规范。

（一）列队

在举行升旗仪式前，全体学生都应当自觉按要求提前5分钟到班级指定地点整队集合，有秩序地列队，做到快、静、齐。列队整齐，面向国旗，肃立致敬。当升国旗、奏国歌时，要立正、脱帽、行注目礼，直至升旗完毕。升旗是严肃、庄重的活动，一定要保持安静，切忌自由活动、嘻嘻哈哈或东张西望。神态要庄严，当五星红旗冉冉升起时，所有在场的人都应抬头注视。如果有迟到者，应当在原地肃立，不得在仪式进行中行走。平时遇到升、降旗时，请原地肃立，行注目礼。

（二）着装

升旗仪式是一项庄重而又严肃的活动，能体现同学们的精神风貌和文明素质。整洁、庄重的着装是升旗仪式的一般要求。此外，升旗仪式上禁止穿拖鞋、短裤以及怪异、暴露的服装，也不得挽袖、卷（扎）裤角、披衣、敞怀等。

（三）国旗下演讲

国旗下的演讲要事前做好充分准备。演讲者及演讲稿要提前部署，认真准备，在演讲前按要求报送学校相关部门审定。演讲稿字数一般在500字左右，演讲时间一般3分钟以内为宜。演讲的主题要鲜明，内容要结合国家重大节日、纪念日对同学们进行爱国主义、集体主义、社会主义教育。

演讲者预先做好充分的准备，并进行练习，演讲时要声音洪亮，精神饱满，熟练准确，富有感染力。演讲时同学们要自觉遵守纪律，保证肃静，严肃认真地倾听演讲，自觉接受教育。严禁在进行国旗下演讲时说话聊天，左顾右盼，来回走动。

阅读

中华人民共和国的国旗是五星红旗，旗面为红色，长方形，左上方缀黄色五角星五颗，四颗小星环拱在一颗大星的右面。大星象征中国共产党，小星象征广大人民，表示亿万人民团结在中国共产党周围。

1949年7月，中国人民政治协商会议筹委会向全国以及海外侨胞征求国旗设计方案，一共收到2 992个方案，最后选中现在使用的这个方案。他的设计者是当时上海现代经济通讯社的曾联松。

中华人民共和国的国歌是由田汉作词、聂耳作曲的《义勇军进行曲》。1935年，中国遭到日本帝国主义的侵略，在中华民族危亡的关头，他们创作了这首歌曲，激励人民奋起抗战，保卫我们的国家和民族。数十年来，这首歌对激发我国人民的爱国主义精神起了巨大的作用。因此，在1949年9月召开的中国政治协商会议第一次全国会议上，这首歌曲被定为代国歌，体现了中国人民的革命传统和居安思危的思想。1982年12月4日，第五届全国人民代表大会第五次会议通过《义勇军进行曲》为中华人民共和国国歌。

三、会议

会议是指有组织、有领导、有目的的议事活动，它是在限定的时间和地点，按照一定的程序进行的。会议是一种普遍的社会活动形式，几乎有组织的地方都会有会议。会议的主要功能包括决策、控制、协调和教育等。一般常见的会议有座谈会、专题讨论会、讲座、网络会议等。会议礼仪，是指召开会议前、会议中、会议后以及参会人员应注意的一系列礼仪规范。遵守会议礼仪对会议精神的执行有较大的促进作用。

（一）会前准备

情境链接 9-1-5

2020 年新冠肺炎疫情期间，某系学生会准备开展网络工作会议，为了避免大家下载更多的办公软件，方便操作，决定直接利用微信群进行多人语音通话。可是到了会议时间，开启语音通话后，大家才发现该平台能支持的最大上限人数是 9 人，多名学生会干部在群内留言“进不去，怎么办呀？”

在会议前的准备工作中，我们需要注意以下这几方面：

(1)what——会议的主题，就是要讨论哪些问题。明确会议主题不仅能提高会议的工作效率，更能让参会人员针对主题进行充分准备。

(2)when——时间，告知所有的参会人员会议开始的时间和会议大致需要进行多长时间。这样能够让参会人员很好地安排自己的工作。

(3)where——地点或软件平台，是指会议在什么地点或软件平台进行。选择合适的地点或软件平台，为参会人员提供舒适的会议环境和设施，是保障会议顺利开展的基础。如果是线下会议，要注意会议室的布局是不是适合这个会议的进行，能否容纳所有参会人员，会议室是否具备投影仪等相关设备。软件平台则需要注意该平台能够支持顺畅进行会议的最大上限人数，能够支撑什么样的会议模式(直播、语音、视频等)，是否需要提前建立网络群组，并了解相关网络平台的操作应用。

(4)who——人物，应提前一定时间向所有参会人员发送会议通知，写明会议时间、地点或软件平台、会议主题及参加者等内容。

(5)others——会议物品的准备，就是根据这次会议的类型、目的，准备相关物品，比如PPT、纸、笔、笔记本、投影仪、桌椅、桌卡、水、签到簿、名册、资料等。

阅读

某系团总支“国庆、中秋双节主题班会”部署会议的前期策划

1. 明确会议议题

根据“国庆、中秋”节日背景和教育目的，商讨、确定主题班会实施计划和方案；沟通、解决各班级提出的有可能影响班会实施的问题。

2. 确定会务组人员

沟通、联络、签到、会场布置责任人——待定。

3. 确认与会人员名单

系内各班级团干部参会。

4.确定会议室

和公关部沟通确定可用会议室，要求可容纳15人，并配有投影设备。

5.确定会议议程

①系团总支副书记讲话；②各班级代表围绕议题进行发言；③系团总支副书记牵头确定完成时间节点及上交材料。

6.拟发会议通知

9月10日前发送会议通知，包含内容：会议主题、时间、地点、要求参会人员、会务人员联系方式、着装要求。

7.准备会议材料

学院双节主题班会实施方案、往期主题班会影像资料。

8.准备会场设备和会议用品

笔记本电脑和投影仪、翻页笔、签到本、笔、矿泉水。

9.会场布置

对设备进行调试，将矿泉水、笔和相关材料摆放到指定位置。

(二)与会礼仪

情境链接9-1-6：

某高校举办的团总支会议上，大部分团干部都自觉佩戴了团徽并提前来到了会议室。某班两名团干部打完篮球后直接穿着球服踩着时间点来开会，在会议开始后，这两名学生一直不停地擦汗，无法集中精神聆听团总支书记的工作部署。

作为即将步入社会的青年大学生，无论在校园里还是进入企业中，都要养成顾全大局的习惯，在参加会议之前，应做好准备。

开会前，如果临时有事不能出席，应提前通知会议举办方。参加会议前要多听取同学或前辈的意见，做好参加会议所需资料的准备，带好纸、笔以便记录会议要点。在参加网络会议前，要注意保证通信设备的网络畅通和电量充足，并提前了解会议所使用网络平台的操作方法。

开会的时候，如果需要发言，应简明扼要。在听其他人发言时，如果有疑问，要通过适当的方式提出来。在别人发言时，不要随便插话，破坏会议的气氛。开会时不要说悄悄话和打瞌睡，没有特别的情况不要中途退席，即使要退席，也要征得相关人员的同意，并尽量减少对他人的影响。此外，要充分利用参加会议的机会，建立良好的人际关系。

会议参加者应衣着整洁，仪表大方，准时入场，进出有序，依会议安排落座。开会时应认真听讲，将手机关机或调成静音模式。发言人发言结束时，应鼓掌致意。参加网络会议时，应注意提前关闭影像镜头和麦克风，以免打扰其他人员正常发言。

所有参加者在会场上要保持良好的卫生习惯，不应在会场上吃东西、乱扔杂物，散会后要及时将与自己有关的杂物清理干净，保持会场卫生。

阅读

有礼貌不一定总是智慧的标志,可不礼貌总使人怀疑其愚蠢。

——兰道尔

(三)发言礼仪

会议发言有正式发言和自由发言两种,前者一般是个人报告,后者一般是讨论发言。

正式发言者应衣冠整齐,走上主席台应步态自然,刚劲有力,体现一种成竹在胸、自信自强的风度与气质。发言时应口齿清晰,讲究逻辑,简明扼要。如果是书面发言,要时常抬头扫视一下会场,不应只顾低头读稿,旁若无人。发言完毕,应对听众的倾听表示谢意。

自由发言则较随意,但发言应讲究秩序,不应争抢发言。自由发言应简短,观点应明确。与他人有分歧,应以理服人,态度平和,听从主持人的引导,不能只顾自己。

如果有参会者对发言人提问,发言人应礼貌作答,对不能回答的问题,应机智而礼貌地说明理由。发言人应认真听取提问人的意见,即使提问人的意见不够客观,也不应失态。

(四)会后礼仪

会议礼仪是影响会议成功的重要因素,会前要做好充分的准备,会议结束后也要注意会议礼仪的一以贯之。

1. 会议例行服务

会议结束后,应要求参会人员有序退场。如有客方人员参加,应安排指定人员将其送至电梯口或送到大楼门口上车,握手告别,目送客人汽车开动后再离开。

2. 整理会议记录

整理好会议中的文字记录和图片、视频、音频记录,以便进行会议传达或执行会议精神。如主持会议,则需要完成会议总结材料,材料内容应包括会议议程各项内容、主要人员发言材料、会议讨论内容和总结性结论。重要会议结束后,一般应在网络平台发布会议相关新闻。

3. 保持会场卫生

会议结束后需对会场进行整理、清扫,保持会场卫生不仅是一个人道德修养的体现,也会影响下次会场的租借。

阅读

"共抗疫情,爱国力行"——线上主题班会准备工作记录

1. 班会主题

"共抗疫情,爱国力行"

2. 确定会务组人员及分工

团支部书记主持班会并发送班会通知;团支部副书记建立线上班会群组,并组织相关发言人进行平台测试;组织委员进行平台签到;宣传委员进行会议记录、录屏并进行公众号宣传。

3. 确认参加班会人员名单

团支部全体成员(组织委员统计请假情况并向辅导员汇报)。

4. 确定线上平台

钉钉 App。

5. 班会议程

(1)团支部书记宣读党中央及学院防控疫情相关政策规定;

(2)团支部成员根据互动话题进行讨论;

(3)辅导员老师进行线上总结。

6. 发布主题班会通知

3月4日前发送会议通知,包含内容:会议主题、时间、平台、要求参会人员、视频参会提醒、平台二维码。

7. 准备会议材料

团支部书记准备主持稿,确定互动话题。

8. 准备会议平台

建立钉钉群,测试网络平台直播功能,了解视频会议操作方法并通知相关发言人。

9. 会前提醒

会议开始前20分钟开启背景直播,并在留言区提醒大家进入平台时请关闭摄像头和麦克风。

×××班团支部
2020年2月27日

情境任务2　聚会礼仪

知识目标:了解聚会礼仪,知道哪些礼仪是得体的

能力目标:针对不同聚会都能表现出得体的行为礼仪

素质目标:养成符合聚会礼仪规范的行为意识和习惯

◎ 典型实例

在一家公司的周年庆典晚会上,主持人由于现场环境的嘈杂,将本已记熟的主持稿忘了,使得晚会办得不是很完美。晚会结束后的舞会上,一名男士和一名女士正在舞池旁边的座位上交流,这时另一名男士过来邀请这名女士跳舞。由于女士正在交流,加之这名男士邀舞礼仪欠佳,女士当面回绝,场面非常尴尬。男士回到座位上后,却看到另一名男士已成功邀请回绝自己的女士在舞池中共舞,这让他更为尴尬。

思考:良好的聚会礼仪所起的重要作用有哪些?

聚会礼仪直接关系到每个人的社交效果，通过了解并掌握舞会、晚会、年会等的礼仪规范，才能在聚会时表现得温文尔雅，不至于失礼。

［视频学习 20：舞会礼仪］

一、舞会

舞会，一般是指以参加者自愿相邀共舞为主要活动项目的一种文娱性社交聚会。舞会以优美的乐曲、美妙的灯光、高雅的舞姿、得体的举止吸引公众，人们可以从容自在地获得自我放松，恰到好处地展示个人修养。经常参加舞会，可以克服青年的胆怯、腼腆，消除社交恐惧症；可以使老朋友更加融洽，还可以结识新朋友。参加舞会的所有人均须规范个人的行为举止，时时处处遵守舞会的礼仪规范。那么如何更好地利用这个机会，使自己更受欢迎呢？

(一)个人妆饰

舞会的礼仪规定，在参加舞会之际，每一位参加者均应对自己的个人形象进行必要的、合乎惯例的妆饰，主要有以下 3 个方面：

1. 容貌整洁，化妆适宜

参加舞会之前应当整理好自己的仪表。仪容要美观大方，头发整齐，面目清洁。男士应剃须，女士在穿短袖或无袖时应剃去腋毛。根据舞会的主题，如果必要，女子可以化淡妆，但应讲究美观、自然，符合身份，切忌夸张，与场合不符。

对参加舞会者有两点需特别强调：第一，务必注意个人口腔卫生，认真清除口臭，在活动前禁食葱、蒜、韭菜等气味刺激的食物；第二，外伤患者、感冒患者以及其他传染病患者，应自觉放弃参加舞会，以免会给自己和他人带来不便。

2. 服装适宜，符合身份

在一般情况下，舞会着装的基本要求是干净、整齐、美观、大方。男装以深色的晚礼服和西服为主，女装以亮色为主，合理搭配。学生群体要注意舞会着装的适宜度。通常不应戴帽子、墨镜，穿拖鞋、凉鞋、工作服。跳舞时衣服纽扣要扣好。不宜穿得过透、过短、过紧，那样既不庄重也不舒适。

3. 精神饱满，注意修养

参加舞会应保持良好的精神状态，切忌面带倦意和愁容，以免影响舞伴的情绪。如果身体不适，应自觉退出。同时，在舞会上参加者更应注意自己的言谈举止，要态度温和，自然得体，谈吐文雅，不说脏话，不吸烟。

(二)邀舞

情境链接 9-2-1：

在院团委组织的欢送毕业生舞会上，一名男生和一名女生在舞场旁边聊天。这时，另一名男生走过来邀请这名女生跳舞，女生态度非常冷淡，还出言不逊："你是谁？走开！"发出邀请的男生十分难堪。又一名男生邀请另一名女生跳舞时，女生婉言拒绝，但男生仍然纠缠不休，非要和其跳舞，使女生感到十分难堪，只好中途离场。

在舞会上，跳舞需要两个人的配合，所以不可避免地需要面临邀人或者被邀的问题。按照舞会礼仪规范惯例，在邀人或被邀共舞时应注意以下几个方面：

1.常规礼仪

在舞会上，邀请舞伴的基本规范是人人应该遵守的，以免失敬于人。

(1)男士如有意邀请一位素不相识的女性跳舞时，应先观察对方是否有固定的男士舞伴，以免引起误会。

(2)邀舞时，男士要步履庄重地走到女士面前，弯腰鞠躬，以15度左右为宜。同时面带微笑，轻声说："想请您跳支舞可以吗？"

(3)当女士同意后，男士礼貌地伸出右手。如果女士并没有马上把手递给他，他可以顺势说一声"请"，然后让女士走在前面，由她在舞场中选一个地方，再带着女士跳舞。

(4)人们一般情况下是邀请异性跳舞，大多是男士邀请女士，不过女士可以拒绝。此外，女士也可以主动邀请男士，然而一般男士不可以拒绝。待音乐结束后，男士应将女士送到其原来的座位。女士坐下后，男士应说一声"谢谢，和您跳舞很愉快，再会！"然后再离去。

(5)如果一位女士单独同一位男士坐在一起，则另外的男士不能上前邀她跳舞，但如果女士坐在一群人之间，则可以。不论男士还是女士，凡一个人单独在远离人群的地方，别人就不要去打扰。

(6)根据惯例，在正式舞会上一对舞伴只宜共舞一支舞曲，接下来，通过交换舞伴去扩大自己的交际面。舞会上的第一支舞曲，应由男士邀请与自己前来的女士共舞，如有必要，他们二人还可以在舞会结束曲时再跳一次。

2.拒绝邀舞

参加舞会，接受和拒绝邀请都是可以的，因此，邀请者与被邀请者都应表现得彬彬有礼，落落大方。拒绝时应口气婉转，讲明理由，求得谅解。遭拒者要表现得大度和宽容。按照惯例，拒绝邀舞时，要重点关注以下礼仪：

(1)如果女士已经答应和某人跳这场舞了，此时又有人前来邀请，那么女士应向此人表示歉意："对不起，已经有人邀舞了，请等下一曲吧。"

(2)被邀者在没有特殊理由的情况下，不应拒绝前来邀请者，如果决定谢绝，则应说："对不起，我累了，想单独休息一会"或"真对不起，我不熟悉这支曲子"以此求得对方的谅解。

(3)如果已经婉言谢绝了某人的邀请，在该曲未终时，女士最好不再与其他男士共舞。否则，会被认为是对前者的不敬，很不礼貌。

(4)如果同时有两位男士邀请同一位女士，那么女士最好都谢绝。如果接受了其中一位邀请，则应对另一位说"对不起，等下一曲吧"，以示歉意。

(5)当女士已经拒绝了一次某位男士的邀请后，一般他不会再来邀请了，但如果这位男士再次前来邀请，则女士不应说一些不礼貌的话，而应当表现得开朗大方。

(6)如果男士自带舞伴参加舞会，有人前来邀请同行的女士，男士应当大方地应请女伴接受，一般不应代女士回绝。

在舞会上拒绝他人时，语言不应僵硬、粗鲁，不应戏弄对方，尤其不应把话讲得过于难听。通常，拒绝别人时应委婉地说明具体原因，而被拒绝者则应当表示理解，不再坚持。

（三）舞姿

情境链接 9-2-2：

某系举行的舞会正在有条不紊地进行着，然而，一对男女却跑到舞池中央拥抱在一起跳舞。舞池的另一侧，一位衣着时髦的女士正在疯狂地乱跳一气，引来无数人的目光……

在舞会中，人人重在参与。一个人的舞姿不必美不胜收，舞技也不必无可挑剔，但跳舞时的行为举止应合乎舞会的礼仪规范。不论与自己的舞伴是何种关系，两个人在一起跳舞时，除必要的以手相互持握外，身体的其他部位都要保持一定的间隔。上述案例中这对男女在公共场合不注意自己的行为举止，是一种不尊重自己、不尊重他人的表现。跳舞时的具体舞姿要与演奏的舞曲协调一致，不应过度自我发挥，乱跳一气。尤其是不应有意采用夸张、怪异、粗野甚至色情的舞蹈动作，去吸引他人的注意。

舞姿主要是指人在跳舞时的姿态和表情，姿态是人的外在动作，表情则表示其内在感情。在舞会上男女舞姿要求如下：

(1)步入舞池时应女先男后，由女士选择跳舞的方位。而在跳舞的过程中则应由男士带领在先，女士配合于后。同时，跳舞时舞姿要端庄、大方、自然，整个身体应始终保持平、正、直、稳，步法切勿零碎、杂乱。无论前进还是后退，都要掌握好重心，身体不要摇晃。如发现舞伴做后退动作有可能与其他舞者相碰时，应用手势提醒其适当避让。

(2)跳舞时姿态要轻盈，给人以欢乐感；表情要谦和悦目，给人以优美感。男女双方都要面带微笑，目光平视，不要紧盯着对方的脸，以免引起误会和反感。说话要和气，声音要轻细，也可不语。

(3)跳舞时双方身体应保持一定的距离。男士的右手掌心向下，以大拇指的背面轻轻将女士的腰肢挽住；左手使左臂以弧形向上与肩部成水平线举起，掌心向上，拇指平展，只将女伴的右掌轻轻托住。女士的左手应轻轻地放在男士的右肩上，不要勾住对方的脖子，右手轻轻地搭在男士的左手上。动作协调，男士不要强拉硬拽，女士不挂、扑、靠、扭。双方的握、搂动作均不应过紧。

(4)跳舞时所有人都应按照逆时针方向进行，只有如此，方能确保舞池的正常秩序，不至于发生跳舞者互相碰撞拥挤的状况。跳舞时要掌握运步方向的技巧，要记住，在变换各种方向时，均应以脚的前掌为轴心进行转动。

(5)跳完一曲舞之后，男士应当向女士点头致意或道谢，并有送对方回到座位的表示或行动，也可进行适当的交谈。如果女士原有舞伴，则说声“谢谢”，然后离去，此时不应坐下交谈，以免引起误会。

(6)当有乐队演奏时，一曲舞毕，跳舞者应首先向乐队立正鼓掌，以示感谢，方可离去。

(7)无论男士女士，在整个舞会尽量不要盯着一位舞伴不放，切忌举止轻浮、粗鲁。

二、晚会

晚会一般是对文艺晚会的简称，也是一种聚会的形式，是指在晚上举行的群众性文化娱乐演出，是人们开展交流、交往的另一种方式。一般而言，参与晚会的人员多而杂，其临场表现或多或少都会对晚会产生某种程度的影响。大学生在参与晚会时，既可能充当演员，也可能充当观众。不论充当演员还是观众，大家都应自觉遵守相关礼仪规范。

下面主要介绍一下演员与观众在晚会上所应遵守的礼仪规范。

(一)演员

情境链接 9-2-3:

在校园歌手大赛比赛现场，观众们正拭目以待，期盼一场精彩演出的开始。开场舞表演结束时，一名演员由于过度紧张，下台的方向走反了，主持人登台时，这位演员又赶紧从主持人前面跑了回去，引起台下一阵哄笑。主持人下场后忘记关闭麦克风，导致参赛选手开始唱歌时仍能听见主持人的声音在现场回响。某位参赛选手由于比赛成绩不够理想，拒绝参加最后的大合唱演出……

作为演员，要本着为观众负责的原则积极准备，认真彩排节目，保证节目质量。演员的表演属于意识形态领域的精神劳动，它提供给人们的是精神食粮。高雅的艺术能够帮助人们正确地认识社会生活，培养人们优良的道德品质。演员是晚会上的焦点、重要的角色，表演的好坏直接影响晚会的质量。演员在舞台上的表现要台风稳健、落落大方，并富有表现力。要想做到合乎礼仪、不辱斯文，就应做到尽心表演、尊重观众、善待同行。

1. 尽心表演

在晚会上能否为观众尽心尽力地表演，往往与演员的表演水平关系不大，而主要取决于其职业道德。具体而言，演员尽心表演有赖于下述4个方面：

(1)积极准备、重信守诺。当你答应参加晚会并担当演员时，就应该本着负责任的态度积极准备，认真排练节目。尽量避免在现场时由于个人原因出现错误，而让组织者和观众们感到失望。更不应临时改变、拒不到场或者拒不登台。

(2)恪尽职守，台风稳健。演员在台上表演，如现场发生意外，要沉着应对。即使出现一些失误，也应积极改正，坚持到最后，礼貌谢幕，完成演出任务。

(3)正常发挥，落落大方。一名演员在进行演出时，不论现场的具体条件如何，观众的表现怎样，演员都应一如既往地把自己的节目演好。应尽心竭力，努力发挥出自己的最佳水平，至少也要做到发挥正常。千万不应在表演时自作聪明，偷工减料，敷衍观众。

(4)格调高雅，富有表现力。晚会表演的格调要高雅、健康向上，符合观众的身份和晚会的主题。晚会表演的格调问题，主要体现在演员的精神风貌上。就其形式与风格而言，演员在进行表演时，应该做到“不拘一格，百花齐放，推陈出新”，但不可以自轻自贱，更不应哗众取宠，而不顾人格尊严。

2. 尊重观众

演员的演出水平如何，需要由观众来进行评判，更需要观众的支持与掌声的鼓励。而对于观众来说，演员能不能尊重观众，往往比其演技的高低更为重要，因为这不仅仅是态度问题，也是其个人品格和修养的具体体现。

演员对观众的尊重，不只依靠语言，更主要是看其行动，具体有下述几个方面：

(1)在登台或下台时，要向观众欠身施礼。有条件的话，可以在开始演出前或演出中间主动向观众热情问好。

(2)演出完毕后，有观众献花时，应当不卑不亢、落落大方地欣然接受，并表示感谢。当观众要求加演时,应登台向其欠身施礼致谢,或是满足其要求。

(3)在演出前后有观众喊自己名字打招呼时,应面带微笑,向其点头或挥手致意,不应不予理睬。

(4)在演出期间,若个别观众起哄闹事,切勿与其针锋相对,或中止表演下台,也不应立即拒绝演出。

(5)在全部节目演出结束后,全体演员应当登台谢幕,热情洋溢地接受观众鼓掌,挥手致谢,欢送观众退场。

3. 善待同行

在进行晚会节目演出时,妥善处理自己与其他演职人员之间的关系,是每一名演员都应注意的一大问题。处理与其他演职人员的相互关系时,重要的是应相互支持、积极配合,以齐心合力开好晚会为目的。

对待晚会节目的安排,要积极服从、认真遵守。不要为了争抢最佳出场次序而与其他演员互不相让、大吵大闹或负气拒演。

在晚会上,自己需要配合其他演员的演出或提供方便时,要尽力而为、积极帮助,不要时时处处以"我"为中心,只想当"红花",不想做"绿叶"。应相互补台不拆台,懂得帮助他人就是帮助自己、救场如救火的道理。

倘若晚会对演出节目要进行评比奖励,一定要心平气和、尊重观众与评委。既不应搞小动作,百般诋毁竞争对手,也不应把评比结果看得过重,而应当善于总结,找出自己的差距与不足,积极改进。

(二)观众

情境链接 9-2-4:

一次元旦联欢晚会上,主办方为了加强与观众之间的互动,顺应时代潮流,创新性地设置了超大弹幕投影,观众只要通过微信关注,即可在评论区留言。可是晚会开始后,评论区某位观众却开始对男、女主持人品头论足,引起了评论区的一阵热议。

作为新时代的大学生,在公共场合对他人指指点点是一种非常不礼貌的行为。这既是对他人的不尊重,也是对自己的不尊重。

在观赏晚会的精彩演出时,每一位观众有尽情欣赏节目的权利,同时也应承担遵守礼仪规范的义务。观众所应遵守的礼仪规范主要涉及准时入场、文明着装、对号入座、认真观赏、鼓励演员、照顾同伴、依次退场等方面。

1. 准时入场

在高校组织晚会时,根据活动的要求和具体条件,一般分室内场地和露天场地两种。但不管在室内或在露天举行晚会时,都对观众的座位有具体的要求。因此,准时进入观众场地,是每一位观众应该自觉遵守的重要礼仪规范之一。

在一般情况下,演出正式开始之前 15 分钟左右,要求观众进入观众席。之所以要求观众提前进场,主要是基于以下两个方面的考虑:

一方面是为观众自身着想。因为观众提前入场,就会有充足的时间和自己的朋友及同学打招呼、寻找自己的座位、领取节目单、熟悉环境等,而不至于错过晚会的正式开场。

另一方面则是为维持演出秩序，保证晚会的演出质量。因为假如在演出开始后仍有迟到的观众断断续续入场，既影响其他观众，也是对演员的不尊重。事实上，很多正规的晚会在演出开始之后便不再准许迟到的观众进场了，只有在中场休息时，他们才会获准入场。

2. 文明着装

如果对参加晚会的观众的着装有具体要求时，观众应当严格按照要求着装，特别是涉外晚会。一般而言，观众的穿着不应过分随意，而应庄重、大方、得体，符合观众的身份。

3. 对号入座

晚会一般会对观众的座位有具体的要求。观众均应自觉配合组织者的工作，坚持有序入场，并按要求到指定的座位就座。找寻自己的座位时，若有引导员在场，最好请其带路或予以指点；若必须"自助"时，则最好从左侧向前或向后，逐排寻找。不应漫无边际地东闯西逛，更不应为了找"捷径"而踩、跨座椅。

走向自己座位时，如果需要从其他已经落座的人身前通过，不应不发一言，横冲直撞过去，对人不礼貌。正确的做法是先向对方说声"对不起，打扰一下"，随后面向对方侧身通过。尽量不要碰撞对方的身体，万一碰撞了对方，须及时致歉。

当自己座位上已有他人在座时，应当礼貌地向对方说明情况，妥善处理。必要时，可请领位员或组织者处理此事。

在自己座位上就座时，要做到悄无声息、坐姿优雅。不应在就座时将座椅弄响，或坐得东倒西歪、前仰后合，更不应将脚乱伸、乱跷、乱踏、乱蹬、乱放。

座位即观众的"岗位"，观众一旦在自己的座位上就座，就不宜再进进出出，不宜乱调、乱占其他空位。如有特殊原因需要调换座位时，不要强人所难，而应征得对方的同意。

即使晚会不要求固定座位或没有座位可坐，自己观看演出的具体位置一般确定后就不再随便更换了。

4. 认真观赏

专心观看、认真欣赏演出节目是观众参加晚会的主要活动。在晚会上观看演出，是一种高品位的审美活动。在观看演出时，观众的最佳表现是专心致志、全神贯注，既不妨碍演员的表现，也不影响其他观众的观看。要达到上述目标，必须做到以下几点：

(1)不应交头接耳。观众在观看演出时，不应与周围的同伴窃窃私语，或对正在表演的节目大声评论、对正在表演的演员品头论足。

(2)不应接打手机。一旦进入晚会现场，观众即应自觉将自己的手机关闭或调至振动状态，不应任其鸣响不止，更不应在观看节目的同时拨打或接听手机。

(3)不应吃零食。在观看演出时，最好不要吃东西，尤其是不要吃带壳的食物、喝易拉罐饮料，因为它们都可能会成为噪声之源，也容易影响环境卫生。另外，在晚会上是不应吸烟的，这是一种公德。

(4)不应心不在焉。在演出期间，观众不应睡觉或者闭目养神、看书、听音乐、干私活、玩手机或四处张望等。

(5)不应随便走动。当演出开始之后，观众如果进进出出、乱走乱动、坐立不安，非常影响他人的观演。

(6)不应影响他人。在观看演出时，通常不应戴帽子或坐得过高，不应在一个座位上挤坐两个人，挡住别人的视线，或挤占他人的座位。不应随意使用闪光灯或摄像。

(7)培养文艺敏感度。观看演出时,不仅要满足于感官的刺激和享受,更要培养和增强自己的文艺敏感度,真正地从中获得美感与享受。但同时也要注意不能在演出期间高谈阔论、吹毛求疵。

5.鼓励演员

在观看演出时,观众对演员表示尊重、友好的最佳方法,就是用自己的实际行动支持和鼓励演员。当演员登台表演或演完退场时,观众应当热情、友好地鼓掌,以示对演员的欢迎和感谢。当演员表演异彩纷呈,或是完成高难度动作时,观众可在适当时候为之欢呼和鼓掌,表示祝贺。不过,不应妨碍或打断演员的演出。

晚会上,当有的演员因为紧张或其他原因出现个别失误时,观众应给予谅解。对某些演员鼓倒掌、吹口哨、扔东西甚至辱骂和哄赶是极不文明的行为。其实,当演员出现闪失时,观众能够给予谅解,并一如既往地认真观赏,才是对演员最好的支持与鼓励。

碰上自己所喜欢的演员时,可以在其表演完毕之后,以热情的掌声恳请其加演节目,但要适可而止,切勿因此造成不良影响。

演出结束后,当演员集体登台列队谢幕时,全体观众应起立鼓掌,再次感谢演员的精彩表演与辛勤劳动。切勿对演员的谢幕熟视无睹、扬长而去。

6.照顾同伴

在观看演出时,对自己的同伴,尤其是长辈、领导、老师、女士、客人,需主动地加以照顾。

入场时,最好与自己的同伴一起行动,或提前到达,恭候对方,结束后一起退场,或事先约好会面地点,护送其返回居所。

倘若受人邀请,则应按照双方约定的时间准时到达会合处。这是对邀请表示重视的表现。不要姗姗来迟,甚至忘了约会,令对方望眼欲穿。

入场寻找座位时,若无引导人员的帮助,应主动走在前边为同伴引路,并将其指引到指定的座位,而将靠边、靠过道之类的座位留给自己。座位不够时,应主动请同伴先就座。

7.依次退场

按照常规,在文艺节目演出期间,是不应提前退场的,否则就会被视为失礼。只有在全部节目完毕后,才能退场。

退场要求依次而行、井然有序。不应在演出未了之时匆匆离开,造成演出场面混乱,影响演出,更不应在散场时争抢道路,以免造成踩踏伤人。

退场的次序一般是领导、嘉宾、老师、同学。退场时不应大声喧哗。

思考:聚会礼仪对我们顺利步入社会有何帮助?

三、年会

情境链接 9-2-5:

高职毕业生小路,进入公司仅半年,就迎来了元旦。部门负责人通知大家要做好年度工作总结,并且要求大家积极为参加公司的年会做好准备。小路从来没参加过年会,对涉及年会应做的准备没有相应了解。他到公司的 OA 系统里下载了公司的年会策划方案,通过仔细阅读方案，有了大概的了解。之后，他为此做了准备，使自己在年会上表现得体，引起了公司高层领导的注意。

年会指某些社会团体一年举行一次的集会，是这些团体一年一度不可缺少的“家庭盛会”，主要目的是激扬士气、营造组织气氛、深化内部沟通、促进战略分享、增进目标认同，并制定目标，为新一年度的工作奏响序曲。

如何不断创新，开好年会，达到更好的效果，越来越让年会筹办者煞费苦心。一些企业不惜人力、物力、财力，通过总结、表彰、聚餐、娱乐、旅游以及众多重量级人物的演讲等，试图组织一个好的年会。作为刚走上工作岗位的大学毕业生，在年会上可以更好地了解企业文化、融入团队、与企业高层领导交往、与平行部门的同事交往，年会礼仪能够助你一臂之力。

(一)着装得体、妆容相宜

着装体现着一个人的素质修养、审美情趣，在参加年会时，应穿着与会议主题相符的服装，烘托年会庄重、热烈的气氛。具体而言，着装应力求庄重、喜庆。正规的制服，深色套装、套裙，或是较为正式的长衫、长裙，都是合适的选择。尽量避免穿着夹克衫、T恤衫、牛仔裤、健美裤、超短裙、短裤、拖鞋等便装参加会议。

男士应沐浴、理发、剃须，保持整洁。女士应头发整洁、化妆适宜、指甲修剪适度、饰物恰到好处，以示庄重，又不失魅力。

(二)悉心学习、风貌良好

在参加年会的过程中，自己不发言时应当专心听取他人发言，这既是对发言者的尊重，也是把握极好的学习机会，更能展示良好的精神风貌。从各部门及各项目负责人的年终述职报告中，可以了解企业中层领导的职责及企业推崇的价值观；从优秀员工的获奖感言中，可以了解如何才能成为一个好员工及企业看重的业绩；从总经理总结发言中，可以深入了解企业的文化、未来的发展目标及对每个员工的期望。这些有助于确立自己的学习榜样，树立切实可行的成长目标。

要做到专心听讲，悉心学习，首先必须保持安静，不大声喧哗，或者与他人交头接耳、窃窃私语。手机应调到振动或静音状态，尤其不要在会议现场接打电话。其次应注意自己的神情举止，做到洗耳恭听。摇头晃脑、指指点点、哈欠连天、瞌睡打盹、东张西望、传递纸条、反复看表，甚至随意走动都是破坏会场气氛和自己形象的不良表现。最后要边听边积极思考，学习如何从这些讲话中汲取精华，举一反三地指导自己的工作。

(三)主动服务、积极参与

年会通常由办公室筹备，这种大型活动准备工作的烦琐是可想而知的。作为新入职的年轻员工，要主动去参与一些准备及整理工作，如会场布置、演出道具准备、矿泉水摆放、会议结束后的场地清理等，自觉将自己融入大团队中，而不是以局外人的身份旁观。

年会为了调节气氛，调动员工参与，一般设有文艺演出、演讲、游戏等内容。刚走上工作岗位的员工可以利用这一平台展示自我，融洽人际关系。例如，可以申请担任文艺演出的主持人；可以结合自己的特长表演节目；可以积极参与游戏；可以在适当的时候为领导及其他演职人员献花等。

情境任务3 组织活动礼仪

知识目标:了解组织活动的礼仪规范以及相关准备工作
能力目标:能策划并顺利组织开展活动
素质目标:对活动的策划和组织基本环节了然于心

[视频学习21:组织活动的礼仪]

◎ 典型实例

某高职院校青年志愿者社团策划了一场活动。在一位系领导到达活动现场后,引导员没有为其指定座位,因为该领导不知道出席的人员都是谁,所以不知道如何就座,只能尴尬地站在嘉宾席旁边。在嘉宾到场后,组织者才发现竟然忘了邀请他们的社团指导教师,于是马上电话邀请,致使活动推迟了30分钟。青年志愿者社团策划的活动主题是“爱护环境,从我做起”,但活动的整个过程都没有充分地体现出这个主题,大部分时间被与主题无关的流行音乐和歌舞所占据,让参加活动的领导和同学大失所望。

思考:如何成功策划一次活动?应注意哪些问题?

组织活动是我们生活中经常会面对或经历的事情。为了达到宣传、教育的目的,人们经常开展各式各样的活动,如文娱活动、体育活动、宣传活动、比赛活动和纪念庆典活动等。在大学中,学生们组织开展各种活动尤其频繁,内容丰富多彩。一次活动能否圆满完成,在很大程度上取决于活动组织者的组织工作是否周到、认真。为了确保活动的成功,无论在活动进行前、进行中还是进行后,都要遵循一定程序,遵守一定规范的礼仪,主要包括以下几个方面。

一、策划

情境链接9-3-1:

某年的纪念“五四”文艺汇演,演出时间比预定时间延长了近40分钟,打乱了出席领导的时间安排,也影响了演出后安排的电影放映。

其原因是这次活动在准备初期无策划,在老师的要求和指导下,组织者才根据现况做了一份策划。出现延时过长的问题是因为没有按计划实施,而是不加控制,同时彩排时也没准确测好时间,舞台监督不到位,致使节目拖沓,影响了这次活动的效果。

策划是组织活动的前提准备工作,是活动开展能否成功的保障。作为一名大学生活动的组织者,在组织活动前应该认真、细致地做好每项准备工作。要有具体的策划书,并要及时地将策划向领导汇报,经领导审查批准后方可执行。策划一经通过,组织者就必须严格按照其中的时间和内容执行。

策划是组织者对整个活动的来龙去脉做一个清晰的交代,同时充分陈述活动的意义、作用和效果。组织者必须事先对各个环节做一番研究,做到心中有数、统筹规划。举办活动必须策划先行。策划是组织活动的脉络，好的策划是成功的前提。

一份好策划的效果是立竿见影的，你可以充分享受自己的策划被成功执行的价值感。如果你历尽千辛万苦，终于做完了一个活动的策划，而且自我感觉良好，但别人却无法真正理解，那这个策划也是有问题的。一个策划必须要向上级、同事解释清楚，得到他们的审查、承认和支持之后，才能被活动组织者接受并付诸实施。成功的策划一般需要从以下几个方面考虑：

1. 策划名称（策划主题）

策划名称要尽可能具体地写出，如"辩论赛策划书"这种写法是不够的，必须要清楚地写出"20××年×× 系×× 辩论赛策划书"。

2. 策划目的以及策划内容的简要说明

要很简练地把策划目的、要点写出，同时也要把策划的核心构想和画龙点睛之处明确地写出。

3. 策划者姓名（小组名称、成员名称）

写明策划者所属部门、职务、姓名。若是小组形式，就写出小组的名称、负责人、成员的姓名（包括所属部门、职务）。如果有外界人员参与，也应明白记载。

4. 策划的详细内容

这是说明策划内容的正文部分。表现方式要简单明了，使审批的人很容易明白。不要只是用文字表示，可适当地加入一些图表。尤其要考虑对方的理解力和习惯，不要只站在自己的立场想问题。

阅读

"感恩之情　牵动你我"——报告会策划书

一、活动目的

1. 激发学生的感恩之情，提高学生的文明素养，加深学生对"感恩的心"的理解。

2. 丰富学生的课余文化生活，给学生提供锻炼自我、展示自我的平台。

二、活动主题

感恩的心

三、活动时间及地点

5月下旬　实训中心报告厅

四、举办单位

主办：系团总支

五、活动方式

1. 以同学和家长通电话为引子，导出此次报告会的主题。

2. 各选手根据自身的实际情况做报告。

3. 以歌曲《感恩的心》结束此次报告会。

4. 最后请系团总支书记为此次报告会做总评。

六、奖项设立

一、二、三等奖各1名，优秀奖若干名。

七、评分标准(满分 10 分)

1. 主题突出,内容丰富。(2 分)

2. 在幻灯片的制作和讲述过程中立意新颖、方法独特。(3 分)

3. 报告者口齿清晰,语言标准,富有感染力,能带动观众气氛。(3 分)

4. 仪容仪表大方得体,符合报告会的主题。(2 分)

八、经费预算(总计 237 元)

1. 奖状:五张(20 元)。

2. 奖品:一等奖笔记本 1 本(25 元),二等奖水杯 1 只(20 元),三等奖笔筒 1 个(15 元),优秀奖速记本 6 本(60 元)。

3. 水:1 箱(20 元)。

4. 蜡烛:12 支(12 元)。

5. 场地布置:气球等(50 元)。

6. 洗照片:一套(15 元)。

××××系团总支

20××年×月×日

5. 策划实施步骤说明以及计划书

对策划的实施操作步骤、程序都应做成计划。这些实施程序、时间表等各项计划都要附在计划书里。至于费用计划、人员计划、工作计划、时间安排等,都要编制成计划书交代清楚。

在人员计划中,要组织任务小组,分配人员职责。权责相应,每个人都要非常明白自己的责任。注意,分配任务要以人为单位,而不能说某件事"你们几个做",这样这件事情很可能做不好。有以下几个分配方向:指挥中心、外联赞助组、现场工作组、宣传媒体组、现场秩序组、礼仪接待组、应急组。应打印出任务清单,让每个人看得明明白白。并且,每天碰头一次,及时汇报进展,以便处理各种信息。

策划人员常常会存在一个误解,即以为别人对某个内容也相当了解,用不着详细解释。因此,自己认为很简单的东西,在向对方说明时,却显得困难重重。

优秀的策划人员不可贪心,应把构想进行浓缩,即使有很好的方案,只要与主题无关,也应舍得删除,留待下次再用。要记住:适当的舍弃是重要的策划技术。

思考:在组织活动中,你认为最应该注意哪些?

二、邀请领导、老师

在学生活动的组织过程中,邀请领导、老师参加是常见的一种礼仪形式。掌握邀请的有关知识,对于完善礼仪、提升活动层次和质量有着非常重要的意义。

邀请领导、老师一般是由组织者在活动前对希望参加本次活动的领导、老师发出通知。邀请领导、老师参加某项活动,事前要考虑周到,只要认为是应该参加或希望参加本次活动的领导、老师,原则上都可邀请。即使有时明知对方不能来,也要邀请,使对方知道你对他的礼貌与尊重，有利于工作的开展和活动的举行。

邀请的方式有两种：口头邀请和书面邀请。一般应根据内容和具体情况确定用什么方式。

（一）口头邀请

口头邀请用于普通事宜，可以当面邀请，也可以电话口头或托人带口信邀请。口头邀请形式简单、方便，但语言要庄重、真诚，否则被邀请者会以为你不认真、没有诚意或只是客套而已，那样显得对领导、老师不够尊重。口头邀请一般都是邀请熟悉的领导、老师。

（二）书面邀请

书面邀请一般有请柬、邀请函、邀请信等，在学校中常用的是请柬。请柬俗称请帖，是专为邀请客人而发的书面通知，是一种简易明了的书信，直接表达了一种礼貌与敬重，让客人感觉到认真和重视。

请柬应注重款式设计，要美观大方，使客人收到后感到亲切、快乐。内文的文字既要准确、简明，又要措辞文雅，感情浓重，语言谦逊、真挚。

送请柬时要主动向对方说明开展活动的时间、地点、主要内容。同时，送请柬的时间不要过早或过晚，免得对方忘记或措手不及。

不管口头邀请还是书面邀请，都要尊重对方意愿，不要强人所难。

三、着装

在组织活动时，一般对参加活动者都有一定的着装要求。在大学中，一般都要求学生穿正装。所谓正装，是指大学生在正式场合按照有关规定，应当穿着的与本人所扮演的角色相称的正式服装。服装不能过于随便、过于前卫花哨，与身份不符，应当庄重大方，具体要求如下：

1. 穿着得当、美观大方

参加活动者的服装，一种是统一指定的着装，即所谓校服、运动服、西服等。另一种是自行选择的正装，是指组织活动者没有统一要求，可以根据个人的特点、偏好与理解，在一定范围之内选择的适合于自己的正装，但不要过分裸露、过分透视、过分瘦小或过分艳丽。

如果男同学穿着长袖衬衫与西裤的正装时，按照标准的穿法，衬衫的衣扣与袖扣除领扣之外皆应扣好，若打领带，则领扣必须扣上。将衬衫的下摆放在西裤的裤腰之外或卷起自己的袖管、裤管都是不合适的。

如果女同学以裙式服装作为自己的正装，一般应穿着皮鞋，若穿旅游鞋，则是不搭配的。此外还应注意，在为自己选袜子时，必须考虑袜筒的高度，因为穿裙式服装不应穿高度低于裙摆的袜子。

2. 适合场合、符合身份

参加活动者的服装，既要体现新一代大学生的精神风貌，又要符合活动的主题及学生的身份需要。

四、引导

在组织活动过程中，引导工作非常重要。凡组织活动，事前都应对过程中的细节做到细致而周密的设计。要进行多次的演练，才能使环节尽可能顺畅、不出问题。一次活动的秩序是否井然，领导到场安排是否得当，与引导员的服务有直接关系。

(一)引导员举止高雅

1.端正站姿

引导员在接待会场要有端正的站姿，主要有以下几种标准：

(1)侧放式。双手放在腿部两侧，手指并拢微屈，中指靠近裤缝。

(2)前腹式。身体立直，两臂屈肘，右手搭在左手指，交叉放在小腹部。

(3)后背式。身体立直，右手搭在左手上，双手后置于腰臀之间，两腿分开，两脚平行，比肩宽略窄。

如站得太累时，可自行调节，两腿微微分开，将身体重心移向左脚或右脚都可。无论哪种站姿，都切忌双手抱胸或叉腰，也不可将手插在衣袋内，更不可东倒西歪，倚靠在桌、椅、门、墙上。

2.表情温馨

面部表情实际上是服务质量的“晴雨表”。微笑作为一种“情绪语言”，能为来宾带来良好的心情。温馨的微笑、亲切的目光都能加深与来宾之间的感情沟通，缩短人与人之间的心理距离。

3.语言文雅

讲话时，要尽可能地选择文雅用语，语音柔和、语调适度，多用欢迎语。

4.步态优雅

行走时，身体重心应稍向前倾，挺胸收腹，头正眼平，面带微笑，肩部放松，双臂自然摆动，两腿直而不僵，步幅适中均匀。切忌摇头晃肩或忸怩作态。

(二)引导周到准确

1.对到会领导、老师的引导

做好对邀请参加的尊贵领导、老师及嘉宾的及时引导，引导其到指定的座位就座，以免让其临场时不知何去何从。负责引导的人应在客人的左侧，以示尊重。在引导时，应走在客人左前方一两步远的地方，和客人的步履一致。遇到路口或转弯处，应用手示意方向并加以提示。若需开门、关门、按铃等，则应先行主动服务。

2.对参加活动人员的引导

如果要求参加活动的人员有固定座位的话，引导员要主动引导其走向座位，以免其找不到就座位置，影响会场秩序。

五、活动收尾、总结

活动结束时的收尾工作也非常重要，有以下几个方面的礼仪规范：

1.总结

一般在活动结束时都要请领导对本次活动进行点评或总结，主要包括本次活动的意义、活动中存在的问题以及提出的建议和希望等。会后，组织者也要对本次活动进行详细的书面总结，并查找问题与不足，利于以后开展活动。总结中要有图片、文字叙述等。

2.退场

一般有领导、老师参加的活动，要先请领导、老师退场，然后再请参加的学生有序退场，避免一起退场造成混乱。

3. 卫生清理及现场整理

活动结束后，组织者要组织人员对现场卫生进行清理。对租用的仪器设备，要认真检查有无损坏，并及时交还。对会场的装饰物件要及时撤下回收，以备他用。

阅读

至关重要的蝴蝶效应

美国福特公司是全世界家喻户晓的知名汽车公司，它不仅曾使美国汽车产业在世界独占鳌头，甚至曾改变了整个美国的国民经济状况。然而，谁又能想到该奇迹的创造者福特当初进入公司的“敲门砖”竟是捡废纸这个简单的动作呢?

刚刚从大学毕业的福特，曾经到一家汽车公司应聘，一起参加应聘的几个人学历都比他高，福特求职面试成功的概率很小。当福特敲门走进董事长办公室的时候，发现门口地上有一团纸，他很自然地弯腰把它捡了起来，然后扔进了垃圾篓里。

当福特刚刚坐下，准备把之前准备好的自我介绍向公司董事长说出的时候，董事长就发出了邀请:“很好，福特先生，你很棒，你已经被我们录用了。”此时的福特当然不知道这个令他无法相信的录用通知竟是源于他那个不经意的动作。而此后福特的表现也并没有让董事长失望，甚至最终将公司改名，让福特汽车闻名全世界。

福特的成功看上去很偶然，但实际上却有一定的必然，他下意识的动作是习惯、品质和修为的体现，而这种习惯的养成却来源于他的积极态度。正如心理学家威廉·詹姆士所说 :“播下一个行动，你将收获一种习惯；播下一种习惯，你将收获一种性格；播下一种性格，你将收获一种命运。”

人生感悟：

蝴蝶效应指的是在一个动力系统中，初始条件下微小的变化能带动整个系统长期的、巨大的连锁反应。对于这个效应最常见的阐述是:“一个蝴蝶在巴西轻拍翅膀，可以导致一个月后得克萨斯州的一场龙卷风。

可见，小事恰恰具有最巨大的力量，我们平时的一言一行都有可能影响一生。在一个人的人生历程中，一次大胆的尝试，一个灿烂的微笑，一个习惯性的动作，一种积极的态度和真诚的服务，都可能产生生命中意想不到的辉煌或成功，它能带来的可能远远不止于一点点喜悦和表面上的报酬。

参 考 文 献

[1] 阮喜珍,张明勇,从静.商务礼仪与沟通技巧[M].武汉:华中科技大学出版社,2022.

[2] 刘昌俊,雷长平,张永会.大学生职业素养[M].苏州:苏州大学出版社,2021.

[3] 王常红,孟文燕,秦承敏.商务礼仪与职场处世[M].大连:东北财经大学出版社,2021.

[4] 杨珂,王安东,冯广余.大学生的职业素养与就业竞争力[M].北京:光明日报出版社,2021.

[5] 吴蕴慧.现代礼仪技能[M].北京:中国人民大学出版社,2020.

[6] 张云生.大学生职业素养指导[M].北京:北京交通大学出版社,2021.

[7] 马坤,孙东,赵子金.大学生入学教育 [M].2 版.北京:高等教育出版社,2021.

[8] 李建峰.社交礼仪实务[M].2 版.北京:北京理工大学出版社,2018.

[9] 李娌.社交礼仪[M].2 版.北京:中国人民大学出版社,2018.

[10] 王艳洁,孙小杰,赵晖.现代交际礼仪实用教程[M].北京:清华大学出版社,2021.